高校思想政治教育和创新创业教育协同育人研究

马俊平 ◎ 著

中国水利水电出版社
www.waterpub.com.cn
· 北京 ·

内 容 提 要

社会发展的潮流与趋势使得高校更加看重学生的创新创业素质与能力，急需唤起学校和学生思想与行为上的足够重视。尽管这些年来思想政治教育的基础较为坚实，但不可否认的是，还存在很多问题，现下的教育体制使得思想政治教育并不能充分地发挥出应有的作用，且功能应用范围狭小，可以说目前高校学生创新创业形势还不足够乐观。因此，高校思想政治教育者和创新创业实践者要打开一个新的局面：创新创业教育是人才的精英式培养，其成果要惠及广大学生。所以，贯彻落实高校思想政治教育与创新创业教育的理论与实践双重育人是十分重要的理论和现实问题。

图书在版编目（CIP）数据

高校思想政治教育和创新创业教育协同育人研究 / 马俊平著. -- 北京 : 中国水利水电出版社, 2018.5（2022.9重印）
ISBN 978-7-5170-6436-7

Ⅰ. ①高… Ⅱ. ①马… Ⅲ. ①高等学校－思想政治教育－研究－中国②高等学校－创造教育－研究－中国 Ⅳ. ①G641②G647.38

中国版本图书馆CIP数据核字(2018)第094913号

责任编辑：陈 洁　　封面设计：程娃娃

书　　名	高校思想政治教育和创新创业教育协同育人研究 GAOXIAO SIXIANG ZHENGZHI JIAOYU HE CHUANGXIN CHUANGYE JIAOYU XIETONG YUREN YANJIU
作　　者	马俊平 著
出版发行	中国水利水电出版社 （北京市海淀区玉渊潭南路1号D座 100038） 网址：www.waterpub.com.cn E-mail：mchannel@263.net（万水） sales@mwr.gov.cn 电话：（010）68545888（营销中心）、82562819（万水）
经　　售	全国各地新华书店和相关出版物销售网点
排　　版	北京万水电子信息有限公司
印　　刷	天津光之彩印刷有限公司
规　　格	170mm×230mm 16开本 13.75印张 259千字
版　　次	2018年5月第1版 2022年9月第2次印刷
印　　数	2001-3001册
定　　价	55.00元

凡购买我社图书，如有缺页、倒页、脱页的，本社营销中心负责调换

前 言

创新创业教育概念的提出给教育界带来一股新的教育理念与模式。它不仅迎合了国家发展战略，还适应了当前经济社会的发展需求。自党的十六大以来，党中央、国务院大力促进大学生创新创业教育，着力推进创新型国家的建设和创新创业型人才的培育，并纳入国家发展战略。其中，《国家中长期教育改革和发展规划纲要（2010–2020年）》明确地提出要“提高自主创新能力，建设创新型国家”，要“实施扩大就业的发展战略，促进以创业带动就业”，突出鼓励高校生自主创业、善于创新。国务院办公厅紧接着发布了《关于深化高等学校创新创业教育改革的实施意见》，教育部专门印发了《高等职业教育创新发展行动计划（2015–2018）年》，这些政策、文件都给高校教育改革和创新创业行为提供了政策性支持与导向。人才全面发展的关键是素质能力的培养，这关乎社会主义事业的健康稳定，关乎创新型社会的构建，关乎中国梦的早日实现。

在我国，高校思想政治教育已有了较长的发展历史，起步相对较早，起点相对较高，相关领导在多次讲话中都突出强调要把思想政治教育摆在高校工作的突出位置。“大众创业、万众创新”这一国家战略的提出给予了高校更重的责任，不仅要为社会主义事业的全面发展培育优秀的建设者与可靠的接班人，还要为深化高校教育教学改革，提升人才培养质量付出艰苦卓绝的努力，任重而道远。把大学生创新创业教育摆在高等教育改革进程中更加突出的地位，树立大学生更强的创新精神和创业意识、积极健康的创新创业观念、提升创新创业素质与能力，以实现现代化创新型人才的培养目标。

近年来，创新创业教育已经被提到国家的层面，达到了前所未有的新高度，国家已出台相关文件促进创新创业，以形成“大众创业，万众创新”的新局面。各高校也普遍将创新创业教育纳入人才培养方案，融入思想政治教育及其他专业教育中，并给予人力、物力支持。对大学生而言，提高自身创新创业能力将大大提高就业竞争力，他们愿意在专业学习的同时接受创新创业教育，并乐于参加各类创业竞赛活动。因此，从国家到地方的政策支持，从高校到大学生的创新创业实践，全国从上到下已经形成了创新创业的良好氛围，在创新创业教育中融入思想政治教育也被提到了一个新高度，得到了广泛认同。

目录

第一章 协同育人概述

第一节 协同育人的内涵

一、协同的内涵

“协”字的古体是“協”，会意字，从办，从十。“办”表示同力，“十”表示众多，“办”和“十”合起来表示“众人同力”之意。我国古代重要的字书和典籍中对于“协”字的解释都基本与这一含义一致，如《说文解字》释“协”字曰：“众之同和也。”另如《尚书·洪范》有曰“协用五纪”，《尚书·传》释之为“和也”。再如《尚书·尧典》有曰“协和万邦”，《尚书·传》释之为“合也”。又如《国语·周语》有曰“纪农协功”，后人释之为“同也”。可见，古语中的“协”这个字寓有“和合”“共同”之意。根据《汉语大词典》的释义，“协”字有“和睦、合作、协调、汇集、汇合、联合、协助”等意思，实际上，今天的“协”字主要表达“共同合作、互相配合”的意思。现代汉语中的“协”大致可以与英文中的assist、common、joint、cooperate等对译，也是“辅助”“合作”的意思。

“同”也是一个会意字，从冃（mao）、从口，本义为“聚集”。《说文解字》释“同”字曰“合会也”，《玉篇》释之曰“共也”，《左传》则解释为“犹聚也，又和也”。这些解释也都与其本意相合。现代汉语中的“同”则可以解释为“共同”“互相”。

“协”“同”合并成的“协同”这个词语也是古已有之，大致有以下几个层面的含义：一是协调一致，和合共同。如《汉书·律历志上》有曰：“咸得其实，靡不协同。”又如《后汉书·桓帝纪》曰：“内外协同，漏刻之间，桀逆枭夷。”其都是此意。二是意指团结统一。如《三国志·魏志·邓艾传》中有：“艾性刚急，轻犯雅俗，不能协同朋类。”《乐府诗集》中有：“我应天历，四海为家，协同内外，混一戎华”。三是指协助、会同。如《三国志·魏志·

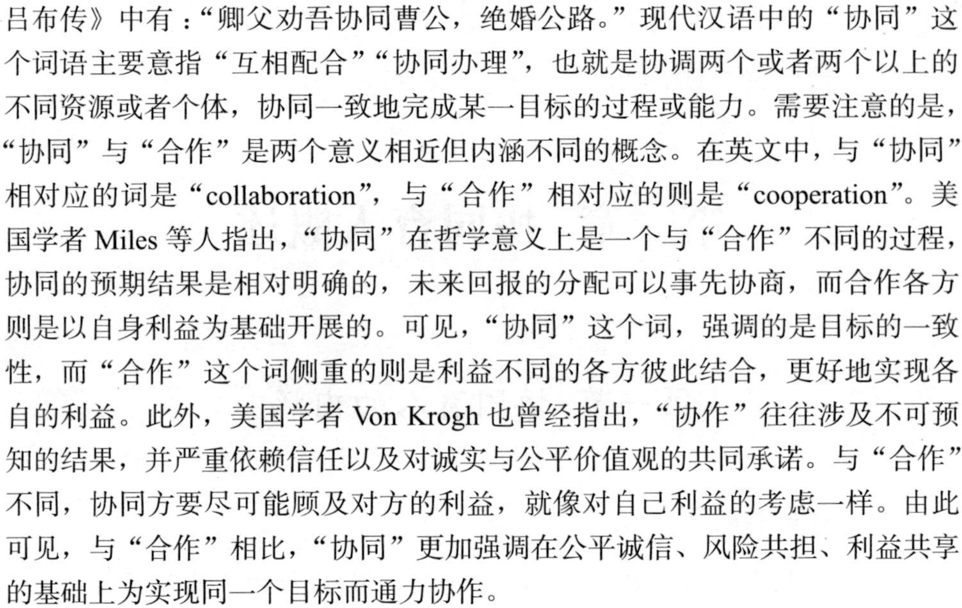

吕布传》中有："卿父劝吾协同曹公，绝婚公路。"现代汉语中的"协同"这个词语主要意指"互相配合""协同办理"，也就是协调两个或者两个以上的不同资源或者个体，协同一致地完成某一目标的过程或能力。需要注意的是，"协同"与"合作"是两个意义相近但内涵不同的概念。在英文中，与"协同"相对应的词是"collaboration"，与"合作"相对应的则是"cooperation"。美国学者 Miles 等人指出，"协同"在哲学意义上是一个与"合作"不同的过程，协同的预期结果是相对明确的，未来回报的分配可以事先协商，而合作各方则是以自身利益为基础开展的。可见，"协同"这个词，强调的是目标的一致性，而"合作"这个词侧重的则是利益不同的各方彼此结合，更好地实现各自的利益。此外，美国学者 Von Krogh 也曾经指出，"协作"往往涉及不可预知的结果，并严重依赖信任以及对诚实与公平价值观的共同承诺。与"合作"不同，协同方要尽可能顾及对方的利益，就像对自己利益的考虑一样。由此可见，与"合作"相比，"协同"更加强调在公平诚信、风险共担、利益共享的基础上为实现同一个目标而通力协作。

二、协同教学的内涵

协同教学大致起源于 19 世纪 50 年代中期，也称为"分化教学人员"，当时美国高中、大学学生快速增加，合格教师十分缺乏，为充分运用有限的教师资源，由宾夕法尼亚州立大学聘请少数教授通过闭路电视等教学媒体对大规模学生进行教学，即广播电视远程教育，不过在此过程中除了革新媒体形态外，更重要的是被聘请的教授突破一个教师独自在班级内对一群学生进行教学的形态，由具有互补性教学技能的一个或两个以上的教师形成灵活的小组，针对学生个体的学习需要，通过教师与教师之间的协作来规划并实施一个组的教学。随后，著名的校长专业团体"美国中等学校校长协会"（National Association of Secondary School Principals）于 1956 年成立特别委员会，聘请伊立诺大学教授特兰（J. L. Trump）担任主任委员，积极提倡协同教学，这种新的教学形态逐渐成为广受中小学欢迎的一种教学方式。

协同教学就是两个或两个以上的教师共同对同一学生群体的教学负责。从教的方面来看，协同教学是由不同专业特长的教师组成教学团队，充分发挥教师的专业特长，分工合作，进行多元、有效的教学。从学的方面来看，协同教学是针对每个学生存在个别化差异，团队中的教师凭借互动和对话，设计出多样、灵活的课程，充分满足学生的需求。协同教学是着眼于师资及教学需要来进行教师职能分配并开展教师之间教学协作的一种组织形式，它的根本目的在于使每个教师能更充分地发挥自己的专业特长，以最终实现有效教学。因此，

协同教学的重点在于“教学”，着重强调的是教师与教师的协作。

三、协同教育的内涵

协同教育是一个具有时代特征的教育理念，也是我国在教育改革中逐步诞生的一个新生事物。

“协同教育”首次出现在文献中可以追溯到1996年，刘纯姣在《学校家庭协同教育构想》一文中提出协同教育，并将其定义为：协同教育是将协同学理论移植于教育领域，探索教育系统（学校教育、家庭教育、社会教育构成的教育系统）中的两个主要子系统及学校教育系统与家庭教育系统怎样发挥其各自的组织能力，在一定条件下形成合作、协同、同步、互补的协同效应。在这里，协同教育实际上被当成我们平常所理解的家校合作来处理，只关注了三大教育系统的两个子系统学校教育子系统和家庭教育子系统之间的合作、协同、同步、互补的协同效应，突出强调这两个子系统的价值而忽略社会教育子系统对学生的影响，并把社会教育对儿童心理发展的影响看成是被动、消极的，而学校教育、家庭教育才显得有组织、有目的、更积极主动一些。不过定义中明确地提出了协同学理论的移植，家庭教育和学校教育两大系统的自组织能力必须以信息的互通为基础，信息的及时传递才能实现系统的协调互补与同步，产生教育系统的“协同效应”，导致系统有序运行，最大限度地减少教育系统的内耗。因此，协同学理论和信息的互通是这一概念的主要贡献。

1997年中国家庭教育学会常务会上第一次正式使用“协同教育”这个概念，并得到了与会20多个专家的认同。“协同教育”是具有时代特征的新的教育观念，主要指学校、家庭、社会等多方面教育资源、教育力量的主动协调、积极合作、形成合力，实施同步教育，共同培养“四有”新人。把协同教育定义为一种教育观念，合力与同步是它的两个重要关键词，至此协同教育已经基本具备其雏形，不过停留在观念层面的协同教育缺乏相应的实作性，尤其是忽略信息技术对协同教育的支持，因此这一阶段的协同教育并没有引起太多的关注和研究。

2002年孙庆曜的文章中则明确界定了协同教育的范畴，协同教育离不开社会教育系统的教育资源和教育力量，认为“协同教育是在现代教育观念特别是素质教育观念的指导下学校、家庭、社会等方面教育资源、教育力量彼此主动协调积极合作形成合力实施同步教育”。明确提出了学校、家庭、社会等方面的教育资源、教育力量的协调，形成合力。表明协同教育对三大系统的整体考虑与家校合作有着范畴上的不同。

2006年南国农先生在《成功协同教育的四大支柱》一文中解释协同教育的时候认为："协同教育是一种新的教育方式，它是联合对学生有影响的各社会机构的力量，对学生进行教育，以提高教育的效果、效率和效益"。这一定义在更广泛的层面架构起对协同教育的理解，它是一种教育的方式，是与三大教育系统的教育方式并列的教育方式，是三大系统交叉融合的一种教育方式，即学校教育、社会教育、家庭教育和协同教育。这种方式的存在绝对不是三大系统独立的开展教育活动，在其开展教育活动的同时必须有协同，联合对学生有影响的各种社会机构力量，来提高教育的效果、效率和效益。已经超越了家庭、学校、社区简单的信息互通，而要在信息互通的基础上联合各种教育力量对学生进行教育以提高教育的效果、效益和效率。并将协同教育系统分解为"六要素"（学校、家庭、社区、媒体、信息、学生）和"三主体"（学生、教师、家长）。特别点明了"信息技术环境下协同教育不是一般的协同教育，而是指联合学校、家庭、社区的理论，三位一体合作利用现代信息技术对学生进行教育"，这为本书限定了具体的研究范畴，即技术支持下的协同教育，重点探讨协同教育中如何利用信息技术实现信息互通和信息的深加工，调控三大系统自组织行为和有序运行，实现系统的协同效应。

2007年9月李运林教授在《协同教育是未来教育的主流》一文中认为"家庭、学校、社会三大教育系统中，某一系统那些独有的要素或信息进入另一系统与另一系统的要素相互联系与作用，产生协同效应，影响了该系统的教育功能，这种现象称为协同教育"，并进一步依据系统独有要素的相互渗透对协同教育进行分类，包括协同家庭教育、协同学校教育和协同社会教育等多种类型的协同教育。

第二节 协同教育的理论基础

一、协同论

协同论亦称"协同学"或者"协和学"，是研究不同事物共同特征及其协同机理的一门新兴学科，也是近十几年来获得飞速发展并被广泛应用的一门综合性学科。协同论的创立者是德国斯图加特大学教授、著名物理学家赫尔曼·哈肯（Hermann Haken），他把这个学科称为"协同学"，一方面是由于其所研究的对象是许多子系统的联合作用，以产生宏观尺度上的结构和功能；另一方面，它又是由许多不同的学科进行合作，来发现自组织系统的一般原理。

赫尔曼·哈肯于1971年最早提出了"协同"的概念，用以指称系统中各

子系统的相互协调、合作或同步的联合作用及集体行为，结果产生了1+1>2的协同效应。他认为“协同”是指元素对元素的相干能力，表现了元素在整体发展运行过程中协调与合作的性质，结构元素各自之间的协调、协作形成拉动效应，推动事物共同前进，对事物双方或多方而言，协同的结果能够使个体获益，整体加强，共同发展，导致事物间属性互相增强，向积极方向发展的相干性即为协同性。

1976年，赫尔曼•哈肯又系统地论述了协同理论，发表了《协同学导论》还著有《高等协同学》等著作，认为协同效应特指复杂系统内各子系统之间的互动产生超出各要素单独作用的效果从而形成整个系统的联合行为。他指出自然界和人类社会的各种事物普遍存在有序，无序的现象，一定的条件下，有序和无序之间会相互转化，无序就是混沌，有序就是协同，这是一个普遍规律。协同现象在宇宙间一切领域中都普遍存在，没有协同，人类就不能生存，生活就不能发展，社会就不能进步。在一个系统内若各种子系统（要素）不能很好地协同，甚至互相拆台，这样的系统必然呈现无序状态，发挥不了整体性功能而终至瓦解。相反，若系统中各子系统（要素）能很好配合、协同，多种力量就能集聚成一个总力量，形成大大超越原各自功能总和的新功能。随着现代文明程度的不断提高，协同理论逐渐受到广泛的重视，并被广泛应用于企业内外部的各种资源与要素的共享与协作运营。国外很多学者认为，在企业管理中，“协同不仅能够带来价值增加，而且还可以带来价值创造。在我国，20世纪80年代后，随着科技与经济的结合日趋紧密，协同理论在创新系统理论中进一步得到重视和深化。陈劲、王方瑞研究了实现我国企业技术和市场协同创新的有序发展所需建立的协同机制，指出技术和市场协同创新机制的内在本质在于“环境—管理—过程”的全面联系。郑刚、梁欣如指出创新过程中技术与各非技术要素应注重“全面协同”以实现各自单独所无法实现的“1+1>2”的协同效应。步入21世纪协同理论有了更进一步的发展。2003年，美国学者亨利•切萨布鲁夫（Henry Chesbrough）提出了“开放式创新”概念，对企业通过整合内外部创新要素以创造新价值进行了系统研究，认为同类企业在一个地区的聚集，即形成某一区域支柱产业的行为就是一种有助于降低消费成本、提高产业竞争水平的协同。2008年埃茨科瓦茨（Etzkowitz）指出，产学研合作是大学除了教学和研究之外的“第三使命”，这实际上就把大学引入了协同创新的阵营之中。我国学者陈劲、陈钰芬则在U-A模型的基础上提出了开放式创新的动态模型。今天，学术界普遍认同这样一个观点，即培育区域产业的过程为高等学校参与创新活动提供了充足的机会，是一个多赢的过程。

哈肯还在协同论中描述了临界点附近的行为，阐述了慢变量支配原则和序参量概念，认为事物的演化受序参量的控制，演化的最终结构和有序程度决定于序参量。序参量的大小可以用来标志宏观有序的程度，当系统是无序时，序参量为零。当外界条件变化时，序参量也变化，当到达临界点时，序参量增长到最大，此时出现了一种宏观有序的有组织的结构。协同论着重探讨各种系统从无序变为有序时的相似性，主张客观世界存在着各种各样的系统：社会的或自然界的，有生命或无生命的，宏观的或微观的系统，等等，这些看起来完全不同的系统其实都具有深刻的相似性。协同论是在研究事物从旧结构转变为新结构的机理的共同规律上形成和发展的，它的主要特点是通过类比对从无序到有序的现象建立了一整套数学模型和处理方案，并推广到广泛的领域。它基于“很多子系统的合作受相同原理支配而与子系统特性无关”的原理，设想在跨学科领域内，考察其类似性以探求其规律。

协同论揭示了物态变化的普遍程式：“旧结构—不稳定性—新结构”，即“随机力”和决定性“力”之间的相互作用把系统从它们的旧状态驱动到新状态，并且确定应实现的那个新组态。由于协同论把它的研究领域扩展到许多学科，并且试图对似乎完全不同的学科之间增进“相互了解”和“相互促进”，这样，协同论就成为科学研究的一个重要工具和方法。协同论认为，千差万别的系统，尽管其属性不同，但在整个环境中，各个系统间存在着相互影响而又相互合作的关系。其中也包括通常的社会现象，如不同单位间的相互配合与协作、部门间关系的协调、企业间相互竞争的作用以及系统中的相互干扰和制约等。协同论指出，大量子系统组成的系统，在一定条件下，由于子系统相互作用和协作，会产生一种类似能量急剧迸发的效应。

总之，协同论具有广阔的应用范围，它在物理学、化学、生物学、天文学、经济学、社会学以及管理科学等许多方面都取得了重要的应用成果。比如针对合作效应和组织现象能够解决一些系统的复杂性问题，可以应用协同论去建立一个协调的组织系统以实现工作的目标。协同论的领域与许多学科有关，它的一些理论是建立在多学科联系的基础上的（如动力系统理论和统计物理学之间的联系），因此协同论的发展与许多学科的发展紧密相关，并且正在形成自己的跨学科框架。协同论还是一门很年轻的学科，但毫无疑问，它为复杂问题的处理提供了新的思路，也为新时期推进协同创新提供了理论支撑。

（一）协同学的核心概念

“协同效应”是在复杂系统中，各要素之间存在着非线性的相互作用，当外界控制参量达到一定的阈值时，要素之间互相联系，相互关联占据主导的

地位，而要素之间相对独立，相互竞争得到有效消解，表现出协调、合作，整体效应得到增强。系统从无序状态走向动态有序状态，即“协同导致有序”。它具有协作性、整体性、动态性及反馈性四方面的特征。

（二）协同学的核心理论

自组织理论，是协同学的核心理论。在一定的环境条件下，由系统内部自身组织起来，并通过各种形式的信息反馈来控制和强化这种组织的结构称为自组织结构，相应的描述称为自组织理论。自组织是从旧结构向新结构的转变、旧的平衡或不平衡状态向平衡状态的转向的机理，揭示了客观实践从无序到动态有序的内在规律，是协同学理论的本质特征。系统自组织的形成必备四个条件：①开放性：系统必须是开放的，且能保持与外界环境的物质、能量、信息的交换。②环境性：系统的外部作用（或称外界控制参量）通过其内部机制产生效应。③非线性：系统内部要素之间的非线性相互作用是系统自组织产生的必要条件。④涨落性：涨落的动态变化不断催生系统自组织动态有序结构（或耗散结构）的层级转换。并且，一旦具备上述四个条件，系统内部就会在没有外部指令的情况下形成自组织效应。

（三）协同教育与自组织规律的关系

协同教育系统包括学校教育系统、家庭教育系统、社会教育系统三个子系统，各系统内部和各系统之间的内在条件与外在条件存在差异，甚至产生矛盾，但是，这种差异或矛盾会在一定的条件下消解，并形成整体的动态协作、反馈与互补的协同效应，从而正向激发学生的好奇心或欲望，满足学生的心理需求。在教育活动中，这种协同效应是以同化、顺应、平衡机制运作，学生的生命原动力会不断得到激发、不断开启新的经验，从而促进其全面、协调的发展。

从自组织理论的角度看，协同教育系统完全具备自组织规律的四个条件：开放性、环境性、非线性及涨落性。开放性，表现在三个子系统之间的整体环境不断满足学生需求，为学生的和谐发展提供了探究的原动力；非线性，表现在三个子系统之间是以人为活动主体，他们的年龄、性别、文化背景及其个体间的认知、情感、意志、个性特征等要素都存在极大的差异，具有不确定性；涨落性表现在三个子系统之间各要素的发展是不平衡的，但能以强带弱、以小促大的形式互相影响、互相照应，从而提高整体教育功能。

（四）协同教育与相变的关系

在协同学中，相变是普遍存在的一种突变。相变出现前，子系统之间的关联很弱，不能束缚子系统本身存在的自发的无规则的独立运动，系统呈现无序状态。即家庭教育系统、学校教育系统、社会教育系统处于彼此孤立，

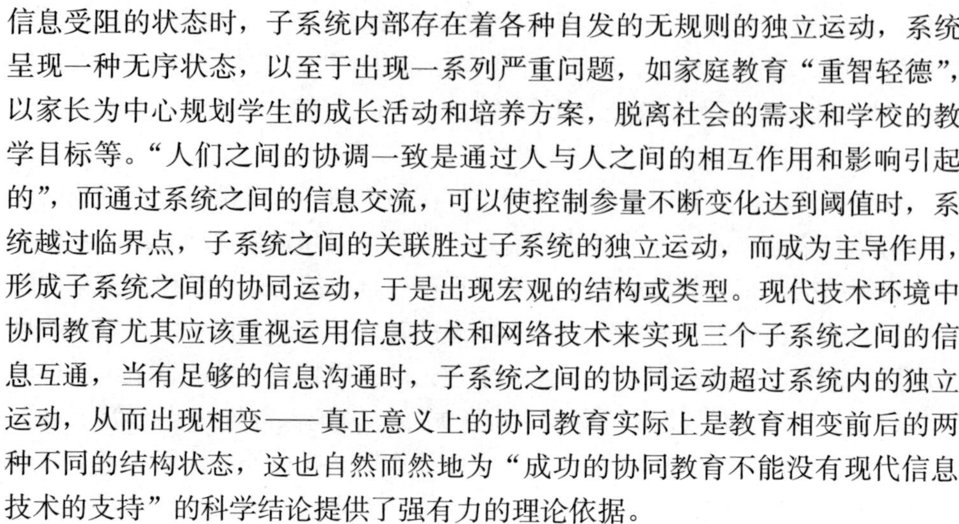

信息受阻的状态时，子系统内部存在着各种自发的无规则的独立运动，系统呈现一种无序状态，以至于出现一系列严重问题，如家庭教育“重智轻德”，以家长为中心规划学生的成长活动和培养方案，脱离社会的需求和学校的教学目标等。“人们之间的协调一致是通过人与人之间的相互作用和影响引起的”，而通过系统之间的信息交流，可以使控制参量不断变化达到阈值时，系统越过临界点，子系统之间的关联胜过子系统的独立运动，而成为主导作用，形成子系统之间的协同运动，于是出现宏观的结构或类型。现代技术环境中协同教育尤其应该重视运用信息技术和网络技术来实现三个子系统之间的信息互通，当有足够的信息沟通时，子系统之间的协同运动超过系统内的独立运动，从而出现相变——真正意义上的协同教育实际上是教育相变前后的两种不同的结构状态，这也自然而然地为“成功的协同教育不能没有现代信息技术的支持”的科学结论提供了强有力的理论依据。

（五）协同教育与序参量

影响家庭教育系统、学校教育系统、社会教育系统从分立走向协同的因素有很多，按照协同学的观点，这些因素可以分为快弛豫参量和慢弛豫参量两类。前者数目众多，但是持续时间较短。后者极少且支配着前者，这就是役使原理。慢弛豫参量决定系统的演化方向，因此又称为序参量。这两类系统参量能够很好地解释目前家校合作中出现的那些问题。非技术支持的家校合作往往采用的方法是家访、校访、家长会、家校联系册等，家校交往的次数极其有限，而且家长、教师之间的影响是一种短暂的过程，持续性差，衰减也快，即所谓的“快弛豫参量”。而技术支持的协同教育，利用先进的信息技术手段不仅可以增加家庭、学校、社区之间信息沟通次数，而且能够记录协同的过程和学生发展的历程，对学生的发展进行阶段性的诊断，技术支持下的协同教育将主导三个子系统协同运动，促使子系统的协同发展，推进系统的不断演化，使子系统从原来的无序状态向有序状态跃迁，即所谓的慢弛豫参量。教师在传统家校沟通中的方法单一、次数有限，可以肯定它将影响到系统的协同效应。在工作中通常感觉单次成绩通知与多次成绩变化趋势对分析学生的学习状态，其功能完全不一样，趋势能让教师、家长、学生知道学生的阶段性发展，对正向进行鼓励与保持，对负向进行预防与诊治，而单次成绩通知是传统的沟通手段的分内事，多次成绩变化趋势则离不开现代信息技术的支持。

二、重叠影响理论

重叠影响理论认为家庭、学校和社区对孩子以及三者的状况、之间的关

系发生了重叠影响。Ira Gordon 认为，家长、教师和其他成人在青少年发展中充当着不同的角色。家长可以作为志愿者、雇员、家庭教师、听众、决策者、成人学习者等，与这些角色相匹配的家校合作模式主要有：①家长影响模式（教师教给家长一些关于儿童发展和学习的信息或技能）；②综合服务模式（教育者帮助儿童获得健康和社会心理需要的满足）；③学校影响模式（家长成为学校决策者和志愿者）；④社区影响模式（强调家庭、社区和学校之间的联系）。

Epstein 依据 Gordon 的理论提出六种家校合作方式：养育型、交流型、志愿服务型、家庭辅导型、共同决议型、社区合作型。Epstein 的家校模式强调的是家庭、社区和学校共同分担的责任，影响学生的主要领域是家庭、学校和社区，每一个领域都可以互相合作或单独起作用。

重叠影响理论既有外部结构又有内部结构。重叠影响模式的外部结构主要指各个领域是如何合作和单独作用的，可能因条件或设计的不同或结合或分散，其间有很多重要的作用力（如家庭、学校、社区的背景及其习惯性做法，学生发展的阶段性特征，历史的和政策的背景等）。这些作用力可以造就学校、家庭和社区共同参与某项活动的条件、场地、机会和激励，同时也决定了这种活动可多可少。重叠影响模式的内部结构关心的是家庭、学校、社区中和谐的人际关系，详细说明机构与个人的交流界限，确定学校、家庭和社区内部各因素或三者之间跨界线的相互作用的场景和方式。

共担责任与重叠影响意味着家长不必独自劳神去筹划在孩子整个学习期间如何积极地参与孩子的教育。因为学校承担了其中的部分责任，并且每年必须组织活动、创造条件向所有家庭宣传、咨询，协助家庭参与孩子的教育。同样，社区组织、机构或个人也不是处于孤立无援的境地。事实上，教育者、家长和社区组织成员经常走到一起，制定更为协调一致的项目以促进学生健康地成长。

还有其他一些概念增加了这一视角的实用价值。例如通过重叠影响模式就可以把社会资本的概念放到更为宽广的理论背景当中去。根据这一观点，家庭、学校和社区成员之间的互动结果积聚而成为社会资本并储藏在重叠影响模式的内部结构之中。设计良好的合作关系是社区中的家庭、教育者、学生等都能感到在互动中得到收获，这样就实现了社会资本的增值。

社会资本可以通过社会联络或社会活动等形式去消费、投资或再投资，其收获可能是学业有了进步、家庭关系得到加强、学校教育质量得以提高或者社区生活因之变得丰富多彩。例如家长可以联络老师争取些业余工作或主动要求帮助某个成绩下降的学生；教师可以联络社区健康服务部门要求救助困难家庭；家长之间可以相互联络，比如为孩子打探某种课外体育活动或补习班的名称。如果投资合理，社会联络和社会技能就会改善儿童与家庭的经历、学校的风气、教师的教学效果以及其他学校、家庭或社区的状况。

这一理论同时还改变了人们对家庭、学校和社区影响孩子成长方式的理解。先前的理论认为家庭影响主要在婴幼儿及学龄低年级阶段，接着便是学校影响阶段，最后才是社区，且呈一成不变的顺序。实际上婴幼儿及其家庭并不是孤立存在的，而与其他正规或非正规的邻里、社区、学校等网络有着紧密的联系。幼儿的成长、发展、学业、健康及其他品质同时受多种背景的影响并非遵循某种次序。同样，稍大一些的学生也会同时受到来自家庭、学校、伙伴和社区的影响，也不是遵循固定的程序。

三、责任分散理论

该理论主要由 Lightfoot 提出，他认为母亲和教师被赋予了最多的教育孩子的责任。母亲养育孩子的责任较全面但在一个私人空间中进行。而教师的责任较为单一，多围绕知识传授，但她们把儿童领入一个更广阔的世界。虽然母亲和老师都负有教育孩子的责任，但他们并不是天然的合作者，学校往往认为家长参与学校活动是对于学校的干涉，因此，双方缺乏真正意义的合作和交流，所以推进家庭和学校的合作是很有必要的。

第三节 协同教育的发展概况

一、协同教育的发展

自古以来，家庭和父母就肩负着教育下一代的责任。在远古时代，小孩伴随着父母学习如何获得温饱及生存的基本技能，家长即教师，其主要的教育机构即家庭，这种教师与家长的一体式的协同教育一直延续到家长教育职能的分化和转移。当出现了专门从事教育工作的教师出现时，教育职能开始由家长转移到专门的教师身上。学校也因此成为学生成长的重要场所，当家庭与学校由一体走向分离时，家庭与学校之间的沟通协作也由此变得十分重要。人们在重视学校教育、家庭教育的同时，也十分重视家庭、学校、社会之间的协同教育。

从基督教教士们设计出最早的近代学校，到二战后五六十年代，学校教育从诞生走向发展的黄金时期，世界各国由于普遍认识到教育在促进国民经济发展和提高综合国力中的巨大作用，大力投资教育，实施义务教育的普及，入学人数急剧增加，国民受教育水平普遍提高。然而学校的独立出现，却使

部分家长认为，小孩一旦送入学校，教育就成了教师的责任，因而出现了对家庭教育的淡化和对家校沟通的忽视。

十九世纪以来，教育改革运动不断，去集权化（decentralization）和学校本位模式将学校教育的权限由中央下放到地方，甚至社区和学校。1897 年家长教师协会成立，为协同教育掀起序幕。随后的发展中，人们开始系统地分析影响教育成效的各个因素，教师、家长及相关人员在协同教育中的参与度，因此进入人们的视野。1992 年，美国城市人寿保险公司所进行的年度教育调查显示，大部分教师认为，缺乏家长参与，对学校教育是个“严重的威胁”。1993 年的年度调查显示，54% 的教师认为，国家应将加强家长在其孩子教育中的参与作用放在学校教育改革的首要地位。显然，人们在重视学校教育的同时，有相当数量的教育工作者已经认识到小孩教育过程家庭与学校配合的重要性。

至于家庭教育，在任何文化中和任何时代都受到非常重视。Kellaghan 等人的研究指出：在十八岁以前，儿童生活中 13% 的时间在学校，另外有 87% 的时间是受家庭的影响。家庭在小孩的成长中都起着至关重要的作用，父母是小孩的第一任教师，也是小孩终生的导师及社会化的引导者，小孩通过家长承袭社会中的重要习俗、规则、价值观等，并将其内化。公元前六世纪，古希腊政府就明文规定：家长必须负责教会小孩阅读、写字及游泳；学校负责一定的教学时数；选派督察员；向功勋子弟提供免费教学。在罗马，母亲是小孩的启蒙者，所负的教育责任更大，她们必须交到小孩阅读。父亲敦促儿子尽早具备商业才智，并取得公民身份。而母亲则教导女儿应尽的义务及责任以及作为家庭主妇须具备的技能。我国从古至今也一向重视子女教育，《三字经》中就有“养不教，父之过”的名言，北齐颜之推在《颜氏家训》中说：“父当以教为是。”明代李西沤的《老学究语》说：“有儿不教，不如无儿。”足见我国古代社会对家庭教育的重视，不过古代家庭教育往往是一种封闭的教育方式，家长凭借自己和家族的经验积累作为教育子女的资源，缺乏与外界的交流与沟通。

1960 年美国教育学者大力倡导协同教育，主张给予家长更大的教育参与权限，甚至开放家长参与传统教育行政和教育专业权限内的教育决策，提倡家长和学校之间的伙伴关系，并陆续推动补偿教育方案（Compensatory Program）、起头计划（Head Start Program）、政府特许学校（Charter School）等措施以增加家长参与教育的渠道。1994 年美国致力推动“家庭参与教育伙伴计划”，增列“家长参与”目标，将父母参与列为第八项国家教育目标，即到 2000 年的时候，每一所学校将与家庭建立伙伴关系，增进父母的参与。从

中我们可以看出，美国对协同教育的高度重视和大力推行。美国联邦补助贫穷学区、学校经费的 Title 计划，要求接受经费补助的学校必须与家长签订一项合约，明确规定家长、教师及学生如何合作，并建立伙伴关系，改善学生的学习成就，帮助学生达到高的学业水平。很多学校因此而设计家庭与学校之间志愿性协议，以界定学校、家长作为促进学生学习伙伴的目标、期望及分担的责任。英国在 1989 年制订的《儿童法》（the Children Act）、《教育改革法》（the Education Reform Act）都要求家长和教育及服务机构之间建立伙伴关系。1998 年制定的《学校标准和组织结构法案》（the School Standard and Framwork Act）要求学校必须给家长提供相关协议书及家长声明，以便让家长和学校清楚沟通价值、期望和要求。

我国同样有大量教育改革行为支持协同教育。从家校信息沟通层面来看，一般中小学校对教师进行家访和召开家长会都有明确的要求，教师特别是班主任老师必须积极与家长进行信息的交流和沟通。从家庭教育指导层面来看，建立了家长学校和家庭教育指导中心，为家长正确有效地开展家庭教育提供必要的指导和帮助。从参与决策层面来看，中小学校纷纷建立了校级、年级、班级的家长委员会，通过家长委员会来反映家长的意见和建议，协助学校进行决策。“十五”期间，家庭教育的有关内容被写入了我国新修订的《未成年人保护法》；全国已建立起 29 个省级、300 多个地级协调领导机构和近 2000 个县级家庭教育协调领导机构；全国各级各类家长学校达到了 43 万余所；共有 60 多万人参加了“十五”期间组织的各类家庭教育工作培训。我国香港地区在 1991 年的学校管理新措施中，鼓励学校成立家长教师会，主要以联谊及沟通的功能为主，到 1999 年香港教育署在推行校本管理时，在所有的公立学校内将家长吸纳为学校管理委员会的决策者，2000 年将这一政策推广到整个香港地区。我国台湾地区 1973 年颁布小区妈妈教室实施要点，1984 年教育部门又制订发展家庭教育施政计划，并从 1987 年起并陆续出版《快乐的家庭》《亲子情缘》《家庭生活八段锦》《亲职教育活动设计实务手册》《问题家庭访谈工作手册》等书，以鼓励家长注意并参与孩子的教育问题。2001 年 6 月台北市家长协会草拟《家长参与教育法》，主张家长参与教育的范围，不限于事务，凡是教育内容、政策、方式、组织、经费、信息、法令、评鉴、申诉等均包括在内，家长应具有信息请求权、教育选择权、申诉权、组织团体权、异议权、参与决定权及监督权等七种权利。

综上所述，国内外协同教育的发展都与家庭教育、学校教育密切相关。在学校制度形成后，虽然正式体制中，教育下一代的重心由家庭转移到学校，但并不影响家长在教育中所占的重要地位以及协同教育在整个教育体系中的

重要作用，无论是美国《家庭参与教育伙伴计划》的推动和2000年教育法案的制定，还是我国协同教育的实践探索，都朝着家庭、社会成为学校教育的共同经营者方向发展，学生的学习成就除了受学校课程安排及教师素质高低的影响外，家长的参与同样具有很大的影响力。如果没有家庭的支持，学校教育是很难发挥其预期的功能的。因此，家庭与学校的沟通与合作变得前所未有的重要。

二、协同教育的法理支持

从国内外对协同教育的立法来看，加强协同教育尤其是家校合作、促进学生全面发展已经成为一种世界的潮流。在第44届国际教育大会上颁布的《综合行动纲领》中倡导："就学校和家庭的协作而言，应该采取措施以鼓励家长参与学校的各项活动。"

以美国为代表的发达国家非常重视协同教育，所颁布的法律条令内容涉及协同教育的有：1994年，美国颁布了《目标2000年：美国教育法》（Goals 2000：Educate America Act）；2002年1月8号，布什总统签署的《不让一个儿童落伍法案》（No Child Left Behind of 2001，简称NCLB法），对父母参与、家校合作等协同教育的方式制定了非常具体的法规措施，包括给家长提供更多的孩子进步的相关信息和子女所在学校状况的重要信息；英国在1998年制定了《学校标准和组织结构法案》（The School Standard and Framwork Act）。

我国先后颁布与协同教育相关的法律条令多达22部之多，这一系列立法表明，协同教育正在成为一个关系学生健康成长和国家竞争力的一个重要问题。在这一系列的法律条令中，对协同教育的参与方式进行了规定，为了清楚对比和了解各种法律条令对协同教育的约束力，笔者对各相关法律条令进行了汇集整理，如表1-1所示，从表中我们可以非常清楚地看出国家、社会对协同教育的重视程度，同时也可以让我们可以更清楚地知道协同教育立法上存在的不足。

表 1-1 协同教育相关法律、法规及文件

法律、法规和文件	条文内容	协同教育类别
《中华人民共和国宪法》第 49 条	父母有抚养教育未成年子女的义务。	家庭教育
《中华人民共和国未成年人保护法》第 3 条	未成年人享有受教育权，国家、社会、学校和家庭尊重和保障未成年人的受教育权。	家庭教育
《中华人民共和国未成年人保护法》第 4 条	国家、社会、学校和家庭对未成年人进行思想教育、道德教育、文化教育、纪律和法制教育，进行爱国主义、集体主义和社会主义的教育，提倡爱祖国、爱人民、爱劳动、爱科学、爱社会主义的公德，反对资本主义的、封建主义的和其他的腐朽思想的侵蚀。	家庭教育
《中华人民共和国未成年人保护法》第 6 条	国家、社会、学校和家庭应当教育和帮助未成年人维护自己的合法权益，增强自我保护的意识和能力，增强社会责任感。	家庭教育
《中华人民共和国未成年人保护法》第 10 条	父母或者其他监护人应当创造良好、和睦的家庭环境，依法履行对未成年人的监护职责和抚养义务。	家庭教育
《中华人民共和国未成年人保护法》第 11 条	父母或者其他监护人应当关注未成年人的生理、心理状况和行为习惯，以健康的思想、良好的品行和适当的方法教育和影响未成年人，引导未成年人进行有益身心健康的活动，预防和制止未成年人吸烟、酗酒、流浪、沉迷网络以及赌博、吸毒、卖淫等行为。	家庭教育
《中华人民共和国未成年人保护法》第 12 条	父母或者其他监护人应当学习家庭教育知识，正确履行监护职责，抚养教育未成年人。有关国家机关和社会组织应当为未成年人的父母或者其他监护人提供家庭教育指导。	家庭教育指导 家庭教育
《中华人民共和国未成年人保护法》第 13 条	父母或者其他监护人应当尊重未成年人受教育的权利，必须使适龄未成年人依法入学接受并完成义务教育，不得使接受义务教育的未成年人辍学。	家庭教育
《中华人民共和国未成年人保护法》第 25 条	对于在学校接受教育的有严重不良行为的未成年学生，学校和父母或者其他监护人应当互相配合加以管教；无力管教或者管教无效的，可以按照有关规定将其送专门学校继续接受教育。	家庭教育指导 家庭教育
《中华人民共和国教育法》第 5 条	适龄儿童、少年的父母或者其他法定监护人应当依法保证其按时入学接受并完成义务教育。	家庭教育
《中华人民共和国教育法》第 36 条	学校应当把德育放在首位，寓德育于教育教学之中，开展与学生年龄相适应的社会实践活动，形成学校、家庭、社会相互配合的思想道德教育体系，促进学生养成良好的思想品德和行为习惯。	家校协同

《学生伤害事故处理办法》第 7 条	成年学生的父母或者其他监护人（以下称为监护人）应当依法履行监护职责，配合学校对学生进行安全教育、管理和保护工作。学校对未成年学生不承担监护职责，但法律有规定的或者学校依法接受委托承担相应监护职责的情形除外。	家校协同
《关于加强青少年学生法制教育工作的若干意见》第 2 条	构建学校、家庭、社会“三结合”的青少年学生法制教育网络，形成全社会齐抓共管的教育格局，切实维护在校学生的合法权益，预防和减少青少年违法犯罪。	家校协同
《关于加强青少年学生法制教育工作的若干意见》第 18 条	建立政府部门与家庭、学校、社会联动机制，形成青少年学生法制教育的工作网络，逐步实现青少年法制教育的制度化、规范化。	家校协同
《中华人民共和国义务教育法》第 36 条	学校应当把德育放在首位，寓德育于教育教学之中，开展与学生年龄相适应的社会实践活动，形成学校、家庭、社会相互配合的思想道德教育体系，促进学生养成良好的思想品德和行为习惯。	家校协同
《幼儿园工作规程》第 37 条	与家长保持经常联系，了解幼儿家庭的教育环境，商讨符合幼儿特点的教育措施，共同配合完成教育任务。	信息沟通
《幼儿园工作规程》第 48 条	幼儿园应主动与幼儿家庭配合，帮助家长创设良好的家庭教育环境，向家长宣传科学保育、教育幼儿的知识，共同担负教育幼儿的任务。	指导家庭教育
《幼儿园工作规程》第 49 条	应建立幼儿园与家长联系的制度。幼儿园可采取多种形式，指导家长正确了解幼儿园保育和教育的内容、方法，定期召开家长会议，并接待家长的来访和咨询。幼儿园应认真分析、吸收家长对幼儿园教育与管理工作的意见与建议。幼儿园可实行对家长开放日的制度。	信息沟通意见征询
《幼儿园工作规程》第 50 条	幼儿园应成立家长委员会。家长委员会的主要任务是：帮助家长了解幼儿园工作计划和要求，协助幼儿园工作，反映家长对幼儿园工作的意见和建议，协助幼儿园组织交流家庭教育的经验。	信息沟通决策干预
《少年儿童校外教育机构工作规程》第 4 条	校外教育机构工作应当遵循以下原则：面向全体少年儿童，面向学校，面向少先队，实行学校、家庭、社会相结合。	家校社协同
《小学管理规程》第 21 条	学校教育要同家庭教育、社会教育相结合。	家校社协同
《小学管理规程》第 22 条	班主任教师要同各科任课教师、学生家长密切联系，了解掌握学生思想、品德、行为、学业等方面情况，协调配合对学生实施教育。	信息沟通家校协同
《小学管理规程》第 31 条	小学应加强学生课外、校外活动指导，注意与学生家庭、少年宫（家、站）和青少年科技馆（站）等校外活动机构联系，开展有益的活动，安排好学生的课余生活。	校社协同

《小学管理规程》第 32 条第 4 款	发挥学校教育的主导作用，努力促进学校教育、家庭教育、社会教育的协调一致，互相配合，形成良好的育人环境。	家校社协同教育
《小学管理规程》第 55 条	小学应主动与学生家庭建立联系，运用家长学校等形式指导、帮助学生家长创设良好的家庭教育环境。小学可成立家长委员会，使其了解学校工作，帮助学校解决办学中遇到的困难，集中反映学生家长的意见、建议。	信息沟通意见征询决策干预
《中华人民共和国残疾人教育条例》第 14 条	适龄残疾儿童、少年的父母或者其他监护人，应当依法使其子女或者被监护人接受义务教育。	家庭教育
《禁止使用童工规定》第 3 条	不满 16 周岁的未成年人的父母或者其他监护人应当保护其身心健康，保障其接受义务教育的权利，不得允许其被用人单位非法招用。	家庭教育
《中小学德育工作规程》第 7 条	中小学德育工作要注意同智育、体育、美育、劳动教育等紧密结合，要注意同家庭教育、社会教育紧密结合，积极争取有关部门的支持，促进形成良好的社区育人环境。	家校社协同
《中小学德育工作规程》第 27 条	中小学校应当严肃校纪。对严重违犯学校纪律，屡教不改的学生应当根据其所犯错误的程度给予批评教育或者纪律处分，并将处分情况通知学生家长。受处分学生已改正错误的，要及时撤销其处分。	信息传播
《中小学德育工作规程》第 39 条	中小学校要通过建立家长委员会、开办家长学校、家长接待日、家长会、家庭访问等方式帮助家长树立正确的教育思想，改进教育方法，提高家庭教育水平。各级教育行政部门要利用报刊、广播电台、电视台等大众传媒大力普及家庭教育的科学常识；要与工会、妇联组织密切合作，落实《家长教育行为规范》。	信息沟通指导家庭教育
《中华人民共和国预防未成年人犯罪法》第 3 条	政府有关部门、司法机关、人民团体、有关社会团体、学校、家庭、城市居民委员会、农村村民委员会等各方面共同参与，各负其责，做好预防未成年人犯罪工作，为未成年人身心健康发展创造良好的社会环境。	家校社协同
《中华人民共和国预防未成年人犯罪法》第 10 条	未成年人的父母或者其他监护人对未成年人的法制教育负有直接责任。学校在对学生进行预防犯罪教育时，应当将教育计划告知未成年人的父母或者其他监护人，未成年人的父母或者其他监护人应当结合学校的计划，针对具体情况进行教育。	信息传播家校社协同家庭教育

《中华人民共和国预防未成年人犯罪法》第 14 条	未成年人的父母或者其他监护人和学校应当教育未成年人不得有下列不良行为： （一）旷课、夜不归宿。 （二）携带管制刀具。 （三）打架斗殴、辱骂他人。 （四）强行向他人索要财物。 （五）偷窃、故意毁坏财物。 （六）参与赌博或者变相赌博。 （七）观看、收听色情、淫秽的音像制品、读物等。 （八）进入法律、法规规定未成年人不适宜进入的营业性歌舞厅等场所。 （九）其他严重违背社会公德的不良行为。	家庭教育
《中华人民共和国预防未成年人犯罪法》第 15 条	未成年人的父母或者其他监护人和学校应当教育未成年人不得吸烟、酗酒。任何经营场所不得向未成年人出售烟酒。	家庭教育
《中华人民共和国预防未成年人犯罪法》第 16 条	中小学生旷课的，学校应当及时与其父母或者其他监护人取得联系。未成年人擅自外出夜不归宿的，其父母或者其他监护人、其所在的寄宿制学校应当及时查找，或者向公安机关请求帮助。收留夜不归宿的未成年人的，应当征得其父母或者其他监护人的同意，或者在二十四小时内及时通知其父母或者其他监护人、所在学校或者及时向公安机关报告。	信息沟通
《中华人民共和国预防未成年人犯罪法》第 17 条	未成年人的父母或者其他监护人和学校发现未成年人组织或者参加实施不良行为的团伙的，应当及时予以制止。发现该团伙有违法犯罪行为的，应当向公安机关报告。	家庭教育主动沟通
《中华人民共和国预防未成年人犯罪法》第 24 条	教育行政部门、学校应当举办各种形式的讲座、座谈、培训等活动，针对未成年人不同时期的生理、心理特点，介绍良好有效的教育方法，指导教师、未成年人的父母和其他监护人有效地防止、矫治未成年人的不良行为。	指导家庭教育
《中共中央国务院关于深化教育改革全面推进素质教育的决定》第 3 条	社会各方面要为青少年提供优秀的精神文化产品和德育活动基地，形成学校、家庭和社会共同参与德育工作的新格局。	家校社协同
《中共中央国务院关于深化教育改革全面推进素质教育的决定》第 13 条	鼓励社会各界、家长和学生以适当方式参与对学校工作的评价。	决策干预
《中共中央国务院关于深化教育改革全面推进素质教育的决定》第 26 条	学校、家庭和社会要互相沟通、积极配合，共同开创素质教育工作的新局面。	家校社协同

《教育部关于认真学习人民日报评论员文章<全社会都要关心支持教育事业>的通知》第 5 条	科学指导家庭教育，积极争取学生家长对教育工作的支持和配合。今年春季开学后，中小学校要通过家庭访问、召开家长会、举办家长学校等形式，教育行政部门及有关团体要通过广播电视家庭教育专题节目等形式，向广大学生家长宣传国家的教育方针、正确的教育思想和方法，交流推广科学教育子女的经验，指导学生家长树立正确的教育观、人才观，把学生家长希望子女成才的迫切愿望引导到正确的方向。要通过建立家长委员会等方式，使学生家长积极参与学校管理和教学改革工作。	信息沟通指导家庭教育决策干预
《教育部关于学习贯彻江泽民总书记关于教育问题的谈话的通知》第 5 条	高度重视家庭教育，争取学生家长对教育工作的支持和配合。学校教育、家庭教育、社会教育是教育的三大支柱，三者互为促进。要通过多种形式，向广大学生家长宣传党的教育方针、正确的教育思想和方法，交流推广科学教育子女的经验，指导学生家长树立正确的教育观、人才观，使家长能科学地对孩子进行家庭教育。要通过建立家长委员会等方式，使学生家长积极支持和参与学校管理和教学改革工作。	家校社协同决策干预
《国务院关于基础教育改革与发展的决定》第 40 条	重视家庭教育。通过家庭访问等多种方式与学生家长建立经常性联系，加强对家庭教育的指导，帮助家长树立正确的教育观念，为子女健康成长营造良好的家庭环境。工会、共青团、妇联等团体要开展丰富多彩的家庭教育活动。学校要加强和社区的沟通与合作，充分利用社区资源，开展丰富多彩、文明健康的教育活动，营造有利于青少年学生健康成长的社区环境。	信息沟通指导家庭教育家校社协同
中华人民共和国教育事业第十个五年计划	建立健全学校、社区和家庭相互沟通、协调配合的制度，形成共同促进青少年健康成长的良性机制。	家校社协同
国家教育事业发展“十一五”规划纲要	加强学校教育、家庭教育和社会教育的结合，大力普及科学的家庭教育知识，提高家庭教育水平，社会各方面要共同加强对青少年的教育工作。	指导家庭教育

中国儿童发展纲要（2001—2010年）	提高家庭教育水平。建立多元化的家长学校办学体制，增加各类家长学校的数量。提高儿童家长家庭教育知识的知晓率。发挥学校、家庭、社会各自的教育优势，充分利用社会资源形成教育合力，促进学校教育、家庭教育、社会教育的一体化。重视和改进家庭教育。加强家庭教育知识的宣传和理论研究。办好各类家长学校，帮助家长树立正确的保育、教育观念，掌握科学的教育知识与方法。	指导家庭教育 家校社协同
全国家庭教育工作“十一五”规划	“十一五”时期家庭教育工作的总体目标是：到2010年，继续扩大家庭教育和科学育儿知识的宣传和普及，使广大家长的整体素质和教育子女的能力得到全面提高；进一步完善家庭教育工作长效机制，推动构建学校、家庭、社会“三结合”的教育网络；推进现代家庭教育理论体系建设，提高家庭教育指导机构和指导者专业化水平；提高家长学校办学质量，大力创办乡村、社区等各类家长学校和家庭教育指导中心；推进有关家庭教育法律法规的完善，使家庭教育工作走上科学化、社会化、法制化轨道，促进未成年人思想道德建设，为培养中国特色社会主义事业合格建设者和接班人打下坚实的基础。	指导家庭教育 家校社协同
全国家庭教育工作“十一五”规划	具体目标： 1. 广泛宣传普及家庭教育及科学育儿知识，使0—18岁儿童家长家庭教育知识和科学育儿知识的知晓率达到95%以上。 2. 大力发展多元化、多类型、满足不同群体需求的家长学校，规范对家长学校的管理，提高办学质量。中小学、幼儿园普遍建立家长学校。有条件的地方可建立广播、电视、网络等家长学校。 3. 积极推进社区家庭教育指导，经济基础较好的城市70%的社区建立社区家长学校或家庭教育指导中心；结合社会主义新农村建设，具备条件的农村50%的村建立家长学校或家庭教育指导中心。 4. 重视和加强农村留守、流动儿童的家庭教育，引导和帮助留守、流动儿童家长增强家庭教育的责任意识，提高家庭教育的能力和水平。5年内建立5000所全国和省级留守儿童、流动人口子女家长学校。 5. 加强家庭教育调查研究，针对当前家庭教育中的新情况、新问题，开展专题调研，形成一批有分量的调研报告，有针对性地提出对策建议。	指导家庭教育 决策干预

在这一系列法律、法规及文件条文中，提得最多的是家长应尽的责任和

义务，以及为小孩提供相关的受教育条件、家校社沟通、结合，但是“对于家庭是否参与学校教育、家校双方合作关系如何、应采取哪些合作措施等等，尚十分模糊”，基本上没有明确而具体的规定，对于决策干预的方式、具体内容、权责等等相对较少，主要由学校、家长自我解读并贯彻执行。有些规定仅仅停留在规章层面上，没有上升到法律的高度，落实和贯彻有较大的难度。同时这些条文又都是宏观的、倡导性的，缺乏具体而明确的权利和义务方面的规定，在强制性和可操作性方面，显得不够有力。如《小学管理规程》第21条“学校教育要同家庭教育、社会教育相结合”，在学校的督导评估实践中，学校只要在成立家长学校、家长委员会、请家长任校外辅导员、志愿辅导员等方面进行了一些起步的工作就可以达标。只有在“十一五”规划中有量化的指标，但评估和可量化的程度很低。

三、协同教育的方法及问题

（一）协同教育的主要方法

从高频被引的文献来看，协同教育的方法有很多，不过主要围绕家校合作来展开。马忠虎在《基础教育新概念——家校合作》一书中作了比较全面的概括和分类。专辟一节“如何建立有效的家校合作的关系”来罗列了家校交流的27种渠道，包括家校通信、便条或喜报、校报和年鉴、学区通信、大众媒体、家校热线、家校合作指导手册、制定开放的学校政策、与家长在其孩子入学前的接触、给新生的一封信、教师主动出访（分片拜访，家访）、家长访校（听课，值周家长，快餐式会谈，往日重现）、电话访谈、家长教育、成长工程、家长—教师组织（或协会）、旧物交换、家长意见箱、家校合作资源教室（挑选教学所需文章，改编游戏，废物利用，建立资料室）、家长中心、视家长为教育资源、家长咨询委员会、家长结对互助、儿童看护、填补放学后的真空、家长—教师会议、家校合作网站或网页。方法之多之全是目前任何关于协同教育的文献中所少有的。

《基础教育新概念——家校合作》着重介绍了其中26种交流渠道的特点、具体运作方法和相关的材料准备，为家校合作提供了非常全面的参考，不过在家校合作网站或网页这一交流渠道的处理上则一笔带过，仅仅提出了一种思想，没有涉及更多的细节问题，文中如是说：“由于互联网的便利性、快捷性和互动性，通过互联网来进行家校之间的信息沟通与交流不失为一种极好的方式。社区教育机构可以创建家校合作网站，而学校则可以在自己的网站中加入家校合作的网页网站；可以把学校的整体情况，家校合作的相关政策、组织、活动等制作成网页进行介绍，以便家长了解；可以提供家长所关心的

儿童教育问题的相关文章，以便家长讨论或对家长进行指导；可以把家庭作业或对学生的要求放到网上，以便家长督促和辅导；可以公布家长能够利用的社区和学校教育资源，以便家长在教育子女或自我提高时使用；可以发表学生的各种‘作品’、成果，以便家长掌握自己孩子的成长历程；教师和家长还可以通过电子邮件或交流信息，就某些问题进行讨论、协商或寻求帮助；网页还可以与其他家校合作的网站或相关网站进行链接，以便家长得到更多的信息支持……”。至于“家校合作网站或网页”具体该如何设计、互动功能如何开发？教师、家长、学生之间如何利用网站实现动态互动？除了网站及网页之外，其他的现代信息交流工具又将如何？等等问题都没有进行深入的探讨。在期刊论文中先后多次出现利用网络技术或通信进行协同教育的方法，如《让网络成为班主任工作的新天地》《今天，你“QQ家访了吗”》《网络、家校合作的新桥梁》《网络环境下的家校互动德育模式研究》等等，有以叙事的方法对技术支持的协同教育进行的描述，也有的解释阐述网络等新技术在协同教育中的重要意义，但是讨论的深度依然没有太多的超越和突破。在信息时代如果不挖掘信息技术的双向交互功能，促进家庭、学校、社区之间的互动，也就是说不去抓住慢弛豫参量，就无法实现系统由无序向有序状态跃迁，无法实现系统的协同，无法完成子系统的相变。

台湾学者任秀媚则根据协同教育实际运作情形将家长参与协同教育的方法分为：①文字通信：家长通过文字数据与学校及教师传达讯息；②家访；③家长与教师个别会谈；④家长在教室中参加活动或观察；⑤团体式参与：包括家长委员会、家长会等。Wolfe等在这个划分角度上考虑得更加细致，将家长参与的方法分为十二种类型：①家校沟通；②参与特殊教育过程；③协助孩子上下学的交通；④到校观察；⑤参与家中的教育活动；⑥出席家长教育研讨或咨询会议；⑦担任教室义工；⑧家长之间互相联系和支持；⑨参与学校行政事务；⑩参与捐款活动；⑪ 加入倡导活动；⑫ 分享信息。卢玉琴对小学亲师互动进行行动研究后发现：家长对家校互动方法的看法，按照赞成比例高低排列依次为：家庭联络簿、电话、班级联络簿、公布栏、班级网页、亲职教育系列、家书沟通、E-mail、教学参观日、面对面沟通、读书会、班刊。另外她认为日后亲师合作的方法值得努力的方式有：班级网页、亲职教育系列活动、家书沟通、E-mail、教学参观日、面对面沟通、读书会、班刊。Cervone和O'Leary将家长参与协同教育的方法，从被动到主动，分为五种不同的层次：①学校向家长报告子女在校的成长情形（reporting progress）：家长通过家庭联络簿、电话交谈、参加家长会等方式，被动地接受来自教师的讯息。特殊事件的参与（special events）：家长参与学校举办的各式活动，比如：运动会、毕业典礼、春游等，通过参与特定的活动，表达对学校的支持。③家长接受教育（parent education）：家长积极参与家庭教育讲座、家长之间的会议、教育座谈会等，提升教育子女方面的知识与技能。④家长协同教学（parenting teaching）：家长进入学校协助教师进行教学活动，对低成就学生提供补救教学，或在家中协助子女学习。⑤家长参与和孩子教育有关的决定（parent as decision maker）。

陈良益则从个别和组织及参与方式的不同，将家长参与协同教育的途径分为组织和个人、正式和非正式二个维度，由此发展出正式的组织参与、非正式的组织参与、正式的个人参与、非正式的个人参与等四种家长参与的途径。协同教育的方法还在不断翻新，如家长沙龙、网上家访、网上学校开放日、网上家长学校、手机家长学校、校讯通，美国提出了时事通信、“星期五折叠式文件夹”、教师—家长对话杂志、颁奖晚会等形式多样的联系方式，日本的 PTA（Parent Teacher Association，父母与教师联合会）等。

（二）协同教育方法上的问题

在马忠虎提到的 27 种家校交流的渠道中，有些是目前常用的协同教育方法，有些只是一个概念，在实际的协同过程中并没有被运用。有关家校合作现状调查研究的结论深刻的印证了这种存在，家校合作方式单一、形式化，家校合作活动“只在学期初、末或节假日，进行缺乏连续性”。在这一系列家校交流的渠道中，被提得最多的是家长会、家访，以及电话联系。不难看出，一方面协同教育的技术支持不太理想，因循守旧比较严重；另一方面协同教育对信息技术和传播技术又有着强烈的需求，技术将在协同教育中发挥巨大的作用。

有学者对此虽然有了一些研究，但仍然存在许多的遗憾，如吴明隆在《班级经营与教学新趋势》一书中比较系统地提出了网络家庭联络簿的方法，加强家庭、学校的联系与沟通，阐明了网络家庭联络簿的时代意义与功能、实施要点、班级实施应考虑的因素和推广前的准备等。这一种方法只是多样化信息交流方式的冰山一角而已。要很好地解决这些问题，必须对其展开深入研究，总结技术支持下协同教育的规律。关于协同教育方法的讨论用南先生的话来总结再恰当不过：现代信息技术环境下协同教育的工作模式，包括工程建设模式和家校互动合作模式。已建立的工程建设模式有：家校信息互联系统、社区教育网站、计算机网络 + 手机、光盘播放系统，等等；已建立的家校互动合作模式有：网上家长学校、网上开放日、网络教育心理咨询、网上聊天、E-mail、BBS，等等。这些模式已初步建立，但其有效性还有待于今后深入探索。

（三）协同教育的困境与改善策略

1. 协同教育参与的障碍因素

有研究显示，许多的障碍阻碍着协同教育的实施。在影响家长参与协同教育的原因中，87% 的学校认为障碍因素在于家长缺乏时间，56% 的学校表示障碍因素在于学校教师缺乏时间，40% 的学校则表示教师缺乏与父母沟通合作的训练。

此外，家长知识水平无法帮助其指导孩子的家庭作业、老师与家长间的文化及社会环境、语言差异及态度等等，也是部分学校认为的障碍因素。十六世纪时 Martin Luther 曾说："大多数家长不太清楚教育子女的重要性；即使知道其重要性，也不知道如何去指导他们；即使知道指导子女的恰当方法，也没有时间去进行指导工作"。快节奏的现代生活和日益增加的工作压力，使教师和家长参与协同教育的时间不断减少，甚至有许多家长认为指导小孩学习应该是学校的事情。

关于协同教育参与的障碍因素，詹志禹在其研究中提到：家长的态度和观念会妨碍家校合作：①受传统观念影响，教师的权威地位在家长的心目中依然存在，以至于家长害怕和学校的权威（包括教师和行政人员）打交道；②不信任学校，害怕自己言行若有不当，引起学校或教师不快，对自己的孩子不利；也不敢和学校教师谈到自己孩子的缺点，以免影响老师对孩子的印象；③对学校怀有敌意；④对教师专业自主权不够尊重，误认为自己的学历高于教师就是专业智能高于教师；⑤对学校持信任、尊重，但不参与的态度；虽然关心孩子的教育，但仅仅是关心，没有行动；⑥对学校持疏离、旁观、监控的态度；⑦没有参与的意识。

综合国内相关研究，影响参与协同教育的障碍因素大致如下：

（1）家长的专业性不足：家长多元的背景，虽可以给学校提供更多的支持，但家长来自不同的阶层，素质不一，许多家长对教育并不了解，在参与的过程中，有时会因为不了解而有干预学校运作或教师的教学。

（2）家校冲突：随着时代潮流的发展，教师和家长都直接对学生的教育产生影响。虽然教师和家长都以给孩子最好的教育和促进孩子学习为目标，但是有时两者会因观念、认知或意识形态的差异，而在某些问题上有不同的意见，家长教育权和教师专业权的冲突，为学校带来困扰。

（3）沟通不畅：协同教育在国内目前逐渐受到重视，然而家长与教师之间、家长与家长之间由于时间、工作等因素的制约，容易造成家长参与的机会和时间减少，导致相互信息沟通不畅，在最常见的家校互动活动中，比如家长会、家访等等，家长往往扮演着被动信息接收者的角色，与教师没有太多的机会进行全面充分的交流，以至于造成对教师教学效果的误解或怀疑。

（4）家长与教师的权责模糊：有不少的家长认为对子女的教育责任，仅限于在家庭中，小孩被送进学校之后小孩的学习就是学校教师的事情，自己只要负责小孩的生理生长需要就行，甚至有家长对小孩的教育并不重视，认为家长对小孩成长的影响并不大，所以教育应该留给教师来完成。而教师则过分地夸大家长参与协同教育的作用，认为家长如果不积极配合教师开展协同教育，则直接否决学校教育的成果，可能出现 5+2=0 的局面，每周 5 天的学校教学对小孩所产生的影响，在周末家庭渡过的两天时间中消失殆尽。

（5）心理隐忧：家长害怕自己言行若有不当，触怒学校或教师，将对自己的孩子不利。

（6）教师存在误解：Hornby 曾指出教师对家长有七种不正确的态度：①家长是麻烦；②家长是敌人；③家长是容易受挫的；④家长是能力较少的；⑤家长是需要被关注的；⑥家长是易推卸责任的；⑦和家长必须保持专业上的距离。教师对家长参与协同教育存在的误解与担心，阻碍了家长参与协同教育。

2. 协同教育的改善策略

在美国 George Lucus 基金会设立的网站 Edutopia 上有一项调查，“家长是否应该通过网络了解学生的学业成绩？”一共有 168 人参加调查，其中有 107 人（64%）认为应该，因为在线的成绩手册可以帮助学生、家长和教师保持接触，学生能自我监督，家长通过简单的途径维持与子女和教师的信息传播；有 16 人（10%）人认为不必要，因为父母参与教育更好的方法是通过面对面传播；还有 42 人（25%）认为应该，不过认为应该设置限定，在家长介入之前学生和教师之间先解决潜在的问题。总之有 89% 的人认为家长应该利用网络来了解学生的学业成绩，与教师、学生协作互动。而且在 Edutopia 上对推动家庭、学校、社区的数字化沟通提出了相应的策略：

（1）给全体教员分配一个 E-mail 地址，尤其是对工作中的家长，E-mail 是最有效地与教师沟通的途径，当然，教师需要定期接收邮件。

（2）设立学校和班级网页。家长和监护人通过网页来了解他们在协同教育中的任务分配、日程安排和通知，也可以运用网页展示学生的作品，不断更新其内容，鼓励家长访问。

（3）发送电子时事通讯。电子时事通讯综合了 E-mail 和网页的优点，直接发送电子时事通讯给家长，而不再需要中间人——学生的传递，给没有计算机的父母提供纸质的时事通讯。

（4）学生数据在线。每一个学生的加密信息能帮助父母监督学生的学业等级、学习态度、甚至午餐购买的习惯。Edutopia 认为家长了解学生的学业成绩可以防止学生学习中的问题恶化。

（5）考虑提供笔记本电脑带回家。这是一项花费昂贵的建议，不过很多学校已经发现，分派电脑给学生带回家，可以鼓励学生的学习，使家长更容易了解学生的课堂行为。

学校与家庭之间的关系是双向互动的，学校教师对协同教育积极肯定的态度将进一步激励家长的参与，改善家长对学校的评价。美国家庭儿童、学校、社区学习中心（The Center on Families，Communities，Schools，and Children's Learning）的研究报告显示：家长如能收到老师提供关于学校活动的报告、小孩的发展报告以及如何在家中辅导小孩方法等信息，家长将更愿意参与协同教育的活动。为了让家长更积极地参与协同教育，在与家庭的互动中，学校及教师应该扮演更主动的角色，主动提供给家长各种教学的相关数据，说明所采用的教育方法，缩短二者之间的距离，才有可能确实提升家庭参与的意愿，进而提升小孩学习的效果，达成教育的最终目的。

（1）美国的父母公约。目前美国教育部汇编全国学校所设计的父母公约范例，并通过中小学教育法的 Title Ⅰ计划，使全国半数以上学校拟订学校父母公约。Title Ⅰ计划对父母公约有一定的规定：

1）校责任部分：叙述学校在有效的学习环境中，如何提供高质量的课程与教学，以期促使学生达到较高的成就水平。

通过以下的途径，强调教师与父母之间持续沟通的重要性：小学的家长教师面谈包括公约如何促进孩子学习成就的讨论；时常对父母提供孩子的进步情况；可以接触到教师、学校开放活动及担任义工和参与他们孩子的课堂。

2）父母的责任部分：

• 监督上学、完成家庭作业及看电视的情形；
• 在孩子的教室中担任义工；
• 合适的话，在他们孩子教育及课外活动上参与决策；
• 学生也可能在父母的责任部分或在更详细的在家学习责任上签字。

（2）Comuntzis 的观点。Comuntzis 提出可以提升家长参与协同教育的方法：①成立家长中心；②家庭访问计划；③成立研究提升家长参与方法的小组。并指出可以采用下列十五项步骤，鼓励家长及家庭参与学校活动：

• 发展提升家校合作的计划；
• 设计问卷以评估家长的认知与参与意愿；
• 让家长了解与学校合作的有效技能，提升家长参与进修活动意愿；

- 使学校成为家庭的延伸并具有一贯性，使学校、家庭与社区密切合作；
- 增长家长对孩子发展的知识，并协助家长的专业发展；
- 鼓励不同形态的家长参与，并发展增进家长参与的学校策略；
- 通过家庭访问、面谈及书面报告等方式，消除隔膜并建立信任；
- 以各种方式与家长联系，使家长了解学生的进展以及学校的活动；
- 配合家长的工作时间，规划家长参与时间及内容；
- 保证学校教师可以联系到家长或家庭；
- 根据学生的不同文化、种族及社经背景，与各家庭作适当沟通；
- 在学年开始的会议中与家长建立密切的关系；
- 使家长参与顾问组织并作出相关决策；
- 提供家长参观学校、参观授课等机会，在学校设立家长中心；
- 撰写学校政策宣言，阐明校方为增进家长参与学校的明确方式。

（3）Hornby 的观点。Hornby 在《促进家长参与》一书中，提出五种方式来促进家长的参与：

1）非正式联系（informal contacts）。

非正式联系是在人际关系中打破僵局的最好方式，对以往参与度不高的家长特别重要。学校可以通过学校作品展、学校开放日、运动会、郊游等不同活动形式，充分利用非正式沟通中的机会，保证非正式联系的成功，接触家长的策略如图 1-1 所示。

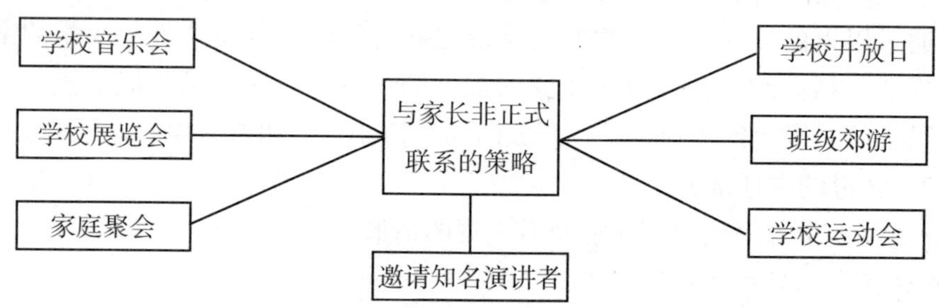

图 1–1 与家长非正式联系的策略

（资料来源：引自 Improving Parental Involvement，by G. Hornby，New York：Cassel.2000：32）

2）电话联系（telephone contact）。教师最好安排特定时间来接听家长电话，注意使用通讯录有效通知家长，周末和假日使用电话录音。

3）各种书写沟通（various forms of written communication）。学校可利用家庭学校手册与家长联系，家庭学校手册提供学生家长整套学校有关的资料，

手册帮助父母了解学校的规定与教育计划，并认识他们及他们孩子能够参与学校的方式；其次，通信（newsletter）对大多数家长来说也是一种很好的沟通方式，一学期寄给家长 1~2 次；再者，信件和便条（letters and notes）则是一种具有时效性的沟通，许多教师认为由学生带给家长便条，是很好的沟通方式。有些家长较喜欢通过书写与教师作双向沟通，家庭联络簿（home-school diary）是可行的方式。此外，进度报告也可提高家长对学校的了解，目前普遍的报告模式为成就纪录（Record of Achievement，ROA），一年约做 1~3 次。

4）家长会（parent-teacher meeting）。定期召开的家长会是家庭和学校沟通的一块基石，家长提供的观点与信息可能很有价值，教师需要父母的协助来做好教育每一位孩子的工作，也能帮助父母在家教育孩子扮演积极的角色。

5）家访（home visits）。为所有沟通最重要的一项。学校通过全职或兼职方式聘用父母联络员，以特别需要关切的父母或家庭为主要对象，协调和引导家长参与协同教育，协助学生学习并达到高的学业成就。

四、协同教育的参与角色

（一）家长协同教育参与角色

家长协同教育参与角色常因学校开放态度和家庭对教育支持程度不同而有差异，一般而言，大多数学校认为家长主要扮演与学校配合，参与义工、协助校外教学或参与研习等的角色，而家庭对教育支持程度不同，则家长协同教育参与中的活动形式也不相同，家长所扮演的角色也不相同。

美国学者大卫·威廉姆斯（David Williams）研究发现，家长在学校中渴望扮演不同的角色，其角色范围可从指导孩子或课堂辅助到参加校委会制定学校规章等。

另外两位学者兰根布伦纳（M.R.Langenbrunner）和索恩伯格（K.R.Thornburg）则把参与学校教育过程中的家长角色分为三类：

1. 作为支持者和学习者

以这种角色身份参与对孩子的教育是家长参与的传统模式，具体方式有家长会议、家长小报、家长学校、家庭教育咨询、家校书面联系、电话联系、个别家长约见等。

有关研究发现，当家长以这种角色参与学校教育时，他们能成为其孩子有效的家庭教育者。这种参与能增强学生的学习动机，提高学习技能。另外，家长的自信心以及家长对其孩子和自身的教育期望都会随着参与而有所提高。

2. 作为学校活动自愿参与者，自愿为学校提供无偿服务

自愿参与的活动范围很广，家长可作为班主任的辅助人员帮助教育学生；

可就某门学科对学生进行个别指导；可就自身经历给学生作非正式报告；可利用自己的特殊才能对学生进行课外辅导；也可帮助学校做一些不直接与学生打交道的工作。另外，可帮助进行残疾儿童教育、职业指导。

1992 年美国就公民对公立学校的态度所进行的第 24 届盖勒普（Gallup）民意调查中，在回答是否愿意无偿帮助当地任何一所公立学校时，几乎社会各阶层都表示出积极的态度。在被调查人中，回答“愿意”的占 59%，“不愿意”的占 34%。其中受过良好教育的人更乐于自愿参与。公立学校学生家长自愿参与的比例（72%）自然要高于私立学校学生家长和无学生的家长。但这两类家长也有近半数表示愿意无偿帮助公立学校。

3. 作为学校教育决策参与者

家长应参与学校教育决策的全过程，即决策形成、决策执行和决策监督。美国学者赫斯（R.D.Hess）认为，家长参与决策的理论基础，首先是人们对没有参与制定的决策在执行过程中缺乏责任感；其次，整理信息、决策、推行的过程本身就具有教育意义，家长、学校相互学习，有益于改进管理技能；再次，家长最了解其孩子所处的家庭环境，也最了解孩子的个人情况，因此，必须干预其孩子教育过程的规划。

瑞典斯德哥尔摩大学教授胡森（T.Husen）和德国汉堡大学教授波斯尔思韦特（T.N.Postlethwaite）主编的《世界教育百科全书》（1985 年版）引用了马里奥·方提尼（M.Fontini）关于家长参与的分类体系。家长在参与学校教育的过程中担任四种不同的角色：代理人、供给人、消费者和管理人员。当家长以代理人身份出现时，他们是学校的公共关系代理者，是学校在一些重大决策中的代言人。例如在美国，家长可通过参与咨询委员会来影响国家的课程设置，从而维护其孩子所在学校的利益。据估计，在美国有大约 125 万名家长在 10 多万个咨询委员会供职。作为第二种角色供给人，家长主要是向学校提供援助，用自己的时间、精力、智慧，才能来帮助学校组织学生活动，为学校提供信息和技术服务。这种援助可以下列身份来进行：学校活动自愿参与者、教学辅助人员、指导人员或顾问等。家长以消费者的身份出现，通常是指家长利用学校设施接受成人教育来自我发展。这种参与的目的除提高家长素质外，主要也是为了加强学校和社区的联系，改善它们之间的关系，以加强合作。家长在充当管理人员角色时，主要是参与学校教育决策的制定、执行和监督。

侯世昌综合众多学者的观点（何瑞珠，2001；吴迅荣，2001；郭明科，1997；陈良益，1995；简加妮，2001；杨惠琴，2000；赖怡蓉，1999；谢金青，1997；Berger，1987；Chrispeels，1991；Epstein，1993；Hornby，2000；

Stallworth&Williams，1982），将主要类别归纳如下：

（1）旁观者或接受者。大多数的家长扮演旁观者的角色，他们仅仅观察学校在为自己孩子的教育过程中做了些什么，认为学校是一个专业、权威的机构，能对他们子女提供最好的教育。家长接受来自学校的信息，属于学校对家庭单方面的沟通。学校可通过校历、校讯校刊、成绩单等方式，告知家长学校的活动与孩子的学习情形。信息的传递是学校的责任，也是家长的权利。

（2）家庭教育者。家长提供有利于孩子学习的家庭环境、协助与监督孩子家庭作业的完成，并提供完善的上学准备工作（如教材的准备），随时了解与询问学校的生活情形，培养孩子各方面的能力（生活自理能力、社交能力、适应能力）、指导孩子从事适当的休闲活动等皆属于此类型。

（3）共同教育者。学校设计各种教学方案或家庭学习方案，让家长共同参与。如：家长指导孩子做功课计划、家庭阅读计划等，以协助家长参与家中的教育活动。或者在学校课程教学中．规划特殊的单元活动，依托家长在各领域的专长，邀请他们成为相关内容的教学或辅导人员。

（4）支持者。家长对学校各项活动的参与、配合、协助，都是支持角色的内涵。支持的角色主要表现在参与支持学校所举办的活动与计划，如参加家长会、郊游、运动会、家庭教育讲座、学校开放日等，或是自愿在学校担任义工，协助教学或非教学活动，或是捐款或设备以支持学校的需要等。学校则扮演联系者的角色。

（5）倡导者。倡议者角色的意义在于家长对校务的积极参与。家长来自各行各业，拥有各方面的专业知识，同时又是学生的监护人，了解学生的成长与学习状态，也有对学生接受教育的主观期待。因此，家长有权利在孩子受教育的过程中，就有关孩子教育与社区关心的问题，给校方提供意见，以供决策时参考，并可通过家长委员会或是选派代表参与学校校务会议或学校行政会议等，表达家长意见，为孩子争取权益，或推动教育相关的法案等。

（6）决策者。家长不仅有子女教育的选择权，还有学校教育的决策权。家长与学校教育人员共享课程的决定与选择、教师的聘任与评鉴、校长的遴选、学校经费的运用、学校的计划与发展等决策权，并应参与学生安置的决定、个别化教育计划的拟定、学习评价、升学或就业的决定等，与学校代表一起参与关系孩子教育的决定。

（7）沟通者。家长与学校通过校刊、通知单、电话、家长会、成绩单、家访、联络簿等方式相互联系，家长可以了解孩子在校的表现与学校动态，而老师也可以从家长那里获得有关于孩子校外生活的信息。

（8）学习者。家长在参与学校教育的首要角色应是扮演学习者的角色。其理由在于教育工作是一项专业，学校教师则是专业的教育工作者。至于家长，除了少数人之外，大部分都不具教育专业的背景，因此在教育的专业前提之下，家长如果要能扮演好良好的教育参与角色，发挥正向的协同教育参与功能，那么，家长应通过学习的活动以提升个人的教育素养，即学习者之角色。家长之间互相分享教育子女的经验、向教师或专家请教、参加家庭教育指导讲座、阅读家庭教育书籍，或参加家长成长团体，以获得相关的教育信息。另一方面，教师则通过家长了解学生的家庭背景、能力、兴趣等。

（9）协助者。主动协助教师处理有关学生教育事项，如担任义工、协助校外教学等，家长参与的态度是主动积极的。

（10）资源提供者。家长提供学校各种教学所需的资源，这项工作可能是义务服务的，也可能领取报酬。家长参与学校课程方面的计划与发展，或与儿童分享其专业知识。

此外，Hornby 则依家长与学校的关系将家长在协同教育中的角色区分为：①资源和接受者；②支配者；③赞助者；④捐款人；⑤专家；⑥合作教育者；⑦委托人；⑧咨询者。

对协同教育中家长角色的一种新的观点是把家长视为学校教育者的伙伴。这意味着家长在其子女的教育过程中与学校具有完全平等的伙伴关系。隆巴那认为，要建立伙伴关系就必须认识到家长有能力向学校提供帮助，认识到家校之间信息的交流和相互支持是一种共同受益的过程。家校合作也只有以这种平等的伙伴关系才能达到理想的目的。

综合上述各家研究成果和现阶段家长参与协同教育的主要形式，本研究将家长协同教育参与由消极到积极归纳为四个阶段并分别充当四种不同的角色，依次为：

（1）信息接受者：信息接收者是指家长通过查阅小孩带回来的学校通知，检查小孩作业、试卷及其他学习成果，签核家校联络簿等，被动地了解孩子进步情形和学校活动的信息。

（2）家庭教育者：家庭教育者是指家长在家里参与与学校学业有关（指导孩子完成家庭作业）或无关的教育活动（课外活动等）。

（3）主动沟通者：家长主动向教师询问小孩在校的各项信息，了解小孩学习困难和突出表现，从而进一步配合学校及教师指导学生进行学习、开展家庭教育和亲子活动。

（4）决策干预者：家长向学校和教师提出教学与管理方面的具体建议，

学校的相关决策施加家庭和社会的影响。

（二）教师协同教育参与角色

教师的主要目的是教书育人，在协同教育中起主导作用，除了学校教学之外，还必须联合各种力量促进学生的全面发展，因此以多种方式参与协同教育也是教师的责任，对应于家长协同教育参与角色，教师协同教育参与角色也有四种，依次为：

（1）信息传播者：信息传播者是指教师告知家长学生在校的各项信息，如课堂表现、人际交往、课余活动等，让家长能客观全面地了解自己小孩的成长历程。

（2）家庭教育指导者：家庭教育指导者是指教师为家长家庭教育提供指导，包括开列家庭教育书目、家庭配合事项、学习内容和评价标准等。

（3）寻求支持者：寻求支持者是指教师邀请家长承担校外辅导员、主讲专长的教学单元等。

（4）意见征询者：意见征询者是指教师主动征求家长关于教学和管理方面的建议，为改进教学提供决策参考。

第四节 协同教育的支持技术

目前协同教育支持技术的研究主要集中在协同教育平台的设计与开发，主攻研究方向是网络与移动通信的互联，即家校短信平台的设计与开发。近三年的文献中关于平台设计的技术类文章几乎全部围绕这个主题而展开，如《基于 VSTS/2005 的家校通软件开发与测试》（马爽、武君胜，2006），《家校通短信系统的研究与设计》（陈国华，2006），《基于网络平台的家校即时通系统的设计与实现》（甘俊、彭宣戈和朱兵，2006）等。这些关于协同教育支持技术研究的文献较多的从技术实现角度进行思考，这种单纯的技术实现，如果没有现代教育思想和协同理论作指导，脱离协同教育实践，即使实现了家校信息互通功能，最终都将不能被家长、教师所接受。而且协同教育平台研究重心以学生到离校刷卡短信通知家长为主，实现考勤信息的自动化采集和管理。这类短信传送的信息量相对有限，主要以考勤信息和群发通知为主，而家长和社会所关心的学生个别化信息及其少见，如学业成绩、学习进步历程等，人们对这种“考勤机”似的“家校通”平台的功能产生了怀疑。实际上目前手机开始作为上网的终端设备（前文技术成熟部分有专门统计数据），功能越来越强大，意味着家长可以通过网页获取更多关于子女学习的信息内容。因此平台研究的主攻方向可以转向手机邮箱、WAP 技术，通过手机等终端设备获得比短信更多媒化、更全面的信息。

总之，协同教育受到了越来越多研究者的关注，现代网络技术和通信为协同教育提供了良好的技术支持，如何发挥各种信息时代的分立技术和综合技术的特性，有效地支持协同教育，使协同教育的各子系统由无序状态向有序状态跃迁，成为一个迫切的而且非常有意义的研究课题。

第二章 高校思想政治教育概述

高校学生是我国社会主义事业的建设者和接班人，是国家的未来和希望承载着国家未来发展的重要使命，只有拥有了健全的人格、高尚的品德，高校学生才能朝着正确的方向发展和前进。因此，高校思想政治教育显得尤为重要，可以说高校思想政治教育工作直接关系着未来社会主义的发展前景。

高校思想政治教育是一种教育实践活动，是指高校的思想政治教育工作者用一定的思想观念、政治观点和道德规范，对高校学生施加有目的、有计划和有组织的影响，使他们形成符合国家和社会所需要的思想品德的教育实践活动。高校思想政治教育的内容主要包括理想信念教育、马克思列宁主义、毛泽东思想、邓小平理论及“三个代表”重要思想，艰苦奋斗和民族主义教育、爱国主义、集体主义、社会主义教育、社会主义民主法制和道德教育等。

在党和国家的高度重视下，高校思想政治教育工作取得了很大的进展和突出的成就，为培养国家高素质人才、推动高等教育事业的发展和社会的进步起到了重要的作用。

第一节 高校思想政治教育本质和特点

一、高校思想政治教育的本质

高校思想政治教育的宗旨是为国家培养合格的高质量的社会栋梁和优秀人才，培养大学生对马列主义和社会主义的坚定而崇高的信念，培养其热爱祖国的赤子之情和忠诚之心。高校思想政治教育同样也是非常重视学生全面发展的学科，是为满足我国一定社会历史时期的物质文化发展需求而培养的需求型人才。高校思想政治教育又不同于其他学科，它的根本之处就在于它是一门培育人的学科，是对学生进行德育的学科，是为了学生全面而自由的发展而开设的学科。高校思想政治教育就是主张坚持用马克思主义的世界观来指导学生的主观世界，培养学生坚定的无产阶级政治理想和信仰。

高校思想政治教育是教育者按照社会发展需求，在社会主义核心价值体系的指导下，通过一定的内容、手段和方法有目的影响受教育者的思想品德和行为，促使其正确价值观形成和发展的教育实践活动。在我国，高校思想政治教育始终坚持党的领导，认真贯彻和落实党的教育方针，是党的工作的一部分，是为积极实现党的纲领、路线服务的。高校思想政治教育运用马克思主义中国化理论，向学生传播社会主义意识形态和价值观，帮助学生培养反对拜金主义、享乐主义和个人主义的错误思想。高校思想政治教育向学生同时开展政治思想和道德理论的教育，促进大学化身必的健康发展，帮助大学生形成健全的人格，为其随后踏入社会实现自我理想和社会价值给予方向指引和人生观指导。大学生是一个比较特殊的社会群体，尤其是现在的大学生以“90后”占大多数比例，他们来自不同的家庭背景和地区，而且基本上是独生子女。性格特点难免会以自我为中心，凡事以个人的需求为出发点，很少会考虑别人的感受，崇尚个人主义，追求自我享受。当代大学生身心发展的特点也发生了质的改变，具体表现为对集体主义缺乏真实的感受和理解。因此，高校思想政治教育必须要遵循新时代大学生们身心发展的特点和变化规律来组织和改革教学内容与方式。

大学生处在其身心发展和性格塑造的最佳时期，高校的思想政治教育对其思想意识形态的改造尤为重要，是引领他们走向正确人生道路和做出正确理想选择最合适的阶段。高校思想政治教育工作者肩负着重大的责任和使命，需要教会大学生用马克思主义的世界观去认识世界和改造世界，坚定其对无产阶级和社会主义的信仰。特别是在当今复杂的国际关系下和激烈的国内社会变革中，教会大学生运用马克思主义科学的世界观和方法论，去正确辨别资本主义和社会主义谁优谁劣的事实。坚持拥护党的领导，拥护党的纲领和路线，能够为了社会主义现代化建设事业和共产主义的终极理想目标奉献自己的青春和激情，为了社会主义和共产主义事业奋斗终身。高校思想政治教育要始终坚持与时俱进的理念和勇于创新的精神，自觉加强本学科的学科建设。

二、高校思想政治教育的特点

高校思想政治教育既体现了我国的精神文明建设水平，又体现了我国的政治文明建设水平，尤其注重对学生政治信仰和人生价值观的培养。高校思想政治教育学科具有鲜明的时代性和阶级性，不同的时代、不同的阶级，同一时代历史发展的不同阶段，对人们有不同的思想品德和政治主张要求。我国高校思想政治教育反映了工人阶级和广大人民群众的根本利益，反映了社会主义物质生产和生活发展变化的规律，始终坚持社会主义发展方向和原则。

高校思想政治教育致力于用科学的发展观与方法论，引导学生去认识世界和改造世界，帮助学生在实践中发现真理和掌握真理，不仅对学生的身心发展和健康人格的形成有利，而且也有助于社会主义现代化建设，为我国社会建设培养合格人才和领军人物。高校思想政治教育具有多元化和内容广泛性等特点，不只是为把基本的政治主张简单的教授给学生，更重要的是将理论中的人生哲理教授给学生，让其在今后的人生道路上遇到难以选择的道德或原则难题时，能够做出正确的决定和坚持正确的方向。高校思想政治教育工作要体现以人为本的科学理念，注重学生在教学过程中的主体地位，在教学过程中要始终尊重学生，始终坚持教师和学生的平等和民主关系。

高校思想政治教育的接受主体是大学生，大学生又是社会变革和发展的中坚力量。因此，高校的思想政治教育必须遵循大学生的身也发展规律来进行指导和教育，为我们国家培养合格的和优秀的社会主义国家栋梁和杰出人才。随着社会的变革和时代的发展，尤其是互联网技术的发展和广泛应用，为人们极大地拓宽了获取知识和信息的渠道。但是由于互联网管制制度尚不规范和健全，导致国外的一些资本主义不良理念和观点，如拜金主义和享乐主义逐渐在我们国家肆意传播和流行。大学生作为高素质人才，其理解和接受新事物和新观点的能力较强，一些新的网络流行语和价值观能够轻易地就得到大学生的普遍认同。在当代互联网技术和微型媒体设备的发达程度影响下，大学生每天花费在手机和电脑等基于互联网而存在的移动端上的时间特别长，当然其获得的信息量也特别大特别杂，这些海量的信息中极有可能包括了和社会主义核心价值体系不相符的。大学生是处在心智发展尚未完全成熟阶段的特殊群体，很容易就会被这些与社会主义核心价值观不相符的观点所迷惑，从而引发其世界观和人生价值观的转变，进而对马克思主义和社会主义制度产生质疑，动摇了其对党和国家的信任和信念。

随着我国人口规模的持续扩大，大学生在我国高校的数量也在增加。新时代的大学生的身心发展特点体现鲜明的个性，这也直接导致了高校思想政治教育对象的复杂化，教育难度也随之加大，需要高校思政教育工作者更加努力的丰富自己的学科知识水平，提高自己的学科理论水平。大数据时代的到来，给高校思想政治教育的教学内容和教学方法都带来了极大的挑战，简单单一的课堂教学方式已经不能够满足学生的基本知识需求。高校思想政治教育工作者在工作中要积极了解和掌握大数据技术，要时刻利用网络关注最新新闻资讯，开展多媒体教学，利用大数据技术挖掘学生有待进一步理解和学习的信息，满足新时代学生对知识的需求。

第二节 改革开放以来高校思想政治教育的发展历程

改革开放四十年来，我国高校思想政治教育在探索中发展。思想政治教育的地位稳步提升，教学与理论研究科学化、规范化发展，教育实效性不断增强。总的来说，改革开放四十年是高校思想政治教育理论与实践都取得突破与创新的历程。

一、高校思想政治教育在探索中恢复

1976 年 10 月粉碎“四人帮”反革命集团后，邓小平重新恢复工作，他开始对教育战线拨乱反正，紧接着，1976 年 10 月，高等学校恢复了考试制度。邓小平卓有远见地指出：“我们国家要赶上世界先进水平，从何着手呢？要从科学和教育着手。”1978 年 4 月，邓小平在全国教育工作会议上，将四个现代化的实现确立为教育的主要目标，为我国高等教育的恢复、发展，也为高校思想政治教育的恢复发展指明了方向。

1978 年 12 月，党的十一届三中全会召开，标志着我国社会主义现代化建设进入了新的历史时期。“解放思想、实事求是”的思想路线指引着新时期的全面建设，尤其是新时期的高等教育的发展。1985 年党中央开始对科技体制和教育体制进行卓有成效的改革，加紧了对高校思想政治教育工作的部署。20 世纪 80 年代中后期，随着多元文化的冲击，加上高校思想政治教育的弱化，导致资产阶级自由化思潮泛滥，在 1989 年 6 月爆发了一场政治风波，使高校思想政治教育告别刚刚起步的繁荣，这也给我们高校思想政治教育敲响了警钟。邓小平强调：“艰苦奋斗是我们的传统，艰苦朴素的教育今后要抓紧，一直要抓六十至七十年，我们的国家越发展，越要抓艰苦创业……十年最大的失误是教育，这里我主要是讲思想政治教育。”此后高校思想政治教育的力度稳步加强，教学与理论研究也不断向科学化、规范化发展，教育实效性不断增强。

二、高校思想政治教育地位稳步提升

1978 年 4 月，邓小平在全国教育工作会议上的讲话中指出：“学校应该永远把坚定正确的政治方向放在第一位。”在 1980 年 12 月 25 日党中央召开

的中央工作会议上发表的讲话中也反复强调“要加强各级学校的政治教育、形势教育、思想教育，包括人生观教育、道德教育”。1981年6月，党的十一届六中全会通过的《关于建国以来党的若干历史问题的决议》，明确指出，“思想政治工作是经济工作和其他一切工作的生命线”。按照中央的指示精神，各高校必须把学生的思想政治工作放在首位，使学生树立坚定的政治方向和为人民服务的正确思想，从而使高校思想政治教育的地位得以重新确立。“党的第三代中央领导集体对大学生的成长及高校思想政治教育给予了极大关注，分别在不同时期，针对不同情况，从不同的角度深刻地阐明了高校思想政治教育的地位和作用，提出了加强和改进大学生思想政治教育的指导思想和战略部署，开创了高校思想政治工作的新局面。”这一时期，高校思想政治教育积极探索适合大学生现实状况的思想政治教育模式与理念，强调思想政治教育与跨世纪高校人才培养目标相契合的教育模式和途径。

1991年，国家教委发出的《关于加强和改进高等学校马克思主义理论教育的若干意见》中指出，“马克思主义理论课教学在诸多因素的制约和影响下还未能从根本上扭转和克服学生不够重视的状况。为了实现马克思主义理论教育的根本宗旨和任务，要继续按照1985年《中共中央关于改革学校思想品德和政治理论课程教学的通知》精神，积极进行教学改革。”1994年8月，中共中央在《关于进一步加强和改进学校德育工作的若干意见》中明确指出“要以邓小平建设有中国特色社会主义理论作为学校马克思主义理论教育的中心内容。”1995年10月，国家教委印发了《关于高校马克思主义理论课和思想品德课教学改革的若干意见》，对马克思主义理论教育的课程设置、教学内容、教学方法提出指导意见，明确要求要通过教学改革，逐步形成结构合理、功能互补的“两课”课程体系。同年11月，国家教委颁布了《中国普通高等学校德育大纲（试行）》，“阐发了德育的目标、内容、原则、途径、考评及实施，并把心理健康教育正式列入德育的内容，全面规划了具有中国特色社会主义高等学校德育体制。”1999年6月，中共中央、国务院下发了《关于深化教育改革，全面推进素质教育的决定》，对全面推进素质教育做了全面规定，确定了德育在全面素质教育中的地位。

进入21世纪，党和政府进一步明确了思想政治教育在教育工作中的特殊重要地位。2004年8月，中共中央国务院下发《关于进一步加强和改进大学生思想政治教育的意见》，对大学生思想政治教育做出全面部署。十七大对大学生思想政治教育提出：“要切实把社会主义核心价值体系融入国民教育和精神文明建设全过程，转化为人民的自觉追究，要加强和改进思想政治工作，注重人文关怀和心理疏导，用正确方式处理人际关系，要全面贯彻党的教育方针，坚持育人为本、德育为先，实施素质教育，提高教育现代化水平，培养德智体美全面发展的社会主义建设者和接班人，办好人民满意的教育。各地各高校认真贯彻党的教育方针，以邓小平理论和‘三个代表’重要思想为指导，深入贯彻落实科学发展观，坚持把立德树人作为根本任务，积极制定政策，创新工作途径和方法，育人为本、德育为先的思想观念初步确立，整体工作全面推进。”

2017 年，《关于加强和改进新形势下高校思想政治工作的意见》指出，高校肩负着人才培养、科学研究、社会服务、文化传承创新、国际交流合作的重要使命。加强和改进高校思想政治工作，事关办什么样的大学、怎样办大学的根本问题，事关党对高校的领导，事关中国特色社会主义事业后继有人，是一项重大的政治任务和战略工程。我们党历来高度重视高校思想政治工作，探索形成了一系列基本方针原则和工作遵循。党的十八大以来，以习近平同志为核心的党中央把高校思想政治工作摆在突出位置，作出一系列重大决策部署，各地区各有关部门各高校采取有力有效措施，积极主动开展工作，创造了许多成功做法，积累了许多宝贵经验。大学生思想政治教育成效显著，教师思想政治素质明显提高，各类思想文化阵地建设和管理不断加强，中国特色社会主义理论体系进教材、进课堂、进头脑工作扎实有效，社会主义核心价值观建设持续推进，高校意识形态领域主流积极健康向上，广大师生对以习近平同志为核心的党中央拥护信任，对党中央治国理政新理念新思想新战略高度认同，对中国特色社会主义和中华民族伟大复兴中国梦充满信心。总体上看，高校思想政治工作持续加强和改进，呈现出良好发展态势，为保证高等教育改革发展、服务党和国家工作大局作出了重要贡献。

三、高校思想政治教育教学与理论研究的科学化、规范化发展

改革开放以来，随着信息的多元化与交流、交往的深入，人们的思想在不断解放，视野逐步开阔。高校思想政治教育呈现出各种各样的复杂性特点。随着一系列关于高校思想政治教育的中央文件相继颁布，高校思想政治理论课改革也不断推进。改革开放以来，我国高校思想政治理论课程经历了从开始恢复和重建到“85 方案”“98 方案”“05 方案”这几个主要阶段。尤其是“05 方案”的出台，标志着我国高校思想政治理论课程设置的成熟与完善。“05 方案”确立了坚持马克思主义基本原理，充分体现马克思主义与时俱进的理论品质，突出强调马克思主义中国化，以中国特色社会主义理论体系为重点的课程体系。“05 方案”从论证到出台再到实施的过程是周密计划、科学布局、认真考证的过程。整个方案集中全国教学科研力量组织编写，由中宣部、

教育部联合成立高等学校思想政治理论课教材编写领导小组。课题组认真学习中央文件精神、深入研讨课程内容体系并经中央审定后进行编写各门课程教学大纲和教材。其整个过程体现出思想政治教育理论研究的严肃性与求实创新的精神。党的十六大以来，马克思主义理论学科体系建设取得明显进展，现已确立马克思主义理论为一级学科，该一级学科下设马克思主义基本原理、马克思主义发展史、马克思主义中国化研究、国外马克思主义研究、思想政治教育等二级学科。2009 年底，全国马克思主义理论学科共有 20 多个一级学科点，100 多个二级学科点，极大地壮大了马克思主义理论与高校思想政治教育的教学与科研规模与实力。

四、高校思想政治教育工作者的素质明显提高，教育实效性不断增强

1980 年，共青团中央发出《关于加强高等学校学生思想政治工作的意见》，明确指出："从事学生思想政治教育队伍，既是党的政治工作的一部分，也是师资队伍的一部分。"1987 年，中共中央颁布了《关于改进和加强高等学校思想政治工作的决定》，进一步提出："马克思主义理论课教师和思想政治工作人员，是高等学校进行思想政治教育的骨干力量。高校思想政治工作必须要有相对健全的队伍。《决定》指出，要努力改进学校思想政治工作的内容、形式和方法；要加强教职工的思想建设，大力提倡教书育人、服务育人；要建设一支坚强的马克思主义理论队伍和思想政治工作队伍；要提高高等学校领导班子的思想政治水平，加强和改善高校党委对思想政治工作的领导；要发挥党的领导的核心作用和党员教师的模范作用等。这些文件精神对于高校思想政治教育的恢复、发展具有重要意义。

2006 年，教育部制定了《普通高等学校辅导员队伍建设规定》和《2006—2010 年普通高等学校辅导员培训计划》。2007 年 9 月，教育部公布了首批 21 个教育部高校辅导员培训和研修基地，高校辅导员骨干能够有更好的机会继续深造，攻读思想政治教育专业博士学位。"这些举措为打造、培养一批高校思想政治理论课教学骨干和管理骨干将起到很好的作用。与此同时，调动一切积极因素共同做好大学生的思想政治教育工作。目前，已初步建成一支以专为主、专兼结合、优势互补、结构合理、素质较高、动态平衡的较为稳定的大学生思想政治教育工作队伍。"

2017 年，中共中央国务院印发《关于加强和改进新形势下高校思想政治工作的意见》，《意见》指出，要加强教师队伍和专门力量建设。强调要提升教师思想政治素质，加强思想政治工作，建立中青年教师社会实践和校外挂

职制度，加强师德师风建设，增强教师教书育人的责任担当。要完善教师评聘和考核机制，增加课堂教学权重，引导教师将更多精力投入到课堂教学上，完善教师职业道德规范，实施师德“一票否决”。高校思想政治工作队伍和党务工作队伍具有教师和管理人员双重身份，要纳入高校人才队伍建设总体规划，形成一支专职为主、专兼结合、数量充足、素质优良的工作力量。

《意见》指出，要推进高校思想政治工作改革创新。强调要贴近师生思想实际，以改革创新精神做好高校思想政治工作，建立健全校领导、院（系）领导联系师生、谈心谈话制度，在平等沟通、民主讨论、互动交流中进行思想引导，有的放矢、生动活泼地开展工作，发挥师德楷模、名师大家、学术带头人等的示范引领作用。要加强互联网思想政治工作载体建设，加强学生互动社区、主题教育网站、专业学术网站和“两微一端”建设，运用大学生喜欢的表达方式开展思想政治教育。要强化社会实践育人，提高实践教学比重，组织师生参加社会实践活动，完善科教融合、校企联合等协同育人模式，加强实践教学基地建设，建立健全国家机关、企事业单位、社会团体接收大学生实习实训制度，开设创新创业教育专门课程，增强军事训练实效，建立健全学雷锋志愿服务制度。要在服务引导中加强思想教育，把解决思想问题与解决实际问题结合起来，做到既讲道理又办实事，加强学生学业就业指导，帮助大学生顺利完成学业，加强人文关怀和心理疏导，促进大学生身心和人格健康发展，加强对家庭经济困难学生的资助工作，积极帮助解决教师的合理诉求。积极发挥共青团、学生会组织和学生社团作用。要健全高校思想政治工作评价体系，研究制定内容全面、指标合理、方法科学的评价体系，推动高校思想政治工作制度化。

新形势下，高校思想政治教育依托信息网络平台，开展丰富生动的网上思想教育活动。同时，注重思想政治教育与解决实际问题相结合，加大了济困助学、就业、创业的指导，提高了教育的实效性。各高校相继建立校园新闻网和大学生网站，建立红色网站，采取开放式、交互式的方式，传播思想政治教育的丰富内容。

第三节 改革开放以来高校思想政治教育的基本经验

我们研究历史是为了审视现在，纵观改革开放以来高校思想政治教育的发展，尽管各个时期思想政治教育改革的内容和做法不尽相同，但却留下了共同的经验。

改革开放40年来，高校思想政治教育遵循党的基本路线，适应党的工作重点转移，不断进行调整改进；面对改革开放和建设社会主义市场经济体制的新形势、新情况，同各种错误思潮斗争，不断探索、开拓前进。回顾改革开放以来高校思想政治教育的发展历程，有许多带有根本性、指导性和规律性的经验值得我们认真总结：高校思想政治教育必须坚持社会主义方向，这是保证思想政治教育事业顺利发展的关键；全面推进素质教育，逐步树立全面发展的根本目标，推动了高校思想政治教育目标体系进一步丰富、深化和完善；坚持以改革促发展，认真贯彻中央文件精神，不断丰富思想政治教育内容，拓展思想政治教育的方法、途径，使高校思想政治教育更具生机和活力；逐步形成思想政治教育队伍的培训制度和培养体系，建立专业队伍，这是加强和改进大学生思想政治教育和维护高校稳定的重要保证。

一、坚持社会主义方向

改革开放以来我国高校思想政治教育实践的重要经验之一就是坚持社会主义方向，坚持党的领导。这是由思想政治教育的政治本质决定的。也就是说思想政治教育的政治本质决定了高校思想政治教育的价值取向，决定了我们所进行的思想政治教育就是要为维护和发展中国的社会主义制度服务。1978年4月，邓小平同志在《全国教育工作会议上的讲话》中指出："毫无疑问，学校应该永远把坚定正确的政治方向放在第一位。"随着改革开放和现代化建设的不断深入，政治本质依然在思想政治教育中发挥了主导作用。高校历来是各种理论学术观点、思想政治观点交汇、融合、争斗的阵地。在这样复杂的形势下，高校能否坚持社会主义方向，坚持用马克思主义理论培养社会主义事业的建设者和接班人，关系到中国社会未来的前途命运。

坚持高校思想政治教育的社会主义方向，首先着眼于社会主义初级阶段的客观实际。"在社会主义初级阶段，思想政治教育脱离社会主义性质或者超越初级阶段的要求，都是脱离实际，都是不正确的。”在社会主义初级阶段，以公有制为主体、多种经济成分共同发展的局面将长期存在，经济、政治、文化的发展具有社会主义初级阶段的鲜明特征。高校思想政治教育“立足于有中国特色社会主义的经济、政治和文化实际，允许和承认人们在思想道德、价值观念等方面的差异，针对学生思想道德现状，科学地制定分层次的教育目标，以现实合理的方式，将先进性要求和广泛性要求结合起来。”

其次，坚持高校思想政治教育的社会主义方向，表现为坚持思想政治教育的社会主义性质，为社会主义事业服务。在20世纪80年代末期突出表现在反对资产阶级自由化的教育上，在新时期主要体现在爱国主义、集体主义、社会主义的主旋律教育上。一是用马克思列宁主义、毛泽东思想、邓小平理论和“三个代表”重要思想武装大学生的头脑，以理想信念教育为核心，以爱国主义教育为重点，教育大学生坚持社会主义方向，树立科学的世界观和正确的人生观，同时“深入开展党的基本理论、基本路线、基本纲领和基本经验教育，开展中国革命、建设和改革开放的历史教育，开展国情教育和形势政策教育。”二是以基本道德规范为基础，深入进行公民道德教育，培养大学生养成高尚的社会主义道德品质和文明行为习惯。“努力做到：诚实守信、勤劳敬业、谦虚谨慎、言行一致、乐于助人、见义勇为、尊敬师长、礼貌待人、朴素大方、廉洁奉公、尊重他人劳动、爱护公共财物、维护公共秩序、抵制不良社会风气。”

二、确立全面发展的根本目标

进入20世纪90年代以来，高校思想政治教育全面进入素质教育新时期。素质教育是以全面提高学生的整体素质为目标，包括思想道德素质、科学文化素质、审美素质、身体素质、心理素质，是一项系统工程。从这层意义上说，全面推进素质教育的思想改变着人才培养模式，它推动了学校思想政治教育目标体系进一步丰富、深化和完善。主要表现在：一是思想政治教育目标的内容由单一性向多样性转化，由突出政治到强调突出政治、思想、品德、心理的综合。尤其是道德品质和基础文明的培养，更是这一时期高校思想政治教育的特色。2001年9月中共中央颁发了《公民道德建设纲要》，倡导“爱国守法、明礼诚信、团结友善、勤俭自强、敬业奉献”的公民道德规范要求，成为高校开展道德教育的基本内容。虽然规范的内容简短，但把我国的道德体系建设提到了一个崭新的高度，也为高校开展道德教育指明了方向。二是思想政治教育的目标不仅反映社会发展的需要，也开始关注大学生健全人格的培养。党的十六大把“促进人的全面发展”作为全面建设小康社会的一项

重要内容，把培养当代大学生的健全人格，作为促进人的全面发展和社会进步必然要求。要站在历史的高度更明确地重申加强和改进大学生思想政治教育，要以大学生全面发展为目标，深入进行素质教育，促进大学生思想道德素质、科学文化素质和健康素质协调发展。

三、改革教学内容

高校思想政治教育的指导方针是由我国的基本经济制度和政治制度的性质决定的，具有相对的稳定性。但是思想政治教育的具体内容，则随着一定客观条件的发展变化，需要不断进行调整和改进。

首先，高校思想政治教育理论教学的重点与党的中心任务保持一致。高校思想政治教育是整个党的思想政治教育事业的一部分，是党在一定时期的整个工作系统的一个方面。作为高校思想政治教育的主渠道、主阵地，政治理论课的改革从20世纪80年代开始，几乎贯穿了整个改革开放的历程。改革开放初期，针对当时大学生重理轻文、忽视政治等问题，开设了思想品德课和政治理论课；20世纪80年代末，面对历次学潮，以及国内和国际发生的政治风波，为了排除资产阶级自由化思潮的干扰，矫正大学生对社会主义的一些模糊认识，高校把坚持四项基本原则，加强对学生的马克思主义理论教育和形式政策教育放到首位；20世纪90年代进行了邓小平建设有中国特色社会主义理论和“三个代表”重要思想教育，思想道德修养课将与社会主义市场经济相适应的道德品质和竞争意识、平等意识、效益意识等纳入教学内容，使马克思主义理论教学更具时代性。这些改革都反映了我国一定时期的政治经济发展的要求，体现了高校思想政治教育的重点和党的中心任务保持一致。

其次，理论教学注重贯彻理论联系实际的原则，教学质量不断提高。20世纪90年代以来，高校思想政治教育课程改革的一个重要特征就是课程内容的生活化，强调教学内容与现代社会和科技发展以及学生生活的联系。一方面理论教学注重联系社会实际。改革开放以来，社会的急剧变化和价值取向多元化使得传统的道德观念不足以解决复杂的社会问题。所以，高校在帮助大学生了解国内外形势变化，理解和掌握党的路线、方针、政策的同时，也不断调整教学内容，以加强课程的实践指导作用。比如围绕社会现实问题进行开展研讨会，提高学生辨别是非的能力，从而缩小理论教学与社会实际之间的距离。另一方面，理论教学更加贴近学生的思想实际。高校思想政治教育与时俱进，根据时代发展的要求，对当代大学生思想政治教育面临的新境遇、必须回答的新课题做出回应。比如，一些高校开设了“大学生生活导论”，

涉及的内容相当广泛，如职业、学习、健康、人格、道德、心理、交际等，对大学生顺利地度过四年的大学生活，增强身心健康，不断提高自身素质和社会适应能力给予了及时的指导。

四、完善实践育人有效途径

改革开放以来，高校思想政治教育途径的改革呈现出由课堂向课外拓展，由学校向社会拓展的趋势。实践育人已经成为新形势下高校开展思想政治教育的有效途径。所谓实践育人，是指“以学生在课堂上活动的理论知识和间接经验为基础，通过激发学生课外自我教育和相互教育的热情和兴趣，开展与学生的健康成长和成才密切相关的各种应用性、综合性、导向性的实践活动，加强对学生的思想政治教育并促进他们形成高尚品格、祖国观念、人民观念、创新观念、实践能力新型育人方式”。

一方面，实践育人体现了学校教育与社会教育相结合。在高校内部，加强校风建设和校园文化建设，营造健康向上的育人氛围。如一些高校开展了校园女生文化节、校园体育文化节、校园学术文化节等一系列特色活动。这些活动不仅丰富了大学生的课余文化生活，也拓展了他们的综合素质。同时改革开放以来，现代社会要求高等教育与社会的联系越来越直接，高校思想政治教育走上了学校与社会相结合的现代发展之路。比如，一些高校组织学生参观历史博物馆、革命纪念馆和爱国主义教育基地等，参与这些活动使大学生接受爱国主义、集体主义、社会主义的熏陶，坚定了他们的社会主义信念，获得课堂上无法得到的体验和震撼。

另一方面，围绕思想政治教育的相关内容来开展实践活动。20 世纪 80 年代社会实践活动以参观和社会调查为主要内容，意在加强大学生对国情、民情的了解，增强青年学生的民族自尊心和自信心。20 世纪 90 年代中期以来，全国各高校的大学生不断掀起了实践高潮，其中服务型实践活动尤为突出。如 1994 年团中央开展了大学生志愿者服务；1997 年开展了以支教扫盲、科技咨询、文艺演出为主要内容的大学生“三下乡”服务；2002 年为了宣传公民道德建设实施纲要，又组织了大学生“公民道德”实践服务队等等。在参与这些服务型实践中，大学生在为社会做贡献，实现自身价值的同时，也亲身感受到了服务社会的乐趣，受到了良好的思想政治教育。

从高校思想政治教育的发展来看，实践育人是高校经过长期探索而发现的一条有效途径。它突出了学生的主体地位，重视学生的自我思考、自我判断、自我体验，得到学生的接受和认可。

五、建立专业队伍

改革开放以来，高校思想政治教育工作逐渐走上正轨，在中央一系列的政策法规的指导下，思想政治教育工作队伍建设也逐渐走上了正规化、科学化的轨道。

第一，确立了思想政治教育工作者的教师地位。1987 年《中共中央关于改进和加强高等学校思想政治工作的决定》明确指出“从事学生思想政治教育的专职人员，是教师队伍的组成部分，应列入教师编制，实行教师职务聘任制”。其后，又制定并出台了一系列思想政治教育教师队伍建设的政策法规，使教师队伍建设走上了法制化、规范化的轨道。2005 年初，教育部下发了《关于加强高等学校辅导员、班主任队伍建设的意见》，明确提出“要切实解决好辅导员评聘教师职务问题，根据辅导员岗位职责要求，进一步完善相应的专业技术职务评聘标准。各地教育部门和高等学校要按学校教师职务岗位职数的适当比例评聘专职辅导员的教师职务。各省（自治区、直辖市）和有条件的高等学校应成立专门的评审组织，评审中要充分辅导员工作的特点，注重考核其思想政治教育工作的实绩，特别是在关键时刻的表现”。思想政治教育工作者的教师地位的确立以及教师职务聘任制的实施，维护了高校思想政治教育工作者的合法权益，进一步激发了广大思想政治教育工作者的积极性，有力地促进了思想政治教育工作者队伍的稳定和发展。

第二，形成了思想政治教育教师队伍的培养体系。1984 年 4 月教育部作出决定，在部分高校设置思想政治教育专业，采取正规化的方法，开办本科班、第二学士学位班。“据不完全统计，截至 1997 年止，为适应社会需要，已培养思想政治教育专业本科毕业生近万人。为了高校思想政治教育专职队伍完善知识结构，提高专业水平，有 2000 余人攻读了第二学士学位，充实马克思主义理论及思想政治教育学科知识；从 1989 年开始，选派优秀思想政治教育骨干人员 200 余人，以访问学者身份到国外进行研修或短期考察，开展德育比较研究，增进对国外情况的了解，吸取有益的启示。”1988 年，开始在复旦大学、南开大学等 10 所高校招收硕士研究生。1997 年，教育部批准部分高校开始招收马克思主义理论和思想政治教育专业博士研究生，培养具有适应思想政治教育要求的知识结构和实践能力的高级人才。“到 2001 年，全国已有 100 多个硕士点，13 个思想政治教育专业博士点，”15 思想政治教育专业形成了从本科生到博士生的专业教育体系。

第四节 改革开放以来高校思想政治教育面临的问题与对策

一、指导思想方面

纵观改革开放以来的高校思想政治教育，特别是20世纪90年代后，其主流倾向是以日常生活为参照系，适应现实，多方位、多角度地参与现实。市场化促使了高校思想政治教育不断更新自身内涵，整体规划学校思想政治德育体系，以适应时代发展的需要，这是积极的方面。但是消极倾向也很难掩盖：一方面表现在，市场经济利益驱动的作用越来越广泛和强化，各种思想文化相互激荡越来越深刻，高校思想政治教育培养目标的要求与某些社会现实之间的反差越来越明显。市场经济的弱点及其带来的消极影响，“反映到人们的思想意识和人与人的关系上来，容易诱发自由主义、分散主义、拜金主义、享乐主义和利己主义。”当社会的主要价值取向发生变化时，如何启迪和引导大学生正确地认识社会，选择人生，真正树立起建设有中国特色社会主义的共同理想和信念，这是高校思想政治教育面临的严峻挑战。另一方面，市场经济中消极因子的渗透影响，使思想政治教育在强调人的权益的同时，也走向了另一个极端，即“逃避理想，忽视崇高，少谈意义”。长期以来，高校思想政治教育的形式化、简单化，使每一个受过教育的大脑都像是教育生产流水线产出的标准件，整齐划一。相当一部分大学生，有文化没有教养，有知识没有理想，有青春没有热血。于是，在高校思想政治教育工作中出现了理想教育并不理想的局面。

所以，在指导思想上，高校要重视理想信念教育，转变思想、切实增强理想信念教育的实效性。

首先，高校要认清理想信念教育的重要性，增强紧迫感。“青年期是人理想信念形成的时期。当代青年在追求远大理想的同时，必须确立科学的信念，并在信念的确立中坚定理想。崇高的理想信念，是推动个人进步和促进社会发展的巨大精神力量。”邓小平同志曾多次指出，高校的根本任务是培养“有理想、有道德、有文化、有纪律”的社会主义建设者和接班人。“四有”中最强调的，是有理想。2004年，中共中央发出的《关于进一步加强大学生思想

政治教育的意见》中更明确指出：高校思想政治教育要以理想信念教育为核心，深入进行树立正确的世界观、人生观和价值观教育。

其次，高校要转变思想，树立理想信念新观念。进入新世纪，在国际政治经济形势发生了广泛而深刻的变化，所以，使大学生树立建设有中国特色社会主义共同理想是新时期理想信念教育的根本内容。

再次，高校要拓宽教育途径，切实提高理想信念教育的实效性。一方面，要真正发挥“两课”在思想政治教育中的主渠道地位，引导学生处理好远大理想与新时期的共同理想的关系，个人理想与全体人民共同理想的关系。应坚持引导学生志存高远、锐意进取，以建功立业的意识取代单纯追求个人利益的观念，以自强自立的进取意识取代安于现状的保守观念，使大学生树立正确的世界观、价值观和人生观。另一方面，要加强校园文化建设，积极开展各种红色活动的社会实践，在实践中渗透理想信念教育，发挥“无形教育”的熏陶作用。比如，组织红色旅游，使大学生在活动中可以感受长征精神、延安精神、井冈山精神的震撼，为树立正确的理想信念打下坚实的基础。

二、教育重点方面

“当代大学生思想政治状况积极、健康、向上，主流是好的。”他们在改革开放中看到了国家的前途、民族的希望，也看到了自身成长发展和施展才能的机遇和挑战。因此，他们在思想上拥护党的改革开放政策，人生态度是积极的，成才意识和竞争意识日趋强烈，有较强的独立意识和要求全面发展的意愿。

尽管大学生表现出相当独立的倾向，但是他们的思想并不成熟。青年是从少年到成年的转折时期，生活在改革开放环境中的当代大学生，他们的思想如同日趋多样的经济模式和日趋多样的价值观念一样，变得不可捉摸和难以确定，成为一个复杂的矛盾混合体，表现出成熟与幼稚、稳定与可塑的矛盾。“在这种情况下，有两种做法是有害的：一是采用简单的行政命令手段，强制学生遵守学校纪律、规章制度和道德规范，而不去激发学生自觉培养良好思想品德的需要和动机，这就会导致思想政治教育上的形式主义。另一种是不对学生进行严格的要求和思想政治教育，帮助他们形成内在的正确价值尺度和社会定向，而是放任自流，以至在各种错误、消极东西的影响下逐步形成错误的人生观。”改革开放以来，特别是 20 世纪 80 年代中后期学潮频发，思想政治教育在全国范围内呈现出低徊，甚至停止停滞的事实证明，思想政治教育如果强制灌输和长期无所作为，其地位和作用都会受到损害。正确而有效的方法是，坚持学校的思想政治教育与学生的自我教育相结合的原则，重点培养大学生的自我教育能力。

毛泽东指出“外因是变化的条件，内因是变化的根据，外因通过内因而起作用”。这一论述为自我教育提供了有力的理论依据。苏联著名教育家苏霍姆林斯基认为，“只有促进自我教育的教育才是真正的教育”。自我教育的实质就是充分发挥学生在思想政治教育中的主体作用，自觉地对自己的思想和行为进行自我认识、自我激励和自我控制，不断提高自己的思想道德素质。

第一，要培养大学生自我认识能力。引导学生正确地认识自我，这是培养自我教育能力的起点。可以说，没有自我认识，就不能正确地对待自己。和中学生相比，大学生的一个显著特点是自我意识随着社会地位的变化而迅速增强，也具备了独立评价的能力。但是他们对自己的认识还不明确，对自我的评价还带有主观性和片面性。这就需要思想政治教育工作者教育和引导学生树立正确的自我观念，客观认识自我和评价他人。比如，在班级里开展批评与自我批评，指导学生的自我评价，提高自我认识能力。与此同时，还要组织学生学习马克思主义理论，学习哲学、心理学等基础理论知识，自觉加强思想道德修养，提高政治觉悟。

第二，要培养大学生自我激励能力。1995–1996 年，某课题组在上海对 5431 名大学生进行了人生目标规划的定项调查。统计结果，92％的大学生迫切需要的是“努力学习、增长才干”，78％的大学生投入精力最多的是“专业学习”，40％的大学生迫切需要“政治上的进步”。调查说明，大部分的大学生有比较正确的目标和理想，激励他们在人生的道路上努力前进。但是也有一些学生，贪图享乐，缺少自我激励的能力，不能把远大的理想落实到了具体的学习和行动过程中。这是高校思想政治教育工作值得关注的问题。没有正确的奋斗目标，就不可能有自我激励。所以，高校思想政治教育工作者要善于运用各种有利条件对学生进行引导，给他们提供各种机会参与学校和自身的管理，增强学生的主体意识。通过勤工俭学、助教、助研，从事服务性工作，增强自食其力的荣誉感，培养自我激励的能力。此外，完善各种奖惩制度，使其充分发挥激励或制约学生行为的功能；加强班级体建设，创造积极向上的班风；加强教学改革，使学生通过主动思考，提高理性判断和选择的能力，自觉地抵制社会上各种错误思想的影响，获得积极的人生态度。

第三，要培养大学生自我控制能力。如果自我认识属于认识系统，自我激励属于驱动系统，那么自我控制则属于监控系统，它是自我教育目标得以实现的保障和条件。自我控制能力的培养，实际上是意志力的培养，最终达到“慎独”。

随着大学生活与发展空间的不断扩展，大学生获得了相对更多的个人自

由，独立去面对各种道德环境并作出抉择的时间和机会变得越来越多。但部分大学生由于意志力薄弱，自我约束力还不强，常常导致规范失效，知行脱节。面对这种情况，高校要积极采取措施，首先是培养学生的自我控制能力，进一步建立健全学生自我教育组织机构，如学生会、团委、班委会等，发挥学生团体和组织自治、自律、自我管理的教育职能。其次是锻炼学生的意志力。锻炼意志的方法，主要是迎接困难、战胜困难，而不是回避困难。

三、队伍建设方面

进入新世纪，网络时代扑面而来。据有关方面统计，我国互联网使用者的平均年龄为 35 岁，上网人数中的 45%为 25 岁以下的青少年，其中青年学生占很大比重。可以说，“高校已经成为网络化的前沿，大学生是网络大军的主力军”。网络化正改变着人们的信息交流方式、学习方式和行为方式，尤其值得注意的是，一方面大学生在网上停留的时间越来越长，思想受网上信息的影响越来越大；另一方面，我们的思想政治教育在网络空间中还处于被动，比如思想政治教育网站建设滞后，思想政治教育队伍的网络素质不高，甚至有少数人还拒绝计算机，拒绝网络等等。两者形成鲜明反差。在这种情况下，如何转变思想政治教育工作者的传统观念，变被动为主动，使正确、积极、健康的思想文化占领网络阵地，成为高校思想政治教育面临的新课题。

所以，新时期的思想政治工作者不能不懂网络，也不能远离网络，更不能无视网络。面对网络空间的丰富多彩与思想政治教育方法相对单一的反差，高校思想政治教育要改进教学手段，加强网络政工队伍建设。

第一，转变观念，强化思想政治教育工作者的网络意识。解放思想，转变教育观念，增强开展网上思想政治教育的战略意识，是提高网络思想政治教育工作者素质的前提。首先，要强化阵地意识。《关于进一步加强和改进大学生思想政治教育的意见》中明确指出，“全面加强校园网的建设，使网络成为弘扬主旋律、开展思想政治教育的重要手段。”网络世界是多元的世界，代表主流精神的思想政治教育，要有针对性地开展网上教育引导。其次，教育者要树立起平等意识。思想政治教育工作者只有充分尊重学生，平等的参与到网上交流，才能了解他们真实的内心世界和情感，进而更广泛地把握学生思想脉搏和价值取向。

第二，加强培训，大力提高思想政治教育工作者的网络素质。利用网络进行思想政治教育能否取得良好的效果，归根到底，取决于思想政治教育工作者的素质。“要培养一支既具有较高的政治理论水平、熟悉思想政治工作规律，又能较有效地掌握网络技术、熟悉网络文化特点，能够在网络上进行思

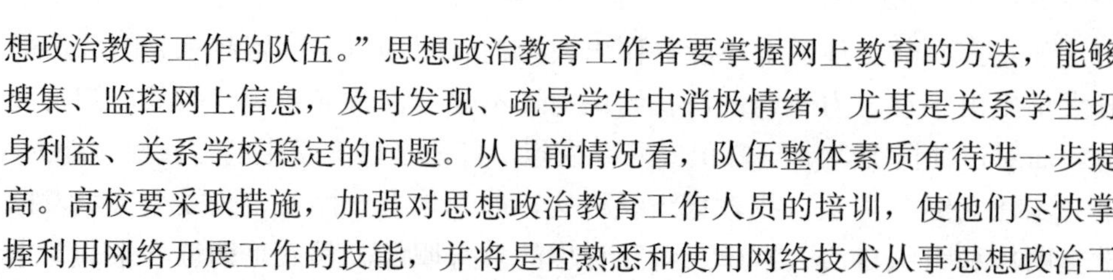

想政治教育工作的队伍。”思想政治教育工作者要掌握网上教育的方法，能够搜集、监控网上信息，及时发现、疏导学生中消极情绪，尤其是关系学生切身利益、关系学校稳定的问题。从目前情况看，队伍整体素质有待进一步提高。高校要采取措施，加强对思想政治教育工作人员的培训，使他们尽快掌握利用网络开展工作的技能，并将是否熟悉和使用网络技术从事思想政治工作，纳入考核学生思想政治工作人员的指标体系。

第三，加强管理，引导网络思想政治教育队伍的健康发展。高校要建立起与本校体制相符合的高校思想政治教育队伍建设的制度体系，保证思想政治教育工作者既要做好日常思想政治教育工作，也要做好网络思想政治教育工作。同时要强化竞争机制，优化思想政治教育队伍结构，吸引一批具有网络技术知识的专门人才进入到思想政治教育的工作队伍中来。在网络环境下，形成以专兼职思想政治教育工作者为骨干和技术人员为主体的基本人员结构。

第五节　新形式下高校思想政治教育的创新

一、高校思想政治教育创新的依据

（一）理论依据

1. 重视思想政治教育方法及其创新是中国共产党的优良传统

毛泽东同志作为伟大的无产阶级革命家、战略家和理论家，非常注重思想政治教育工作的方法问题。早在革命战争年代，他就指出：“我们不但要提出任务，而且要解决完成任务的方法问题，我们的任务是过河，但是没有桥或船就不能过。不解决桥或船的问题，过河就是一句空话。不解决方法问题，任务也还是瞎说一顿。”在这里，毛泽东同志将解决问题的方法比喻为桥或船，生动而形象地说明了注重方法、讲究方法对于完成任务，做好工作的重要性。社会主义建设时期，毛泽东同志结合我国的实际情况，创造性地运用和发展了唯物辩证法，为我们今天的思想政治教育留下了许多宝贵的方法。如：放手发动群众，一切经过实践的方法；既注重调查又注重研究的方法；一贯主张开展批评与自我批评，并认为这是自我教育最好的基本方法；思想政治教育要寓理于情；政治教育要言教与身教相结合；具体问题具体分析的方法；要学会“弹钢琴”；要胸中有“数”，要有基本的统计和主要的百分比；要善于进行比较，学会两条腿走路；从群众中来，到群众中去；抓两头带中间，努力抓好“三分之一”等。毛泽东的这些思想政治教育的理论、方法为我们探索、创新高校思想政治教育方法提供了有力的指导。

党的十一届三中全会以来，随着我国改革开放和社会主义市场经济体制的建立，思想政治教育不断得到加强和改进。为适应建设有中国特色社会主义现代化的需要，邓小平同志在继承党的思想政治教育优良传统时，对思想政治教育方法也进行了大胆的改革和创新。他特别注重辩证唯物主义实践性的特征，强调实践的作用，创造性地把实践是检验真理的唯一标准转化为方法，转化为人们行动的指导原则，并把实践检验动态化。他不囿于权威和书本，不拘于经验的限制，不迷信和照搬其他国家的种种模式，始终坚持“实事求是，一切从实际出发，理论与实际相结合的这样一个马克思主义的根本观点、根本方法”。同时，邓小平同志总是把思想政治教育放在国际国内的大背景下进行考察，总是把思想政治教育同现代化建设结合起来，提出了“教育要面向现代化、面向世界、面向未来”的方针；物质文明建设和精神文明建设“两手抓”“两手都要硬”的方针；提出了要把善于学习、解放思想和研究新情况、解决新问题结合起来；要把说服教育同制度建设结合起来；要把依靠群众和以身作则结合起来等。所有这些方法理论，都是邓小平同志坚持实事求是的科学态度，高度重视并发挥唯物辩证法的功能，使抽象的理论具体化为思想政治教育方法的体现，也为我们党在新形势下加强和改进思想政治教育方法的创新树立了光辉的典范。

2. 高校思想政治教育方法的创新是人们的思想形成、变化、发展规律的本质要求

思想政治教育是教育者根据社会发展所需要的思想政治品德要求，对受教育者进行有目的、有计划、有组织的教育影响，使受教育者的思想和行为发生转变的社会性实践活动，其核心就是做人的思想工作。而人的思想作为一种社会意识现象，其产生、变化和发展对社会存在具有依赖性，是随着社会存在、社会条件的变化而变化的，它同其他任何事物一样也有其形成、发展、变化的规律，它是在客观外部条件和主观内部因素的相互作用、相互斗争中形成的，是在人们的社会实践活动过程中不断得以丰富和发展的。因此，思想政治教育方法体系不是永恒不变的。

尤其在今天，我国的社会主义市场经济体制已日臻成熟，现有的思想政治教育方法所依存的政治、经济、文化等背景已发生了重大改变。同时，改革开放、科技发展和社会主义市场经济体制的建立，对人们的思想观念、价值观念、道德观念等都产生了深刻的影响，人们的思想活动呈现出许多新特点。这就是经济利益和经济成分的多样化，带来人们思想认识的多元性；就业岗位和就业形式的多样化，使人们的自主意识、独立意识、竞争意识和商品意识不断增强；现代科技传媒信息的多样化，带来人们思想活动的选择性；

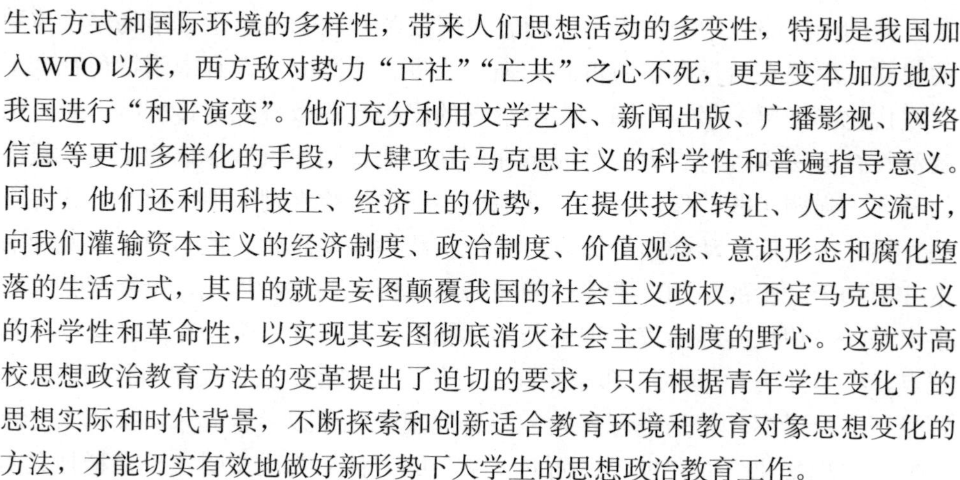

生活方式和国际环境的多样性，带来人们思想活动的多变性，特别是我国加入 WTO 以来，西方敌对势力“亡社”“亡共”之心不死，更是变本加厉地对我国进行“和平演变”。他们充分利用文学艺术、新闻出版、广播影视、网络信息等更加多样化的手段，大肆攻击马克思主义的科学性和普遍指导意义。同时，他们还利用科技上、经济上的优势，在提供技术转让、人才交流时，向我们灌输资本主义的经济制度、政治制度、价值观念、意识形态和腐化堕落的生活方式，其目的就是妄图颠覆我国的社会主义政权，否定马克思主义的科学性和革命性，以实现其妄图彻底消灭社会主义制度的野心。这就对高校思想政治教育方法的变革提出了迫切的要求，只有根据青年学生变化了的思想实际和时代背景，不断探索和创新适合教育环境和教育对象思想变化的方法，才能切实有效地做好新形势下大学生的思想政治教育工作。

3. 高校思想政治教育方法的创新是思想政治教育规律的根本要求

思想政治教育规律，是指思想政治教育工作者根据社会发展所要求的政治思想、道德品质、理论观点和人们思想形成、变化、发展的规律，采用一定的教育手段，将社会要求的思想转化为教育对象的思想的过程。它是一个由社会所要求的思想、教育者、受教育者、社会环境等诸多要素及其相互关系构成的复杂系统，其中最重要的是思想政治教育工作与党的中心任务、基本路线的关系以及思想政治教育者与受教育者之间的关系。

一方面，思想政治教育工作是我们党的优良传统和政治优势，是经济工作和其他一切工作的生命线，它的主要职能是服从和服务于党在不同时期的中心任务，党的中心任务一变，思想政治教育的方式方法也应在继承的基础上得到发展和创新。在革命战争时期，我们党的思想政治教育紧紧围绕着推翻帝国主义、封建主义和官僚资本主义这一主要任务，开展了许多积极有效的理论宣传和政治教育工作，对中华民族的独立、解放起到了积极的保障和推动作用；在社会主义改造时期，思想政治教育为推进社会主义的工业化进程和加强对工业、农业、资本主义工商业的改造，同民族资产阶级、小资产阶级思想进行了积极的斗争，为我国社会主义公有制经济制的建立起到了重要的服务和宣传作用；党的十一届三中以来，在拨乱反正的基础上，我党的工作重心已从“以阶级斗争为纲”转移到“以经济建设为中心，坚持四项基本原则，坚持改革开放”上来；今天，为适应时代的发展和党的中心任务转移的需要，思想政治教育必须坚持马列主义、毛泽东思想、邓小平理论、“三个代表”重要思想以及科学发展观的指导，大力宣传党在新时期的路线、方针、政策，切实服从和服务于以经济建设为中心的社会主义现代化建设的历史使命，以建设全面小康社会为新的奋斗目标。为此，思想政治教育必须改

变以前“单向灌输”或“一教二训三指导”的那一套做法，着眼于社会主义市场经济的建设，努力探索出符合党的基本路线要求、具有时代气息的科学方法。只有这样，才能提高思想政治教育的实效，达到服务于发展中国特色社会主义事业的目的。

另一方面，在思想政治教育过程中，思想政治教育方法作为实现思想政治教育目标、完成思想政治教育计划、联络教育者和受教育者的中介和桥梁，是教育者对受教育者施加影响并对受教育者的思想行为转化发生有效作用的手段和工具，其重要性是不可忽视的。因此，在思想政治教育过程中，我们必须对不同年龄段和不同文化程度的教育对象进行认真分析，尽量全面地掌握他们的身心特征和思想状况，因人而易地采取不同的教育方法，才能切实达到转化人们的思想，调动人们积极性、主动性、创造性并服务于社会主义现代化建设的目的。可见思想政治教育方法的创新是思想政治教育规律的根本要求。

（二）现实依据

1. 由当代我国高校思想政治状况所决定

当前，我国高校思想政治状况总体呈现稳定、健康、向上的良好态势，人生观、价值观的主流取向是积极向上的。他们拥护党的改革开放政策，对中国特色社会主义前途充满信心，为实现全面小康社会而努力学习；思想解放、求知欲强，有较强的创新意识和开拓精神；奋发有为，事业心强，富于进取精神和竞争意识；具有崇高的社会主义道德品质和理想追求。但是，由于当前社会环境的多样性和复杂性，造成了大学生价值观念和行为方式的多样性和复杂性。我们在肯定当代大学生积极向上的基本素质的同时，也应该注意到一些不容忽视的新问题，特别是要看到他们思想发展中矛盾性的一面，高度重视他们的思想状况中呈现出的积极面和消极面共生的新现象：时代感强而责任意识弱，个性特征强而承受能力弱，参与意识强而自制力弱，认同感强而践行力弱，主体意识强而集体意识弱，等等。新形势下的高校思想政治教育要想真正取得实效，必须根据当代大学生所呈现出的新的思想特点来实事求是地进行。如果不这样，我们的思想政治教育工作将失去针对性，不会收到应有的效果。

第一，时代感强而责任意识弱。

随着改革开放的不断深入和社会主义市场经济体制的不断完善，我国社会经历了一场具有革命意义的社会转型，社会变革带来的新情况、新问题，与中西方文化的相互激荡相伴的新观点、新思潮使大学生面对纷繁复杂的世界有一个分析、判断和选择的问题。日新月异的社会发展及其对人的需要的尊重和满足，赋予大学生以强烈的求新意识和自我意识，使其对计划经济下的旧观念、旧思维、旧传统、旧价值取向深感厌倦和逆反，自我实现、变革、创新、以人为本以及价值判断上的多元化和主体意识、参与意识、竞争意识、个性意识的增强已成为我国当代大学生的基本时代精神。同时，在大学生身上一个值得注意的特点是，在自我实现、个人奋斗思想日益增强的另一面，其社会责任感却在逐渐弱化，部分学生在追求自我设计、自我奋斗、自我选择和崇尚张扬个性、以自我为中心的同时，不能把自我发展与社会需要联结起来，甚至陷入极端个人主义而不自省，乐于奉献、为人民服务的精神淡薄了，社会责任感、历史使命感淡薄了，在追求物质生活的同时丢失了精神家园。比如在择业观上，从原来的服从国家需要到今天的自我价值实现，很少有人想到农村、到边疆、到基层、到祖国最需要的地方去，更多的则是想到沿海发达地区、到国外、到大型合资企业中去。

第二，个性特征强而承受能力弱。

个性意识日益增强是我国当代大学生的重要特点之一，这突出表现在大学生的独立意识、自我意识和批判精神上，他们“心气”很高，向往个性自由，渴望摆脱对他人的依附，渴望自己独立解决问题，反对长辈和权威的说教，不再人云亦云，对任何事物都倾向于持批评态度。为了满足自我表现和引人注目的需要，行为上具有很强的反抗性，具体表现为对权威强制的反抗，对不同意见的反抗，对说教的反抗，对束缚和干涉的反抗等。同时我们也必须清晰地看到，伴随市场经济的发展，社会经济成分多样化，分配方式多样化，传统就业方式和生活方式的改变，成功与失败、机遇与挑战是大学生经常面对的课题，这就相应需要其具有良好的心理素质和承受能力。但是，由于他们在社会化方面远没有成熟，心理调适能力不够，难以处理自身内心的矛盾冲突，很容易造成心理波动、失衡，甚至迷茫、苦闷和悲观厌世等不良情绪和行为的发生。有调查显示，当代大学生心态环境在一定范围内存在着“一个中心”“两个矛盾”“三种压力”。一个中心就是以自我为中心；两个矛盾就是自我期望值高与客观实现率低的矛盾，对环境的高要求与自身低奉献的矛盾；三个压力就是学习、生活、就业的压力，这很大程度上是源于独生子女的独特生活环境，缺乏人际训练和挫折训练。

第三，参与意识强而辨别能力弱。

当代大学生通过对我国改革开放事业的亲眼目睹和亲身体验，他们普遍认同改革开放是强国富民之路，社会主义市场经济是我国社会发展的必然选择，社会主义的民主法制建设也极大地激发了青年大学生的政治参与意识，他们向往民主，注意参加民主生活实践，重视自己的民主权利，对民主管理、

民主作风、民主选举表现出很大的兴趣和热情，参与意识强烈。但是，大学生由于自身社会阅历不深，缺乏社会政治生活经验和社会实践的锻炼，对许多复杂的社会和政治问题的看法往往简单化、极端化和片面化，很容易被别有用心的人所利用而误入歧途。随着社会主义市场经济的发展和对外开放的深入，市场经济的负面影响，西方的腐朽思想观念对大学生的消极影响也日益突出。他们对建设社会主义的复杂性和曲折性认识不足，对改革急于求成，妄自菲薄，容易产生偏激情绪，他们向往富裕，却又忽视国情，忘记历史，不愿脚踏实地，埋头苦干，单纯模仿西方消极的生活方式；他们追求民主，希望民主制度健全，但由于辨别能力弱，不能分辨不同制度下的民主制度，甚至把西方的民主制度当成真正的民主，甚至有的追求所谓的绝对民主、全民民主，把民主与自由、民主与纪律、民主与专政对立起来。认识上的偏差往往导致少数大学生思想上的困惑与迷茫，行动上的盲目与动摇。

第四，认同感强而践行能力弱。

思想政治教育是一个知、情、信、行诸品质综合形成和协调发展的过程，当代大学生的一个突出特点是，在认知、情感上具有与社会主义现代化建设相适应的政治、经济、文化、道德和科教等方面的认同感，但行动上的践行能力比较薄弱，出现行为与认知的偏离。在人生观方面，大学生注重人生价值的实现，认同开拓进取、成就学业、爱岗敬业、见义勇为、造福社会等积极的人生价值观，能自觉参与到扶困助残、绿色环保、科技扶贫等志愿者行动和其他公益事业中来。另一方面，受实用主义、急功近利思想的影响，他们渴望有所成就，却又浮躁不安而不愿埋头苦干，渴望建功立业却又鄙薄做平凡小事，期望大展宏图但又疏于夯实基础。如部分要求入党的大学生，并不是真正信仰马克思主义，有些学生的入党动机只是为了将来能找更好的工作做一些铺垫，就像是通过托福、计算机等级考试一样，只是一个筹码和敲门砖而已。在道德修养方面，绝大多数大学生认同传统的道德教育，认同社会公德在社会生活中的重要作用，认为每个人都应该修身养性，完善人格。但在实际日常生活中却缺乏内省精神，缺乏道德意志的锻炼，道德信念的坚守，道德行为的笃行。根据有关调查资料指出，在德育教育过程中我国出现了小学讲共产主义，中学讲爱国主义，大学讲文明礼貌的现象。如在公共场所，有的学生随地吐痰，乱扔纸屑果皮，便后不冲厕所，买票不排队，高声打电话；在校园内，有的学生见到老师，视而不见，不打招呼；在教室，和朋友说话旁若无人，内容庸俗的课桌文化随处可见；在宿舍，不注意作息，影响舍友学习和休息；在家里，不帮年迈的父母干力所能及的家务活，等等。这些现象表明，大学生对道德认知很大程度仅停留在观念和口头层次上，没有形成自觉的道德行为，所以像文明礼貌等最基本的思想教育在大学教育中要重新回炉上课。

第五，主体意识强而集体意识弱。

1. 中国在长期的封建社会演化中逐渐形成和确立的

以儒家学说为核心内容，以集体为价值本位的传统价值观体系，在市场经济体制的激荡下正在悄然发生变化。由于市场经济的基本规律而产生的利益刺激功能、资源调节功能、市场导向功能、优胜劣汰功能和效率意识，强化了大学生的自主观念和竞争意识，使他们敢于追求自身的合理利益，重视培养自身能力，其积极性、主动性和创造性空前提高，个人的主体意识急剧上升。然而，他们在注重自我实现，崇尚自我奋斗、自我选择的同时，传统的集体观念被淡化，形形色色的个体价值本位被奉为价值取向的标准，甚至导致种种极端个人主义空前膨胀，使人们竞相追逐各种利益而置集体观念于不顾。导致在处理国家、集体和个人利益的关系上，排斥国家与集体的利益，强调个人利益，甚至不择手段地追求个人利益，使主体意识和集体观念陷入对立当中，忽视了集体主义在个人事业成功上的重要性。在日常活动中，凡事以自我为中心，我行我素，患得患失，甚至以牺牲集体利益来满足个人利益，但他们遇到困难和挫折时，却往往希望得到集体的关照；个别学生对待身边的先进人物、先进事迹不是学习而是采取挖苦、抵触的态度；对待高校的政治课、党和国家的正面宣传持逆反心理，等等，这些都是不正常的心态和思想的表现。

2. 由当前高校思想政治教育的现状所决定

高校思想政治理论课教师是思想政治理论教育的主体，是思想政治理论课程的组织者和实践者，他们能否适应新形势的要求开展教育，是思想政治教育能否真正发挥作用的关键。

当前高校思想政治理论课教师队伍整体情况较好，是一支政治信念坚定、业务素质较好、忠于党和人民的教育事业、爱岗敬业、为人师表，具有奉献精神和开拓精神的队伍，为帮助青年大学生树立正确的世界观、人生观、价值观付出了辛勤劳动。另外，根据相关资料的调查，我国高校政治理论课教师队伍中已有近一半的教师具有硕士以上学位，他们的综合素质较高，理论功底扎实，教学方法灵活，能结合中国革命和建设的实际，系统地将经典马克思主义和当代中国的马克思主义融会贯通，而且多数教师在大胆探索和实践现代化的教学途径，不断提高思想政治理论课的实效性。然而，由于当前社会转型期的极端复杂性，高校思想政治理论课教师队伍的能力素质，与新形势下思想政治教育的要求还有较大差距。具体表现在以下几个方面：

第一，教师的思想政治素质与当前的思想政治教育的要求不相适应。当前，高校思想政治理论课教师的主流是好的、积极的，绝大多数具有坚定的共产主义信念，坚持社会主义的办学方向，默默奉献，甘为人梯，在培养“四有”新人方面做出了不可磨灭的贡献。但不可否认，在改革开放和社会主义市场经济大潮下的思想政治工作者本身也面临着许多困惑：有的教师认为思想政治理论教学付出与收益不对等，个人的劳动和价值得不到应有的承认，因此不安心教学；有的教师在市场经济的冲击下，理想信念淡化，明辨是非的能力降低，变得随波逐流，追名逐利；有的甚至对西方国家出于其特定的经济政治目的而推行的文化渗透毫无警觉，存在某些“去意识形态化”“去政治化”的倾向。这种状况与当前的思想政治教育的要求是不相适应的。

第二，教师的知识结构与思想政治教育的要求不相适应。在网络传媒普及的条件下，高校学生的知识面和眼界比过去宽广得多。从知识面讲，我们的教育对象已发生了根本的变化。面对意识形态领域的种种复杂现象和各种社会思潮、观点的影响，教师在对学生进行有效引导方面，有时显得无能为力。究其原因，根本的还是思想政治理论课教师的知识结构与时代的要求、与学生的需要不相适应。一些专职思想政治理论课教师是非思想政治教育专业毕业，没有系统学习过教育学、心理学知识，一些相关专业技能的学习更多的是靠自己在实践中的摸索；一些教师工作多年，其间缺乏必要的知识补充和更新，对国内外流行的各种思潮缺乏了解，也就无法生动活泼地进行教学，对各种思想进行分析、比较，引导学生透过现象认识本质，教学只能枯燥无味地照本宣科，不为学生所信服。

第三，教师的教学方式与当代思想政治教育的要求不相适应。虽然思想政治理论课的教学改革已经进行了多年，改革的探索也创造出了一些行之有效的方法和经验，提高了教学效果。但是，思想政治理论课中“教不得法”的情况仍然存在。有的教师把理论教育等同于简单的说教；有的教师片面强调教学方法和手段的变换。事实上，理论教育并不意味着简单的说教，一个讲授水平高、教学效果好的教师，往往是善于把抽象转化为具体，把教学内容融入学生的学习、生活的方方面面。如果单纯追求教学形式上的变换，而不考虑思想政治理论的学科特性，弱化说理和对学生的教化，则使思想政治理论课的教学改革走向舍本求末的误区。

第四，教师的教学内容的针对性与急剧变化的现实不相适应。“针对性”是指教师要努力回答学生普遍关注的重要理论和实践问题，正确把握学生的思想特点，“把转变学生的思想，即解决学生在政治思想方面遇到的重大实际问题作为重点。”然而，目前部分教师的教学不能反映时代的特点，与现实生

活相结合。忽略学生所面对的生活困难、经济压力、学习压力、就业压力、心理障碍等问题，不能从学生的心理需要和思想实际出发，实施有效引导，只是一味简单地灌输理论知识；忽视个人权益和物质利益原则，导致学生抵触情绪和逆反心理。这是目前高校思想政治理论课缺乏吸引力和影响思想政治理论教育效果的重要原因。

第五，教师的师德还需要进一步加强。应该充分肯定，绝大多数思想政治理论课教师有着良好的师德，他们兢兢业业，尽职尽责，默默耕耘，为“三进”（进教材、进课堂、进头脑）工作无私奉献。然而，由于客观存在的复杂原因，包括对思想政治教育地位的认识上存在的一些偏见，导致教师职业道德出现一些偏差。有的思想政治理论课教师，特别是一些青年教师，由于待遇问题、受学校重视与关怀的程度，等等各方面的原因，自觉或不自觉地淡薄了为人师表的意识，导致教学精力投入不足，工作起来没精打采，得过且过，缺乏应有的责任感、事业心、自豪感，职业情感淡漠，在教学上急功近利，作风浮躁，存在着不正学风。一方面，在教学课堂上随意迎合学生的爱好与兴趣。另一方面，希望通过调换工作来寻找更适合于自己的岗位，如由一线教学岗位转向行政后勤服务部门。这些不良品德和作风，严重影响到思想政治教育的教学效果和“三进”工作的顺利进行。

二、高校思想政治教育方法创新的基本原则

原则是指观察问题、处理问题的基本准绳，它起导向、规范作用。高校思想政治教育方法的创新不是随意的、盲目的，而要根据高校思想政治教育环境、内容、对象的变化，遵循思想政治教育的规律和原则来创新思想政治教育的方法，只有这样才能提高思想政治教育的针对性和实效性。具体归纳起来，主要有以下几个原则。

1. 方向原则

高校思想政治教育方法创新的方向性原则包含两层意思：一层是方法创新要坚持正确的政治方向。这是由思想政治教育在高校中特殊的政治功能所决定的。在思想政治教育的诸多特点中，政治性居于主导性地位，这是马克思主义理论阶级实质的鲜明体现和内在要求。如果教育方法的创新不突出政治性，就会使方法的改革和创新偏离正确的轨道，思想政治教育也将失去实效性。因此，在高校思想政治教育方法创新中，必须坚持正确的政治方向，突出课程的政治性，把政治性放在教育的首位，坚持以马列主义、毛泽东思想、邓小平理论、“三个代表”重要思想和科学发展观为指导，深入贯彻党的十七大精神，紧密结合全面建设小康社会的实际，坚持社会主义、集体主义

的价值取向，引导学生观察社会、认识社会，使学生树立牢固的共产主义理想和信念，培养高尚的道德情操。另一层含义是高校思想政治教育方法创新的实效性、价值性。即创新的方法必须具有实际使用价值、具有实在性、效用性。这是因为方法是达到目的的途径，方法总是为着一定的目的服务的，两者是密不可分的。马卡连柯说过："方法和目的的关系应当是检验教育逻辑的正确性的实验场所。从这种逻辑出发，我们就不能允许有不去实现既定目的的任何方法。"也就是说，某种方法是否具有价值性，最主要的衡量标准就是看这种方法对于达到教学目的，完成教学任务是否起到了应有的作用。因此，方法创新必须坚持以人为本，贴近实际、贴近生活、贴近学生，少搞花架子和搞形式主义，争取以最少的时间和精力取得最理想的思想政治教育效果，这也正是高校思想政治教育方法创新的目的所在。

2. 身教原则

即坚持身教重于言教，发挥教育者人格力量的原则创新思想政治教育方法。思想政治教育要真正说服人，一靠真理的力量，二靠人格的力量。所谓真理的力量，就是教育者讲的内容必须合乎实际，反映事物的本质和规律；所谓人格的力量，就是教育者教育别人的道理首先必须表现为自己的行动，发扬言行一致、以身作则、率先垂范的优良作风，努力塑造自己健全美好的人格，做教育对象的表率。身教重于言教，有了这种人格的力量，真理的力量才能得到发挥。在思想政治教育中，人们不只看教育者说什么，更会看他们如何做，通过教育者的做来认识他们的"说"，判断"说"的真实可信性，决定是否接受教育者的"说"。就要发挥教育者的人格力量，在开展思想政治教育时，无论人前人后、公开私下，教育者要求教育对象做到的，自己首先做到；要求教育对象不做的，自己坚决不做，事事时时处处都严格要求自己，不做思想的巨人、行动的矮子，保持言行一致、表里如一。以自己完善的人格、高尚的品行示范于教育对象，使教育对象在教育者的人格力量熏陶和影响下，提高思想道德水平和政治觉悟，不断成长和进步。

3. 民主原则

随着社会主义市场经济体制的建立和社会主义民主政治的发展，人们的自立、自强、自爱、自重等意识普遍增强，平等竞争、独立思考等意识也在不断得到强化。思想政治教育"强迫式"和"强灌式"的方法已经不再适用，人们喜欢通过亲身实践和独立思考得出结论，希望通过平等交流和民主协商来解决问题。因此，在高校思想政治教育方法创新的过程中，必须以人为本，贯彻民主原则，尊重学生的权利和尊严，尊重学生的合理需要，激发学生的自觉性和主体意识，促使他们自我完善，自我发展。如果离开民主原则，教育者和受教育者就难以相互信任，教育者更难以深入了解、掌握教育对象的实际思想状况，进而帮助他们接受正确的思想观点，消除错误的思想观点。需要思想政治教育者特别重视的是，“坚持民主原则，一是要尊重教育对象，尊重他们的情感、人格和合法权益，尊重他们的主体地位，尊重他们的兴趣和爱好，积极营造民主和谐的教育氛围；二是要平等待人，克服居高临下、以势压人、单向说教的教育方法，要加强教育者和受教育者双方的交流和互动，主动与受教育者交换意见、互相启发、互相帮助、互相进步、共同进步。”总之，高校思想政治教育者只有坚持民主原则，注重发挥大学生的主体作用，着力引导他们自主地探索真理、明辨是非，才能达到预期的目的。

4. 渐进原则

现代心理学认为，人的思想、心理存在一种“自身免疫效应”，当与人自身固有的思想体系相区别的外界思想进入人的思想时，人自身的原有思想就会形成一个“防护层”，阻止外界思想的侵入。这种外界思想被人感知的程度越大，它所受到的抵触也就越强烈。因此，高校思想政治教育工作者要解决大学生们的思想意识问题，不宜采取一蹴而就的强灌方式，而应该从浅层面生动、活跃的心理感受入手，由表及里、由浅入深地逐步达到解决深层次思想体系方面的问题。这就要周密考虑我们的意图、观点和理论在多长时间、多大范围、多深程度能为他们所接受，而不会引起他们心理上的紧张、恐慌、厌烦或对立情绪；就要主动深入了解和掌握教育对象的实际情况，及时把握他们的思想脉搏和动向，围绕教育对象的思想实际开展思想政治教育；就要采取一种默默无闻、潜移默化、循序渐进、寓教育于“无形”的工作方式，寓教育于学习中，寓教育于生活中，寓教育于活动中，通过真情感染，动之以情，激起心理波澜，然后由情入理，在思想体系的高度解决问题。只有锲而不舍地开展这种经常性、日常性的思想政治教育工作，才能避免“空头政治”，达到春风化雨，润物无声的境界，最终取得预期的思想政治教育效果。

5. 继承原则

思想政治教育方法的创新离不开继承，“继承是创新的基础和条件，创新是继承的发展，没有继承就没有创新。”无论哪个方面的创新，我们都必须在坚持继承和发扬优良传统的基础上展开创新。抛弃优良传统，本身就是一种资源浪费，会使得创新的开发成本和使用成本很高。尽管教育方法会随着教育目标、任务和内容的变化而变化，有些思想政治教育方法也会因此而过时，“但是一定会有一些思想政治教育方法在新的历史条件下，经过改进、充实和完善，能够与新的教育内容相融合，为新的教育任务服务。继承传统的思想政治教育方法，就是由教育方法的这一性质所决定的。一概否定、排斥传统

方法，就会割断思想政治教育方法发展的历史，丧失教育方法创新的基础和前提。”我们在长期的大学生思想政治教育中，所积淀下来的很多行之有效的思想政治教育的基本方法、一般方法和特殊方法，这些就是思想政治教育工作的传统，我们创新中必须尊重这些传统，应该在发扬这些思想政治工作优良传统的基础上，进行新形势下大学生思想政治教育方法的创新工作。

6. 借鉴原则

思想政治教育方法的创新，不仅要弘扬传统的方法，还要借鉴人类共同发展中形成的价值观和方法论。积极吸收当代西方的德育方法，如注重教育对象的人格和个性，鼓励教育对象自由选择及教育者与受教育者平等对话等。现代西方流行的思想政治教育方法主要有三种：道德讨论法、价值澄清法和社会学习方法。道德讨论法概括起来讲，就是通过引导学生对道德两难问题开展讨论，诱发认知冲突，促进积极的道德思维，从而促进道德判断发展的方法。价值澄清法认为，教师不能把价值观直接教给学生，而只能通过分析评价等方法帮助学生形成适合本人的价值观体系，这一方法的主要任务不是认同和传授“正确”的价值观，而是致力于帮助人们澄清自身的价值观，并把分析澄清价值观的过程作为价值观评价认同的过程。根据社会学习方法的理论，学习既是反映过程，也是认知过程。根据该原理，教育者的任务就是要善于利用典型的榜样，引导帮助受教育者观察、学习、模仿、认同好的榜样。当然借鉴不是盲目地照抄、照搬，而是要立足本国，从实际需要出发，对国外先进的教育经验选择地加以借鉴。因此，在处理借鉴与创新两者的关系时，要反对两种错误倾向：一种是认为由于意识形态的差异，无须借鉴国外教育经验的关门主义倾向，另一种是不顾实际国情盲目照抄、照搬的拿来主义倾向。

三、新形势下高校思想政治教育方法创新的途径

在当前新形势下，高校学生思想政治工作仍未能紧跟时代步伐，摆脱“一锅煮”和“一刀切”的束缚。思想政治课程常常只是为了完成上面的教学任务，为了修完学业，积累几个学分，各种思想政治教育活动的开展，也往往是流于形式，实际教育效果欠佳，难以实现思想政治教育的目的。而学生不再满足于传统的老方式和老办法，他们更向往具有现代气息的思想政治教育。因此，必须实现思想政治教育方法和手段的创新。

（一）加强高校思想政治教育方法创新的理论研究

“社会实践是不断发展的，我们的思想认识也必须不断前进，不断根据实践的要求进行创新。”面对新形势、新情况、新问题，有的思想政治教育工

作者一时感到无从入手，无从把握，有一种手足无措之感，缺乏主动出击的勇气，满足于“水来土掩”。如目前即使在高校领域，许多思想政治教育工作者不知道如何充分利用互联网来开展思想政治教育工作。理论是行动的指南，高校思想政治教育工作如何适应新形势，加强针对性、系统性和创造性，需要进行深入的理论研究。创新高校思想政治教育方法不是搞“花拳绣腿”的形式主义，更不是盲目蛮干，而要尊重高校思想政治教育工作的客观规律、大学生思想形成与发展变化的规律等。高校年轻的思想政治教育工作者，比如工作经历还不长的高校辅导员，对于我们党的思想政治教育方法的优良传统和基本经验缺乏了解，而党的思想政治工作方法的优良传统又是改革、创新的基础。有的教师虽然已从事高校思想政治教育工作多年，积累了一些经验，但是对新时期高校思想政治教育工作的特点和规律缺乏研究，这种状况必然影响到思想政治教育工作的实际效果。因此，我们必须加强高校思想政治教育方法创新的理论研究。

要搞好新形势下高校思想政治教育方法的理论研究，要求高校思想政治教育者必须具备理论创新的勇气和能力。广大高校思想政治教育者要敢于从实际出发，从理论层面提出和探讨问题，要能见众之所见，思人之所未思，以实求新，以特求新，以深求新，以精求新，只有这样才能形成独到的创造性的思想见解。此外，还要在探索的基础上不断总结，把实际工作中积累的感性经验上升到理论的高度，使在“点”上探索到的成功的行之有效的新方法、新经验在“面”上推广，使之在更大范围内“落地生根”“开花结果”，这才是我们研究和探索思想政治教育方法创新的根本目的所在。当然，由于目前复杂的国内、国际形势的影响，探索高校思想政治教育的新方法是一项长期的任务，高校思想政治教育方法创新过程不会是一帆风顺的，对此，我们一定要做好充分的思想准备。

（二）增强高校思想政治理论课的吸引力

长期以来，在高校思想政治理论课教学过程中，大多沿袭传统的“注入式”教学方法，重教有余，重学不足，灌输有余，启发不足，导致学生在教学中参与程度较低，削弱了学生的主体作用，制约和影响了思想政治理论课的实效性。因此，要根据学生思想政治素质发展和教育的规律，积极推进教学方法的大胆创新，从大学生实际出发，不断探索思想政治理论课教学的新招、实招。

第一，增强思想政治理论课的吸引力，首先要充分发挥学生的主体作用，要以学生成才成长为中心，不断满足学生多方面的需求，积极推进主体性的思想政治理论教育。学生是价值主体，思想政治理论课的根本目的是从政治上、思想上促进学生健康成长。因此，思想政治理论课既要坚持教育、引导和激励学生，又要尊重、关心和帮助学生。要坚持从学生关心的热点难点问题出发，从为学生服务出发，贴近实际、贴近生活、贴近学生，帮助学生释疑解惑、排忧解难；要尊重学生的个体差异，因材施教，发展学生独特的个性优势。

第二，增强思想政治理论课的吸引力，努力使教学方式和方法贴近实际、贴近生活、贴近大学生，符合大学教育教学的规律和大学生学习的特点，不断增强教育教学的针对性、实效性和说服力、感染力。一是要不断拓展有效的教学方法。坚持以人为本在教学方法上的根本要求就是把单向“注入式”教学引向师生双向交流的“互动式”教学，倡导启发式、参与式、研究式等教学方式。针对不同类型、不同阶段大学生的特点以及不同的课程，可采取课堂讲授、课堂讨论、专题讲座、专题演讲、辩论、教学实践等方法。二是要运用现代化教学手段。思想政治理论课必须积极推进多媒体教学，建立教学互动网站，把课堂延伸到网上，使思想政治理论课教学更加灵活、有效和充满吸引力。三是要改革考查考试方法。重点考查学生对教学内容的理解、接受和运用的情况，尤其是以马克思主义为指导分析和解决问题的能力。可采用口试、论文答辩、写读书心得和调研报告等方法。

第三，增强思想政治理论课的吸引力，关键在教师。教师要不断提高理论素养。从事思想政治理论课教学的教师承担着大学生思想政治教育的特殊使命。教师对待马克思主义只有做到真学、真懂、真信、真用，才能以高度的政治责任感和使命感，创造性地从事教学。教师要不断提高科研能力和教学水平。思想政治理论课是科学性与政治性的统一。教师应精通自己的专业，形成广博的知识结构，努力使教学反映相关学科的学术前沿和进展，力求从研究的层面上，讲授教学内容，增强教学的科学性。教师要更新教育思想和观念，拓宽教学的新视野，开辟教学的新思路，不断进行教学的改革和创新，努力把思想性、理论性和知识性有机地结合起来，增强教学的吸引力和说服力。教师以全身心投入教学工作的敬业精神、较高的学识水平和良好的师德形象展现在学生面前，自然得到学生的敬重，从而引起学生心里的共鸣。教师做到为人师表，才能使学生“亲其师”“信其道”，以至达到“敬而受教”的境界。

（三）实现思想政治教育向专业课堂和人际交往的渗透

思想政治教育的对象是人，人的思想得到外界信息的渗透和灌输，才会发生转变，思想政治教育不可能直接进入人的思想，要实现思想政治教育的目标，就要找到能够进入人的思想的可靠的载体，使思想政治教育信息的主动输入和受教育者的主动接纳相结合。当前高校进行思想政治教育的主要载体是专业课堂和网络课堂。

1. 寓思想政治教育于专业课堂

专业课传授与公共政治理论课的传授看似是矛盾的，两者的教育目的是不一样的，一个是提高人的专业水平，一个是提高人的思想道德素质。在传统思想政治教育中，将道德教育的课程与专业课的学习相分离，出现了教育的“游离化”倾向。但是在当今条件下，二者的状态却发生了变化，“德育与其他几育相比较，其独立性要弱得多，光靠德育自身而忽视其他几育的德育因素，就不可能收到好的效果。”德育与其他教育是不可分割的，相辅相成，共同促进大学生的综合素质提高。

各类教学的最终目的是提高人的综合素质，包括德、智、体、美、劳全面发展。专业课教学具有政治公共理论课不可替代的作用，专业课的教学知识是新颖的、客观的，往往能够调动学生的热情，引导他们对专业领域知识的探索。专业老师良好的品德和敬业态度对受教育者有着很强的吸引力，往往会成为个别学生的榜样；专业课堂的知识内容的科学性和真实性也就显得非常重要，会是受教育者今后从事工作的理论基础。因此，说专业课教学实际上也就是对思想政治教育的教学，是对受教育者思想、知识、能力和品质的教育和熏陶。

教育实践证明，只有那些既把专业知识讲好，又通过言行身教在课堂上和生活中教会学生如何做人的教师，才是学生们最佩服最尊敬的老师。只有各门课程形成合力，把知识教育和思想政治教育结合起来，才能使思想政治教育不间断地进入学生的头脑，才能使学生在增长知识的过程中提升思想政治修养，真正做到德知并进，全面发展。

2. 寓思想政治教育于人际交往

所谓人际行为是指人作为个体做出的行为，是与个人独有的品性、价值观、能力以及其他特征有关的行为。这也就是说个人的交际活动是自身思想的外在表现，同时也会影响到自身的思想。“学习远远不只存在于认知活动的制造，也广泛存在于交往活动与审美活动之中”因此，思想政治教育的学习可以渗透到人际交往活动中去。“交往关系不仅是一种认识关系，更重要的是一种创造关系。”良好的人际交往促进了不同个体之间的信息交流，为思想政治教育创新提供了第一手资料和创新的时机。我们应高度重视思想政治教育向受教育者交往环境的渗透。

一方面，发展教育者与受教育者间民主平等的交往互动关系。师生之间是同志式的平等的关系，教育者实际上是促进者。教育者的思想素质、人格

魅力会对受教育者产生很大的影响。另一方面，发展受教育者之间的良好关系。有些学者认为，马卡连柯关于通过集体教育每个成员的思想，科尔伯格关于“公共团体”的试验，实际上都揭示了同龄群体的交往关系对形成每个成员的品德有重要的作用。所以说教育者不仅要受教育者参与到思想政治教育中来，而且应该把思想政治教育渗透到舆论氛围、集体形象中，对受教育者加以熏陶、感染和激励，从而使其形成良好的品德习惯。

（四）运用网络开辟高校思想政治教育方法的新阵地

互联网的爆炸性发展正改变着经济、社会、文化的结构和运行方式，也改变着人们的思维方式，其广度和深度都是历史上任何一次产业革命所无法比拟的。网络作为新的信息载体，也对大学生的学习、生活乃至思想观念发生着广泛而深刻的影响。随着高校信息化进程的加快和校园内互联网接入条件的改善，大学生的网络行为越来越普遍和频繁，上网已成为大学生学习、交往、娱乐等日常生活不可分离的重要内容，对一代新人的全面发展和健康发展有不可低估的影响。

但值得警惕的是，网络又是一把“双刃剑”，它在方便学生学习生活、为学生提供正常和健康信息的同时，一些五花八门的信息甚至夹杂很多迷信、色情、暴力、反动等“灰色思想文化”也乘虚而入，对涉世未深的青年大学生产生了极具诱惑力和欺骗性的负面影响，带来了许多不容忽视的问题。因此，我们必须充分认识思想政治教育进网络的重要性，必须认真利用互联网这个新法宝来创新高校思想政治教育工作的新途径，通过互联网开展大学生思想政治教育。具体来说，可采取以下措施：一是在校园网上开设大学生思想政治教育网站，传播无产阶级的世界观、人生观、价值观。对热点、难点问题，在网上开展讨论，进行正面引导。通过网络交流，把握学生思想脉搏，进行双向引导；二是在大学生公寓中引入校园局域网，不仅有利于大学生对学习和生活的需要，更有利于发挥思想政治教育工作进网络的作用，促进思想政治教育工作向多渠道、多形式方向发展；三是组织学生把一些思想政治教育理论制作成生动形象的动画和软件程序，在网上发表，以吸引大学生主动使用，达到寓教于乐的目的；四是鼓励大学生在网上尤其是校园网上开设内容健康、情趣高雅的个人主页，这些主页既丰富了大学生的业余文化生活，又达到了大学生自我管理、自我服务、自我教育的目的；五是要加强高校从事思想政治教育工作的同志的网络知识和技术培训，使他们既能熟练地运用互联网获取信息，又能对其进行专业维护，不断地更新内容，以吸引更多的大学生访问。

当然，进网络只是思想政治教育工作在网络领域的有效延伸和有益补充，

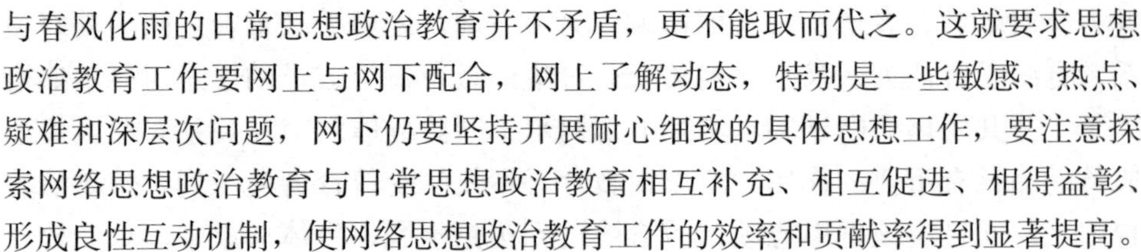

与春风化雨的日常思想政治教育并不矛盾，更不能取而代之。这就要求思想政治教育工作要网上与网下配合，网上了解动态，特别是一些敏感、热点、疑难和深层次问题，网下仍要坚持开展耐心细致的具体思想工作，要注意探索网络思想政治教育与日常思想政治教育相互补充、相互促进、相得益彰、形成良性互动机制，使网络思想政治教育工作的效率和贡献率得到显著提高。

（五）加强高校校园文化建设

在新形势下，高校校园文化在对大学生进行思想政治教育方面，显示出越来越重要的作用。良好的校园文化是一种重要的教育力量，它以某种特有的潜在作用影响着大学生的思想品德和心理素质，是高等学校渗透思想政治教育的一条重要途径。校园文化建设就其内容而言，它主要由学校的物质文化、行为文化、精神文化和制度文化构成。

1. 加强校园物质文化建设

校园物质文化是校园文化的形象化和实物化，是校园深层文化按照一定的规则经过实践发展以后的积淀。校园物质文化作为一种物质的客观存在，能为人们感官所直接触及，具有直观形象的特点，这种直观的物质文化反映了设计者和使用者的价值观和审美观，具有相当的持久性。它包括校园的地理位置、地形风貌等自然环境和校园的各种建筑、教学科研、文化设施和生活设施以及校园里湖水、草地、花坛、道路等硬件工程的合理布局。

良好的富有个性的校园物质文化建设，一方面可起到美化环境、装饰校容作用，另一方面又能以其独特的物质文化形态影响学生，直到陶冶情操、净化心灵的作用。正如墨子所说："染于苍则苍，染于黄则黄；所人者变，其色亦变。"当学生置身于清洁、整齐、优雅的校园里，会努力控制自己的言行举止，改变平时的不良习惯。因此，校园环境应讲究典雅优美，舒适怡人，要从美的角度来谈校园物质文化景观的配置，校园的设施、布局应该彰显"以人为本"的理念，突出育人功能。首先，对于具有较高知识含量和艺术水准的教学楼、图书馆、实验楼等校园建筑，应突出建筑景观的个性美、结构美，表达意境的抽象美。其次，学校要重视校园的合理布局、建筑物的装饰，教室环境的绿化、美化等文化景观的建设，通过自然山水、花草树木、名人塑像、橱窗、宣传栏、张贴名人画像、名言警句等，让学生耳濡目染，受到陶冶。再次，校门、旗台、雕塑、亭、园等建筑，其造型应新颖独特、醒目迷人，突出高品位艺术美。在优美的校园环境里，大学生们将获得美的感受，起到陶冶情操，启迪思想，规范行为的作用，将促使他们洁身自好，规范做人。

2. 加强校园行为文化建设

校园行为文化是指师生员工在教学、科研、学习、娱乐中产生的活动文

化。它是师生员工作风、精神面貌、人际关系的体现，也是学校精神、大学价值观的折射。行为文化包括教学科研活动、组织管理工作、课外文化活动乃至后勤服务等，体现着校园文化的独特风貌。丰富多彩、健康高雅的校园活动，对低俗的非理性的文化及各种消极腐败思想也能起到很好的抑制作用，有利于学生正确的世界观、人生观、价值观的形成。

高等学校是人才培养的基地，教学在向学生传授知识技能的同时，直接促成了学生的思想观念、价值体系的形成。现代高校是科学研究的中心，科研活动折射出的创新、进取和严谨、求真的科学精神，使学生在思维方式、情感意志、精神风貌和创造潜力上等得到极大的锻炼和熏陶。另外，丰富多彩的集娱乐性知识性和实践性于一体的课外文化活动，严谨、规范的高校组织管理，井然有序热情周到的后勤服务，也会对学生产生积极的影响。同时，良好的校园行为文化还有利于培养学生的健康个性，促进学生的心理健康。多彩的校园文化适应了大学生精神需求的多样化、个性化的特点，避免了学生人格塑造单一化的倾向，使那些个性特长较突出的学生找到了适合自己的内容和形式，并在活动中看到自己的价值，从而激发他们的自主性、自尊心和自豪感，树立一个真实、完整、积极的自我形象，形成积极向上的生活学习态度。丰富多彩的校园文化活动也使那些内向孤僻的学生合群并找到知心朋友，扩大胸怀，忘记烦恼，从而促进他们健康心理的形成。

3. 加强校园精神文化建设

精神文化是校园文化的核心和灵魂，它集中反映了一个学校的特殊本质、个性及精神面貌，体现这个学校的办学宗旨、培养目标及其独特的风格。一所高校的历史传统、精神氛围、理想追求、人文气象是最具凝聚力、向心力和生命力的。它最深刻地、稳定地体现了校园群体的共同价值、理想、信念和情操，也最能在学生心灵上刻上痕迹，让学生有归属感、自尊感和使命感。

校园精神文化作为一种长期积淀而形成的特定群体文化，其宗旨是“塑造高尚的精神”。一般而言，校训体现着一种追求，而这种追求与人类、国家、民族及社会的发展方向是一致的，因而，以校训为灵魂与核心的校园精神文化对大学生的思想政治教育有着重大的作用。首先，要对大学生特别是大学的新生进行校训的教育，这包括对新生进行校情校史的教育，组织新生参观校史展览，学唱校歌，对学生进行爱校爱国的教育。其次，与时俱进地围绕校训核心价值观念组建价值观念群落，渗透于校风、教风、学风的建设之中，让学生沐浴在校园与特点，以点促面全面地提高学生的思想政治素质。如清华大学的“自强不息、厚德载物”的校训，这是每一位清华学子步入校门都会感悟到的强大的清华精神。它成为清华学子做学问和做人的基本原则，引导和激励他们的一生。北京师范大学的“学为人师，行为世范”的校训，是对未来人民教师的基本道德素质的要求。还有山东大学的“气有浩然，学无止境”，中国海洋大学的“海纳百川，取则行远”，以及西北师范大学的“学高为师，身正为范”的校训等等，就像一张张文化名片，张扬出学校鲜明的个性和特色，对学生具有很强的教育意义。

4. 加强校园制度文化建设

制度文化是历史传统和时代精神的统一，是广大师生员工的活动准则，是学校各项工作得以正常有序进行的重要保证，它作为规范人们的手段，具有强制性，它通过奖惩等手段对人们进行思想引导，具有重要的教育感化功能。在很大程度上体现着学校的办学特色和办学水平。各种规章制度的制定和实施，对于形成良好的校风校纪，对规范大学生的行为具有积极作用。它能保证学校管理秩序、教学秩序、活动秩序的正常运行，同时能规范制约学生沿着正确的方向健康成长。因此，学校应制定并进一步完善教学管理制度、校园管理制度、宿舍管理制度、勤工俭学制度、大学生奖惩制度、社团活动制度等等，通过制度的建立健全来规范大学生言行。

校风是校园文化的本质表现，是学校师生员工共同形成的，具有办学特色的、全局性、稳定性的精神力量和行为作风。优良的校风一旦形成，就会在学校构成教育心理氛围和舆论环境，成为约束学生的言论与行为的强大动力。校风最集中的体现是教风和学风。教风是主导，学风是主体。思想政治教育者要注意发挥示范作用，形成良好的教风。教师不仅要关注自身形象、行为对学生所产生的潜移默化的影响，还必须注重在思想品德、学识才能、文明礼貌等方面的表率作用。思想政治教育者还要引导学生形成勤奋向上、积极进取的学风。在高校，我们要建设健康向上的文化氛围，努力形成高校以育人为本的校风，教师以敬业为乐的教风，学生以成才为志的学风。

（六）重视社会实践的思想政治教育功能

社会实践活动是以大学生为主体的一种认识世界和改造世界的实践活动，是大学生思想政治教育的重要环节。对大学生了解社会、了解国情、增长才干、奉献社会、锻炼毅力、培养品格，增强社会责任感具有不可替代的作用，是大学生思想政治教育的一种新方法。李学谦在《高校社会实践活动十年》一文中指出：社会实践活动是“不可替代的教育形式”，是“思想教育的有效途径”。

高校传统在“象牙塔”中的封闭式教育极不适应当今时代变化和社会发展的需要，在现代教育中特别是在思想政治工作中注重教育的开放性是时代和社会的要求。而社会实践则把学生从课堂教育带到社会中，把“两课”教

育的实践环节落到实处。例如奔赴革命老区，利用所在地的革命史迹、场馆、人物进行的革命传统和爱国主义教育；通过在贫困地区的工作实践中加深对邓小平理论中社会主义初级阶段理论的深层次理解；通过山区中小学的支教活动，加深对“科教兴国”战略伟大性、远见性的体会和理解；通过对发达地区的参观、考察等活动，使大学生开阔思路，增长见识，坚定信念，爱我中华：通过科学发展观的学习实践活动，进一步领会我国新的战略发展思路的实质；通过社会调查活动，联系当代中国改革开放和现代化建设的实际及其所创造的新经验，着眼于对实际问题的理性思考，培养学生运用马克思主义的立场、观点和方法分析和解决问题的能力，同时也提高了学习政治理论课的兴趣。

总之，高校还需着力探索建立大学生社会实践的长效机制，保障大学生实践教学工作持久健康开展。加强对大学生社会实践的领导，建立由有关部门负责同志参加的大学生社会实践工作联席会议制度，定期召开工作协调会，统筹规划大学生社会实践工作；建立健全大学生实践教学工作管理运行机制，把社会实践和教学实践纳入人才培养方案；对学生参加社会实践和教学实践有整体规划和年度计划，对各年级学生提出明确的任务、目标要求，并规定学时学分，把实践教学作为课堂教学的重要组成部分和巩固理论教学成果的重要环节；建立大学生社会实践和教学实践经费投入保障机制。大学生参加实践教学的经费，通过国家、地方、学校、接受单位和学生个人等多渠道解决；加强大学生实践教学基地建设，积极探索校企联合、互惠互利、共同发展的新型合作机制；建立大学生社会实践和教学实践激励机制。把大学生参加社会实践的成绩记入《大学生素质拓展证书》，并作为对学生进行考评、评定奖学金、评选先进、确定入党积极分子、推荐研究生和择业就业的依据之一。

（七）发挥心理咨询的作用

心理咨询，是指在思想政治工作中运用心理学的方法，对受教育者存在的心理失衡、心理障碍、心理疾病予以调整和排除的治疗方法。在当前我国社会大转型时期，青年大学生的心理压力会越来越大，严重的会出现心理问题甚至心理障碍。近年来，由于大学生心理问题导致的恶性案件呈不断上升趋势。客观地说，健康稳定的心理状态，是形成良好政治、道德品质的基础。但这一点并未被广大的思想政治工作者意识到。实际上，相当多学生的思想问题归根结底是心理问题，这就要求思想政治工作者要运用心理咨询的理论、方法回答和解决他们在思想、人生、就业等方面的种种疑难问题，以稳定他们的情绪，缓解他们的压力，逐渐使他们形成健全的人格和良好的心理素质。心理咨询作为大学思想政治教育的一种新的运作方式，已经进入许多的高校，并在实践中显示其生命力。

要发挥好心理咨询的作用，必须在原有设立心理咨询中心、开通心理咨询热线等传统形式的基础上，把心理咨询工作做实、做细。首先，大学生心理咨询中心要做到“五个一”：即有一个固定场所；有一些必备仪器；配一批专职人员；拨一块专项经费；定一批规章制度。其次，要组建心理健康教育三级网络。一级网络，以心理咨询中心为核心的专职人员的心理咨询网络，解决因心理问题而引起的思想问题；二级网络，以心理辅导员队伍为主的思想政治工作人员的心理辅导网络，及时辅导，防患于未然。三级网络，以大学生心理健康协会为主的协会网络，铲除滋生心理问题的土壤。第三，要建立心理咨询网站，开展网上心理咨询。

在思想政治教育中运用心理咨询方法时，还要搞清楚心理咨询与思想政治教育工作的关系。心理咨询与思想政治教育工作在指导思想、根本目的和工作对象上是一致的，并且心理咨询为思想政治工作开辟了新的途径和新的手段。但二者又有着显著的区别，前者工作的着眼点是人的心理状态；后者是人的政治思想。二者除对工作人员的要求、依据的理论不同外，最大的不同是二者在工作的方式上的差异。表现在：心理咨询有集体咨询的形式，即同时对具有相同问题的多个求助者进行咨询的方式，如交友小组。但在涉及个人的心理困惑甚至隐私问题时，心理咨询更多的是采取个别交谈的方式。思想政治工作一般采取座谈、讨论、报告等公开的形式。虽然思想政治工作也有个别谈话，但与心理咨询有很大不同。在心理咨询中，咨询对象是中心人物，相对来说，咨询员处于辅助地位；而在思想政治工作的个别谈话中，思想政治工作者处于主动地位。心理咨询中，咨询员提供的是建设性意见，而思想政治工作提出的建议是指示性的或规定性的。思想政治工作突出的特点是教育性，心理咨询则是服务性。

（八）构建高校思想政治教育和谐机制

爱因斯坦在《论教育》中说：“学校应该永远以此为目标：学生离开学校时是一个和谐的人，而不是一个专家。”用和谐的方法培养人、培养和谐的人，是当前高校思想政治教育方法创新的新内容。和谐的人要靠和谐的教育来培养，和谐的教育是指教育的各个构成要素相互协调、有机统一。

1. 人与人的和谐

和谐教育是以师生关系为主的学校人际关系的和谐。一所学校的领导与教师、教师与学生、学生与学生之间的人际关系时刻都在潜移默化地影响学生的心灵，其中师生之间的人际关系对学生的学习和发展影响最大。教师在教学活动中与学生平等相处，尊重学生的个性和人格，以健全的人格、高尚

的情操、优良的品质影响和感染学生；以渊博的知识、完美的教育教学艺术为学生创设良好的学习环境，开发学生的潜能，学生的身心才能和谐健康地成长。因此，学校人际关系（主要是师生关系）的和谐是构建和谐思想政治教育的前提。

2. 学校教育、家庭教育、社会教育的和谐

构建和谐教育必须协调好学校教育、家庭教育和社会教育三者之间的关系，这是构建和谐思想政治教育不可或缺的基础条件。家庭教育是学生最先受到的教育，是学校思想政治工作的重要教育资源之一，对学生身心的发展具有重要的影响。学校要发挥家庭教育的优势，指导和帮助家庭建立有利于学生健康成长的教育环境。同时还要组织好社会教育，组织学生参加力所能及的社会公益活动，帮助学生树立正确的世界观、人生观和价值观，形成为人民服务的思想，养成为人民服务的习惯，使学校与社会、家庭形成教育合力，共同创造良好的育人环境。学校与社会、家庭关系的和谐，是构建和谐思想政治教育的基础。

第三章 高校创新创业教育概述

第一节 创新创业教育的内涵

一、创新教育

教育的积淀、传递、选择文化，最根本的使命在于创造、创新。人类教育必须把培养人作为主体改造世界的能力为支点。而作为改造世界主体的人“在思考、想象、信仰中创新和创造着，不断认识自身的完美性与达到其预期的可能性之间的距离。”创新教育具有人格心灵的“唤醒”使命。有大部分学者认为“创新教育是为了更好地培养受教育者的创新意识、创新思想、创新技能、创新素质，并使其成为一个创新人才为最终目标的一种教育活动；它与传统的守成教育相比较，是一种新的教育思想和教育理念，是与时偕行、开拓创新的一种教育活动。”目前，约有百种以上关于创新教育的定义，它是一个具有高度争议的概念。关于创新教育的定义，国际上大致分广义和狭义两大类，狭义的定义为，以具备创新精神、理念、素养、人格和创造能力的创新人才为多层面培养目标的教育活动；广义的定义为，以培养受教育者的创新素养、提升受教育者的创新潜能为最终宗旨，而有别于守旧式的、传统教育、填鸭式教育或守成不变的教育形式，可以使受教育者能够进行创新，而开展的一种新型教育活动。实际上，对创新教育的定义，我们对其内涵展开了深入理解的同时，既要思量创新教育发展的历程及现已成形的特点规约，更应探究到创新教育已有的升华和未来的拓展和演化趋势。从广义上讲，创新教育指受教育者勇于进取和不断创新而开展的一种教育活动。对于高等学校来说，创新教育就是培养受教育者再次觉察的探求和摸索能力、重组已有知识的综合能力、运用现有知识解决存在问题的实践能力，以及激励受教育者的创造潜能等一系列相关的教育活动。凡是以培养受教育者的创新素质、提升受教育者的创新技能为关键目标的皆可统称为创新教育。然而高等学校

作为培育具有学习能力、创新精神和创新人才的重要摇篮，必须使受教育者勇于思考、善于思考、勤于思考，在整个学习经历过程中要重视提升个人的思维开拓过程，并非是被动地接纳前人的思维与思想结论。

二、创业教育

创业教育（entrepreneurship education），1989年联合国召开的“面向21世纪教育国际研讨会”指出了“事业心和开拓技能教育”的概念，后被译成“创业教育”，也称“第三本教育护照”。每个人都应该掌握三本“教育护照”：一是能从事学术研究的学术性护照；二是具备创业能力的创业性护照；三是能胜任具体职业岗位的职业性护照。

创业教育大体上可分成广义和狭义的创业教育两大类。狭义的创业教育，被定义为“培养创业者从单纯的求职者转变为岗位创造者过程中，所需要进行的意识、知识、能力、精神及相应实践活动的教育。”主要包含两方面内容，一是“求职”，二是“创造新的就业岗位”。而广义的创业教育是指“培养具有开创性个性的人或人才，这一群体不仅仅要具备首创思维、创业能力、冒险精神、事业和进取心等相关心理素质，而且要有独立工作能力、相关技术、社会交往和相应管理技能的教育活动。”广义的创业教育“在于为受教育者灵活、持续和终身的学习打下基础”。而狭义的创业教育则与增收培训的概念紧密结合在一起，“增收培训是为目标人口，特别是为那些贫困和不利人口提供急需的技能、技巧和资源，使他们能够自食其力。”这种趋势要求现在的高等学校要将创业教育的目标提升一个新的层次，同时要将其与学术研究和职业教育视为并享有同等重要的地位。在高等教育领域内，创业教育是将素质教育与创业素质相融合、凝练，培养学生们心理意识、个性品质、专业知识、创业技能，并具有独特功能和体系的一个全方位的系统整合性教育活动。创业教育从本质上说，通过在对受教育者的创业理念、思维、精神、素养和创业行为等方面的培养，使受教育者能够形成初期的创业管理水平和技能的教育活动，它已经不仅仅是灌输创业知识和培养操作性能力的教育，是更重视使学生们步入职场后，更好地满足社会生存需求、更好地促进经济社会的全面发展、更好地提高个人生活质量。

综上所述，创业教育（广义的创业教育）是实施素质教育的重要内容，是素质教育的“具体化”。在高等学校进行创业教育是我国现阶段高等教育的基本目标之一，同时是为提高学生自身能力、了解对创业过程中的需求，掌握自我创业的方法和途径，从而实现满足社会生存需求、拓宽学生就业门路、适应知识经济社会发展需求和构建国家创新体系的长远大计。

三、创新创业教育

在我国，大部分高校一直将创新创业教育偏向围绕着创业技能培养、创业实践活动而开展实施。可见对高校的创新创业教育的研究，就是在当下全国号召“大众创业，万众创新”的，急需要创新型人才投身创业活动的特殊阶段，对以创新意识、精神、能力培养为目的的创新创业教育的不断探索与研究，更符合世界高等教育改革的发展趋势。将“创新”“创业”的理念融入、渗透到当代大学生思想政治教育中去。“从受教育者学生的行为主体，从生存发展的命题，从“知行统一观”的角度着眼，将创新创业教育作为一个完整的范畴研究分析，在理论上是成立的。”“创新”“创业”两者都强调“创”，亦即强调一种开始，一种从“无”中生“有”的意蕴，简单说，两者都突出强调创造性提出问题、分析问题和解决问题，内在都蕴含的开创精神，其共同目标与追求都是培养创新创业型人才。与广义上的“创业”教育的内涵相比，我们把“创新”的理念渗透、融合以往的创业教育里，强调这种教育是培养更多的有创新精神和能力的优秀创业者，使他们投入到创业活动中，并非是就业困难的学生为了谋生而不得不去创业。为此提出了“创新创业教育”的新定义。所谓“创新创业教育”是指以培养受教育者的创新精神、创业意识与能力为基本价值取向的教育理念与教育模式。

新的概念通常蕴含着一种新的理念。在我国大力提倡“大众创业、万众创新”的时代背景下，创新创业教育更是表达着一种与时代精神，与社会发展需要相符合的理论。实质上，“创新教育更重视对受教育者全面发展的全局掌控，创业教育更重视的是受教育者自我价值的如何实现；两者是互相制约又互相推进，具有紧密相连的辩证统一关系。”从某种角度上说，创业能力的强弱映射出一个人的创新与实战能力的高低。创新是创业的基础，创新教育的最终效果，需经历其培育各类人才在将来创业工作的实效中进行充分验证。它以创业作为验证的载体和最终效果的表现模式，创业是否能成功完全依赖于创新教育根蒂的坚固程度。

创新教育与创业教育交叉、紧密、叠加，彼此蕴含，以集合的视角，将创新教育与创业教育作为一个整体来推进和研究，已经是思想政治教育发展改革的必然趋势。创新创业教育的核心目标不仅仅是为了培养成功的企业家，它最重要的目标是为了培养大学生的创新精神和创业意识，使学生最终能够成为具有开创精神的个人；创新创业教育在重视挖掘和提升学生们的基本素质、预见能力、创造性思维、风险意识、创新精神、辨别机遇能力的同时，更加地重视不断提高与之相伴的其他素质和实践训练能力。全面提高学生的

素质，集中体现了教育的效果、质量和收益。但在自发秩序下，社会所能够输出的创新创业才能已经远远不能满足知识经济发展的需要，而在先行迈入知识社会的国家里，通过大规模的教育来鼓励、培养和输出创新创业才能已经成为高等教育为社会经济发展服务的明确任务。因此，高等院校必须坚持在党和国家的教育方针为指导下，开展和实施创新创业教育，对于建设创新型国家和实施以创业带动就业战略实施具有重大意义。

第二节 创新创业教育的目标、内容与特点

一、大学生创新创业教育的目标

大学生创新创业教育的目标是高校培养创新型人才，以推进创新创业教育为根本出发点和落脚点。主要体现在增强大学生的创新精神、创业意识、社会责任感以及社会实践能力、帮助学生掌握创业的基本知识和方法、推进高校人才培养模式变革等几个方面。

第一，增强大学生的创新精神、创业意识、创新创业实践能力及社会责任感。创新型国家的发展需要大批创新型人才，创新创业教育旨在激励大学生的创新精神，使他们大胆探索，敢于打破常规创造新的思想观念；增强大学生的创业意识，通过创新引领创业、创业带动就业，拓宽就业选择的路径，同时，还能给社会创造更多的就业岗位。社会实践是检验创新思维、理论成果的试金石，也是锻炼大学生成长成才的有效途径。提升大学的社会责任感，让学生意识到个人的成长与国家的前途命运息息相关，让学生在服务社会的实践过程中体会到自身价值，实现大学生的全面发展。

第二，帮助学生掌握创业的基本知识和方法。创新创业教育单靠激发创新精神，增强创业意识，提升社会责任感这些是不够的，帮助学生掌握创业的基本知识和方法、熟悉创业的流程是成功创业不可或缺的因素。包括创业者应具备的基本素质、创业项目的选择、创业计划书的撰写、创业初期面临的问题和对策等等；帮助学生了解创业的基本流程及创办企业需要熟悉法律政策，为大学生参与创新创业实践打下坚实的理论基础。

第三，推进高校人才培养体系的变革。高校创新创业教育不是简单的缓解大学生的就业压力，也不是创业成功与否定胜负。而是大学生通过接受创新创业教育，通过创新创业精神的培育和大学生综合素质的提高来提高高校人才培养质量，实现人的全面发展。将创新创业教育融入高校人才培养的全过程，通过进一步明确新形势下人才培养的目标、路径，完善创新创业课程

培养体系，不断深化高等学校教学改革，创新人才培养模式，最终适应经济新常态，为创新型国家建设输送大批优秀的具有开拓品质的创新创业型人才。

二、大学生创新创业教育的内容

创新创业教育的内容是根据高校教育的目标细化而确定的，是大学生综合素质教育的重要组成部分。主要包括创新创业知识技能教育、创新创业精神教育、创新创业意识教育、品德教育。具体内容为：

第一，创新创业知识及技能教育。创新创业知识和技能包括大学生从事创业实践活动所必须具备的科学文化知识以及创新创业实践能力等。仅有满腔的创新创业热情，而不具备扎实的创新创业理论功底，创新创业也只能沙漠里的海市蜃楼转瞬即逝。创新创业教育不仅要引导学生掌握所学专业的基本理论知识和本学科的前沿动态，同时还要鼓励学生多了解和掌握其他相关专业和交叉学科的理论知识，既要具备知识的广度，又要具备知识的深度，使学生真正成为视野开阔、专业基础扎实、知识复合型人才，为今后走上社会工作岗位或是创业打下坚实的理论基础。

第二，创新创业精神教育。创新创业精神是创业者在从事创新创业实践过程中所表现出的坚强、勇敢、有担当和百折不挠的气魄和勇气。创新创业的过程往往荆棘密布，困难重重，创新创业就是要敢于突破常规，敢于冲破层层困难去探索未知领域，新时期的大学生，要以中华民族的伟大复兴为己任，主动迎接困难挑战，增强创新创业的素质和能力，将创新创业的精神融入社会实践中，为大学生创新创业教育提供精神动力。激励学生开拓创新，敢为人先、不畏困难、不怕挫折的精神和品质，是培养大学生敢于创新和勇于创业、最终实现超越自我的关键所在。

第三，创新创业意识教育。创新创业意识是人们从事实践活动中产生的自觉的能动的反应，是一种致力于发现新问题，探索新事物、寻求新成就的求新、求异、求人生走向成功的心理倾向，是人类意识活动中的一种积极且富有成效的意识形式，是人们进行创造性实践活动的出发点和内在动力。创新创业教育要摒弃传统教育中盲目接受、求同的心理，培养学生的问题意识和批判意识和创造性思维。意识是行动的向导，只有创新创业意识强烈，才能促成创新创业的思想动机，点燃创新创业欲望，只有具备欲望和动机，才会真正发挥创新创业潜能，最终将创新创业意识化成实际行动，启发学生的创新创业意识，意识越迫切，动机才会越强烈，创新创业的效果才能显现。

第四，创新创业能力教育。努力提高大学生的创新创业能力是高校创新创业工作的重点所在。创新创业能力是指将已经掌握的知识、技术与实践相

结合，提出新观点，发现新问题，并付诸实践过程中，最终能有新发现或创造出新事物的能力。创新创业教育不能仅停留在口号上，要有将创新创业的理想转化成实践行动的能力和本领。创新创业能力的锻炼主要靠后天的教育和实践，高校在创新创业教育的过程中帮助大学生转变观念打破旧的思维模式，培养科学的思维方式。要着力提升大学生运用所掌握的知识技能来分析和解决问题，系统培养大学生整合资源、敏锐洞察、科学分析的能力；同时加强创新创业技能和方法的训练，提高大学生的实践能力，为今后参与社会实践，创办和管理新企业奠定基础。

第五，创新创业品质教育。创新创业品质是一个在创新创业过程中所表现出的思想品德和心理特征，它是创新创业能否顺利的思想保证。具体包含以下几个方面：

一是思想道德素质与法律素养，思想道德素质是公民的基本素质，决定了人们日常行为的方向，包括政治立场、思想观念、道德情操、价值取向等多个方面。法律素养是人们熟悉并运用法律的能力，良好的法律素养能够使人们知法、守法，并运用法律维护自己的合法权益。

二是个人品质，个人品质是通过社会教育和个人自觉的修养所形成的稳定的心理状态和行为方式。包括诚信、勇敢、勤奋、社会责任感和时代使命感等。当代大学生作为推动社会发展的主力军，，要有报效祖国、服务社会的责任感和使命感，引导学生努力学习科学文化知识勤于实践、甘于奉献，在实现人生价值的过程中学以致用，坚持个人梦想与中国梦相统一，为创新型国家的建设做出自己应尽的努力。

三是健全的心理素质，心理素质是指创业者在创新创业活动中所表现出的个性心理特征。心理学将人的心理品质分为认知、情感、动机等方面。包括乐观自信、客观冷静、求实创新等。健全的心理素质对创新创业起到很好的调节和激励作用。

三、大学生创新创业教育的特点

将创新的元素融入创业教育之中是大学生创新创业教育对传统教育模式的突破与超越。在深化创新创业教育改革大会上就提出，创新创业教育要面向全体学生，不仅要注重理论知识的积累，还需要学生培养良好的实践创新能力，并且要把创新创业教育纳入人才培养体系。从以上内涵界定、内容分析及总体目标上也可总结到，大学生创新创业教育突出了教育目标的导向性、教育对象的全员性、教育内容的实践性、教育过程的全程性和教育模式的灵活性等特点。

一是导向性。开展创新创业教育，不仅需要大学生培养良好的创新创业基本素养，而且还需要大学生具有很强的实践能力。创新创业教育的发展需要正确的方向保证，只有这样，才能保证大学生在创新创业活动中坚持正确的“三观”。此外，创新创业教育是一种面向未来的全新教育模式，承担着传承知识与发展技能的创新功能，具有极强的生命力与竞争力，这也需要在创新创业教育过程中要注重教育目标的导向性。

二是全员性。如今，高等教育已从精英化教育向大众化教育迈进。创新创业教育面向的也不只是那些具有创业意向、想创办企业的毕业生或在校生，而是面向所有学生。这体现了创新创业教育的全员性，面向的是全体学生，不是只针对部分精英学生。在教学中，是以学生为中心，使学生成为教育的主体，这是我国突出强调素质教育的充分体现，使创新创业教育真正贯穿于人才培养的全过程。

三是实践性。创新创业的过程是一项艰苦的实践创新创造的过程，这是一种实践性很强的活动。因此，这一方面也决定了大学生创新创业教育具有明确的实践性，不仅需要大学生具备创新创业方面的相关理论基础，更重要的是需要大学生具备创新创业方面的实践能为，即真正把学校知识更多的转化为现实生产力的能力。

四是全程性。创新创业教育是高校人才培养过程中贯穿始终、不可缺少的一部分，它是指进校后至毕业的全过程都需要高校加强大学生创新创业教育的培养。因此，要坚持“全过程教育”，将创新创业教育贯穿于大学教育的始终，贯穿于教育教学的全过程，全程、连续地实施教育教学活动，形成全程性、一体化的教学架构，保证教育教学的体系化和系统性。

五是灵活性。与单纯的知识教育和技能教育不同的是，创新创业教育在具体的理论课教学和实践教学中都没有固定的教育模式，需要通过多种方法、各种形式来进行，具有灵活性和变通性。此外，教育素材的选择和应用也会随着教育环境与教育对象的不同而进行筛选与整合，在教学中也会为满足不同学生的学习需要来灵活设置丰富多样的课程体系，设计教育教学的各个环节和教学手段，使教学与生产、生活及社会需要紧密结合。因此，在教育方式、方法及途径方面要注重教育模式的灵活性，根据教育对象的具体情况而定。

第三节 高校创新创业教育的发展历程

一、创新教育的由来

从进入到20世纪90年代起，面对新兴的知识经济的挑战，江泽民同志一再强调创新的重要性和增强国家创新能力的紧迫性。1995年，在全国科学技术大会上，江泽民同志就指出："创新是一个民族进步的灵魂，是一个国家兴旺发达的不竭动力。"1998年，江泽民同志在庆祝北京大学建校一百周年大会上的讲话就指出了，全党和全社会要高度重视知识创新和人才对经济发展和社会发展的重要作用，大学理所应当成为科教兴国的强大生力军，教育应该与经济和社会发展紧密结合，这是面向21世纪教育改革和发展的方向。创新的关键在于人才，而人才的发展最重要的依托就是教育。为全面落实江泽民同志关于创新的系列讲话和指示精神，1998年，中央教育科学研究所提出了"创新教育"的理念，并且将大、中、小学校和20多个省市的教育研究机构联合起来，一起开展有关创新创业教育的实验和研究，有力地推动了教育的改革。1999年下半年以后，"创新教育"的概念开始在全国主要报刊广泛应用。

二、创业教育的由来

1989年，澳大利亚未来委员会主席埃利雅德博士在"面向21世纪教育国际研讨会"上重点并且详细地介绍了柯林·博尔有关三张教育"通行证"的思想。三张教育"通行证"的思想是柯林·博尔在《创造一种开创性的文化：对教育培训的挑战》这篇报告中提出的新的概念，他认为学习的第一张通行证是"学术资历"，学习的第二张通行证是"职业技能"，最重要的学习的第三张通行证是"事业心和开拓技能"。三张教育"通行证"思想写进了会议文件——《学会关心：21世纪的教育——圆桌会议报告》。在此报告中将"enterprise education"翻译成"事业心和开拓技能教育"。中国学者彭钢在他的文章中提到第三张通行证时，特地加上了注释，他标明"'事业心和开拓技能教育'，就是英文的'enterprise education'，而我们将其翻译成创业教育"。20世纪80年代末到90年代初的中国最流行的学术话语就是"学习的第三张通行证——事业心和开拓技能”。为了成功获得这张“通行证”就必须进行“事业心和开拓技能教育”（enterprise education），这也是后来所说的“创业教育”。

三、创新创业教育的由来

（一）国外的创新创业教育的发展历程

创业教育盛行于发达国家，美国社会最为重视创新创业教育，已有60多年的历史。20世纪70年代以来，国际经济形势发生了翻天覆地的变化，赋予了高校教育更重的使命，高校更要做到在全社会传播创新创业文化、塑造创新创业人才，以适应时代要求。另外，欧洲的很多发达国家也很重视创新创业教育，并在不同的方面和视角对其进行了积极的探索与应用，至今已取得了积极的成果，建立了比较完善的教育体系。

综合发达国家的创新创业教育发展现状，具有四个鲜明的特点：

（1）发展较早。20世纪早期，创新创业教育在国外就以初现端倪。1919年美国率先在高校中开办创业类教育课程。1947年，哈佛商学院正式开设“新创业管理”课程。德国也在20世纪50年开创了影响力最高的创业实践教学方法——“模拟公司”。

（2）健全的学科体系。国外几十年的创新创业教育发展已然形成了相对完整的学科体系。百森商学院作为享誉全球的创新创业管理教育及研究学府，课程设置极具特色，以培养学生的创新、创业意识为主。

（3）优秀的师资队伍。教师是学生获取新思想与新知识的重要渠道，只有优质的师资队伍才能从根本上确保创新创业教育的成功实施。美国在创新创业教育方面取得成功的很大原因是其拥有一支理论知识丰富、实践经验老练的专兼职教师队伍。

（4）创新创业的教育氛围与社会风气较好。国家层面采取政策措施鼓励创新创业教育，如印度和日本等国加强法律法规建设；法国实行“青年挑战计划”；德国的“独立精神”计划等，鼓励大学生创业。学校层面上，美国的奥斯汀德州大学于1983年率先举行首届大学生创业大赛，吸引大学生的关注与参与。

通过国外创新创业教育相关文献的检索与整理，我们发现学者主要侧重于对创新创业教育的社会影响研究、责任监督方式研究以及教师教育保障方面的研究等。首先，创新创业教育的社会影响研究。国外教育看重的是学生个人价值和社会价值的共同实现，追逐人与社会的协调发展，强调二者的和谐统一。还有，教育的场地随性而多元，冲破了学校的局限，还包括社会大课堂潜移默化的号召引领作用。从社区传播榜样的建设到社会实践活动的举

办，都无不在渗透这一教育理念，从各个渠道来培养大学生的创新意识和创业能力，在理论和实践中强调二者的知行统一。其次，创新创业教育的责任监督手段研究。任何一个系统的有效运行都要求各个主体，各个环节之间相互配合，合理协调。而要想发挥出各个责任主体最大的功能和效用，都需要责任监督建设。国外的创新创业教育强调国家政策干预、政府监管责任、家庭、学校、社区、企业以及政党、媒体等组织和机构的共同责任和合力作用，全社会为创新创业教育的良性发展负起监管与推动的责任和义务。最后，创新创业教育中教师教育保障研究。师资队伍的建设一直以来都是国外创新创业教育的重点，注重教师的品质和能力，从源头上确保教育的质量。具体的表现为：教师准入门槛高，如在德国，报考大学教育系的学生必须获得完全中学的高中毕业证书；师范生管理严格，并实行淘汰制；学期时间长，看重专业化知识积累，如德国3年的理论学习和2年的见习培训学习教育；教学实践能力培养与真实的课堂情境的有机配合，从实践中来到实践中去，实现理论与实践的优势互补、相得益彰；教师资格证书颁发制度和教师教育专业标准评估体系十分严格，如英国在2002年颁发的《英国合格教师专业标准与教师职前培训要求》等。

（二）国内的创新创业教育的发展历程

创新创业教育一词在最开始的时候只是创新教育与创业教育的合称，并不能称之为一个完整的概念。在我国20世纪90年代，“创新教育”思想才开始出现在大家的视线内，创业教育研究几乎与创新教育研究并驾齐驱，同时兴起。大家一般将1997年清华大学举办的“创业计划大赛”看作是中国高校实施创新创业教育的先例。柳翠钦和王茹（2001）发表的《加强创新创业教育提高劳动者的素质》一文首次明确地提出“创新创业教育”一词。

教育部、高等教育学会等自“十五”计划以来，十分看重在我国实施创新创业教育的前景，并多次组织召开相关研讨会，明确创新创业教育的内涵，讨论构建高校创新创业教育体系的措施、创新创业教育课程的设置，编写创新创业教育教材，以及处理制约我国创新创业教育发展的主要因素等重大理论问题和实践问题进行过深入地探讨。2010年，教育部召开全国性的“推进高等学校创新创业教育和大学生自主创业工作”视频会议，印发《关于大力推进高等学校创新创业教育和大学生自主创业工作的意见》，这是国内“创新创业教育”概念首次以政府文件的形式出现在公众面前，也可以说是创新创业教育发展的转折点。由此，社会各界开始重视这一新的名词，也使创新创业教育步入了一个崭新的发展阶段。各界人士关注的焦点不再是传统的职业岗位培训、创业实体数量或创业成功分析，而是大学生创新能力、创业意识等心理素质的塑造，实现以创新推动创业、以创业实现创新，相辅相成。2015 年 6 月 2 日，教育部召开的“深化高等学校创新创业教育改革”视频会议，给出了进一步做好高校创新创业教育的关键性指导意见，并把创新创业教育放在下一个阶段高等教育综合改革的重要组成部分。值得肯定的是，政府部门和社会各界人士给予了创新创业教育的高度关注，并在向良性稳健的方向迈进，但是我们还应该看到，创新创业教育不是一蹴而就的，我们任重而道远。高等教育受传统的功利主义价值观的影响积重难返，很多教育工作者和研究人员仍然认为创新创业教育侧重点不同，二者是分离的，创新教育注重的是创新性思维的启发，而创业教育锻炼的是实践能力，二者是思想意识与实践锻炼的不同分工，远没有意识到二者的结合是对学生自我成长和价值发展的共同推动。

国家大力号召创新创业教育也引起了国内学者从不同的角度出发进行各个层次和各个视角的研究，得出了不同的结论。刘素杰（2007）在《大学生创业教育课程体系构建的探讨》中提出：高校教育创新的重要板块是大学生创业教育，高校要尊重创业教育课程的设置规律，构想特色突出的课程体系，注重学生创业实践培训，寻求与其他的课程的融合路径，确保课程体系的良性运作，提高创业教育的实际效果。刘海峰、敬春菊（2012）在《多维度视角下大学生创新创业教育》中提出：大学生创新创业教育也应向国外看齐，大学课堂不应是唯一的场地，要形成社会各部门合理分工与良性互动，教育主体要优质、教育资源要丰富、教育环境要良好，从各个角度与各个方位着力开展创新创业教育，以号召更多的大学生投入到创业、创新的浪潮中来。李辉（2013）在《内涵发展视界下的大学生创新创业教育路向》中认为：要集中学校优势资源大力开展高校改革，利用科学发展观的价值引领作用，转变高校由大众式教育到精英式教育的人才培养模式，同时在大学课堂中增加特色明显的课程、充实教育内容、使教学手段更为多样化，教师要做到产学研用相结合，并注重在实践教学中的应用；响应党和国家的政策号召，顺应区域经济发展的社会需求，为国家培养出更优质的创新创业人才，以促进国家创新战略的实现，培育多重知识结构交叉的创新创业型人才。

第四节 高校创新创业教育的现状、问题及原因

一、高校创新创业教育现状

我国的创新创业教育理论研究比起国外来说起步相对较晚，最初是在90年代初期由教育学界集中发起，其中最具有代表性的早期创新创业教育专著当属彭钢1995年出版的《创业教育学》。如果要说到我国高校创新创业教育的发源地，那么应该是清华大学，1997年清华大学开始举办“创业计划大赛”，这个行为在学术界得到了认可，被认为是我国高校创新创业教育的序幕。到了1991年，教育部发布了《面向21世纪教育振兴行动计划》，1月国务院对其进行批转，认为必须要进一步在高校开展创业教育，采取一切措施鼓励和引导教师和学生自主创业。继清华大学推出“创业计划大赛后”，各大高校纷纷实践探索创新创业教育模式，创新创业教育开始在我国风生水起，清华大学、上海交通大学等9所高校在其中脱颖而出，最终被教育部所选中，确定成为创新创业教育试点院校。以这9所创新创业教育试点院校为中心，社会各界开始广泛参与。在1999年，中共中央、国务院发布了《关于深化教育改革全面推荐素质教育的决定》，《决定》中指出：“高等教育要重视培养大学生的创新能力、实践能力和创业精神。”与此同时，江泽民同志同年在全国教育工作的第三次会议上讲话中强调：“要帮助受教育者培养创业意识和创业能力。通过教育部门的努力，培养出越来越多的不同行业的创业者，就可以为社会创造更多的就业机会，对维护社会稳定和繁荣各项事业就会发挥重大作用。”2010年，教育部召开了全国性的“推进高等学校创新创业教育和大学生自主创业工作”视频会议，对相关内容与问题进行深入的探讨，之后又下发了《教育部关于大力推进高等学校创新创业教育和大学生自主创业工作的意见》，这两项重要举措实现了将创业教育融入高校人才培养的体系中去的变革。到了2012年，教育部对于创新创业教育的具体实施有了相应的规范文件，印发了《普通本科学校创业教育教学基本要求（试行）》，在该文件中对普通本科学校创新创业教育的教学目标、教学内容和教学组织等等都做出明确规定。随着创新创业教育的不断发展，中央也给予了高度重视。其中，2014年4月30日有一个重要会议确定了进一步促进高校毕业生就业创业的政策措施，

即李克强总理主持召开的国务院常务会议。李克强总理要求，要进一步加大力度，实施新一轮“大学生创业引领计划”。其中一项新举措是，给予高校毕业生在创办电商企业时，享受小额担保贷款和财政贴息优惠政策。由此可见，关乎创业政策越来越向大学生倾斜。创新创业教育是目前中国教育改革和发展的新领域，自其在我国发展以来，政府和社会各界都给予了高度重视，其发展非常迅速。党的十八大报告也对创新创业教育做出了相应规范，认为创新创业教育应该首先从观念上引导劳动者，逐渐转变传统的就业观念，创业也是就业的一种形式，应该形成多渠道多形式就业的良好氛围，并且提出政府和社会各界要加大对创新创业人才培养的支持力度，以适应社会发展的需要，尤其提到了“鼓励青年成长，支持青年创业”。国家把鼓励创业，支持创业摆在了就业工作的突出位置。

我国的创新创业教育仍然处于起步阶段，受教育理念和教育传统等因素的影响，就目前来看，许多高校仍没有完整的创新创业教育体系。不过，值得欣慰的是，在近些年，创新创业教育在我国高校受重视的程度正日益提高，也有了相当多的研究成果。只是，在创新创业教育与思想政治教育的结合方面，我国现阶段的研究还相对比较缺乏，许多研究注重的仍然仅仅是创业技能方面的课程体系构建、人才培养方式转变等方面的论述，对涉及思想政治教育范畴的内容常常蜻蜓点水的一笔带过，没有更深入研究，也没有深层次地进行讨论，也鲜有结合具体实践、提出可操作的、有效的解决途径的研究。

广义的创业泛指开创新的事业，狭义的创业是指创业者为社会提供产品或服务，进行风险的投资，并获取一定利润的过程。我国大学生就业难的社会现象导致了大学生自主创业模式增多，教育领域的有关专家提出，教育模式应该由就业教育转变成创新创业教育，这样就达到了底抽薪的效果，但在此过程中也出现了两面性：一方面，无穷大地将创新创业教育的增值，从而使它与素质教育、创新教育处于同一标准线上；另一方面缩小了创新创业教育的功能，创新创业教育被人们普遍认为是企业家速成教育，将经济利益视为衡量创业成败的唯一标准。

笔者所理解的大学生创新创业教育，应该通过高校课程体系教学内容、方法的改革以及第二课堂活动不断提高大学生的创业意识、创业精神和创业能力。并将其转化成大学生自身素养，增强学生就业竞争力。创新创业教育中存在着三个直接或间接的目标活动：其一，塑造健全人格，培养高尚的道德节操，培养创新精神，提升创业技能，推进创业实践活动，使一部分毕业生主动热情参与创业之路。其二，一部分大学生具备强烈的创新意识和创业精神，充分做好创业计划，不断积累资源，勤于实践。一旦具备成熟的条件和

机遇，可以不断地尝试创业，从而带动相关人员的发展。其三，使更多的大学生支持创业，时刻背负着祖国和民族赋予的责任感和使命感，以成功企业家为模范，爱岗敬业。不断地在自己的工作岗位上创造事业的辉煌。创新创业教育作为一种新的教育理念，应该将全面发展学说作为理论依据，以人的生存作为最高价值目标，因此创新创业教育并不是鼓励大学生一毕业就立即去自主创业，创新创业教育的终极目标是摆脱贫困，摆脱创造财富的功利层面，使之上升为社会责任感而产生的理性层面和价值高度的追求。

从当前创新创业教育模式来看，有 3 种比较典型的模式：

第一种是以中国人民大学为代表的课堂式创新创业教育方式。主要以提高学生整体能力和素质为侧重点，其特点是强调创新创业教育重在培养学生的创业意识、构建创业所需要的知识结构，完善学生的综合素质，将第一课堂与第二课堂结合起来开展创新创业教育。鼓励学生创造性地投身于各种社会实践活动和社会公益活动中，通过开展创新创业教育讲座，以及各种竞赛、活动等方式，形成了以专业为依托，以项目和社团为组织形式的“创新创业教育”实践群体。

第二种是以北京航空航天大学为代表的实践式创新创业教育方式。主要是以提高学生的创业知识、创业技能为侧重点。其特点是商业化运作，建立大学生创业园，教授学生如何创业，并为学生创业提供资金资助以及咨询服务。学校成立了“创业管理培训学院”，专门负责与学生创业有关的事务，学校还设立万的创业基金，对学生的创业计划书经评估后进行种子期的融资。

第三种是以上海交通大学为代表的综合式创新创业教育方式。一方面以创新教育作为创新创业教育的基础，在专业知识的传授过程中注重学生基本素质的培养；另一方面为学生提供创业所需资金和必要的技术咨询。学校投入建立了若干个实验中心和创新基地，全天候向全校各专业学生开放，以培养学生的动手能力。

为进一步营造良好的创新创业教育环境，提高大学生创业的素质，北京和上海两地率先打破传统的封闭培养模式，实行跨校联合培养模式。上海交通大学、华东理工大学、华东师范大学、东华大学、上海第二医科大学、华东政法学院、上海中医药大学、上海戏剧学院联手试行全日制研究生“跨校选修课程”制度。北京高校成立“教学共同体联盟”，共开设门课程，供各学校学生选修，以期开展校际教学合作活动，拓宽学生的知识面，培养学生的综合素质。

2003 年教育部又召开了创新创业教育试点学校工作会议，进一步推动创新创业教育工作的深入开展。标志着创新创业教育在转变思想观念、改革教

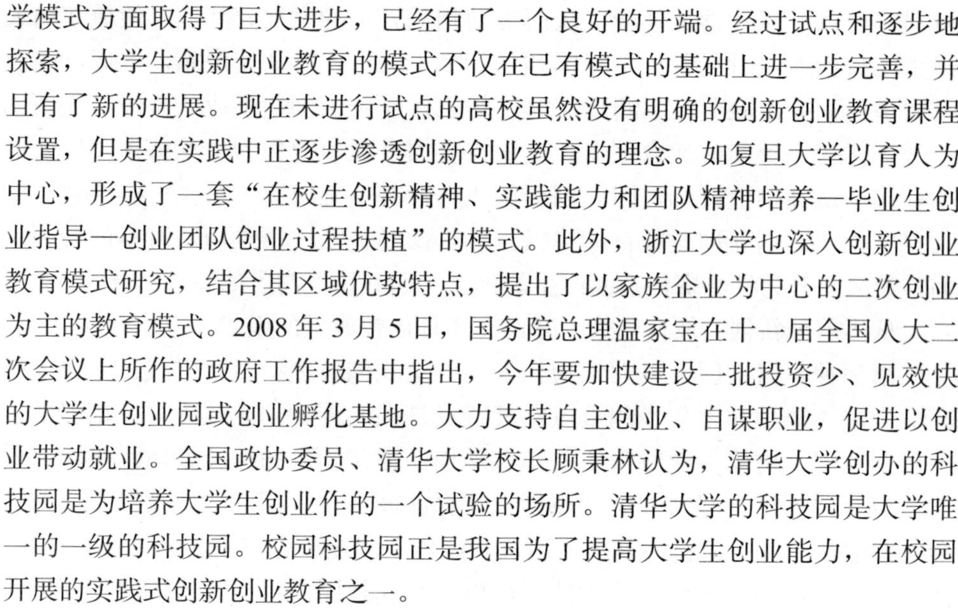

学模式方面取得了巨大进步，已经有了一个良好的开端。经过试点和逐步地探索，大学生创新创业教育的模式不仅在已有模式的基础上进一步完善，并且有了新的进展。现在未进行试点的高校虽然没有明确的创新创业教育课程设置，但是在实践中正逐步渗透创新创业教育的理念。如复旦大学以育人为中心，形成了一套“在校生创新精神、实践能力和团队精神培养—毕业生创业指导—创业团队创业过程扶植”的模式。此外，浙江大学也深入创新创业教育模式研究，结合其区域优势特点，提出了以家族企业为中心的二次创业为主的教育模式。2008 年 3 月 5 日，国务院总理温家宝在十一届全国人大二次会议上所作的政府工作报告中指出，今年要加快建设一批投资少、见效快的大学生创业园或创业孵化基地。大力支持自主创业、自谋职业，促进以创业带动就业。全国政协委员、清华大学校长顾秉林认为，清华大学创办的科技园是为培养大学生创业作的一个试验的场所。清华大学的科技园是大学唯一的一级的科技园。校园科技园正是我国为了提高大学生创业能力，在校园开展的实践式创新创业教育之一。

以上这些大学生创新创业教育的模式都是我国高校在吸收国外创新创业教育经验的基础上，不断地尝试和摸索、总结出来的，并在实施的过程中逐渐地进行完善，这些模式既借鉴了国外创新创业教育的成功之处，同时又具有我国高校创新创业教育自身的特点。

二、当前高校创新创业教育存在的主要问题

自 1998 年实施以来，特别是到了 2002 年 4 月，清华大学等 9 所本科院校从众多高校中脱颖而出，被教育部选为创新创业教育试点，从此我国的高校创新创业教育开始了实践探索时期，实现了重大突破。虽然创新创业教育的发展取得的阶段性的进步，但总体上，在我国，大学生创新创业教育才处于起步阶段，在创新创业教育活动开展方面虽然取得了一些成绩，但是从总体情况看，高校对创新创业教育的重要性认识不足，尚存在不少问题，如创新创业教育的必要性认识不足、重视程度不够、缺乏系统的创新创业教育课程，只是开设一些创新创业教育理论课程，也多为“纸上谈兵”，对于创业实践活动方面较为薄弱，即使有实践，仅仅是开设创业设计竞赛等缺乏完善的大学生创业实践体系。只注重培养大学生的创业技能忽视了创业综合素质在创业实践活动中的作用。

（一）缺乏完善的创新创业教育课程体系

经过十几年的发展，众多高等院校均有意识地开设了一些创新创业教育课程。但是，就目前来说，我国高校仍缺乏完善的创新创业教育课程体系，

创新创业教育课程资源比较贫乏，呈现出课时少内容多的矛盾。有些高校虽然开设了相关课程，但其开设院系的局限性较大，只有少数院系，如商学院、经管学院等开设。创新创业教育课程覆盖率较小，大多数专业的学生并没有很多机会接触这些创新创业教育课程。而且，就已开设的课程来看，课程内容、形式比较零散，大多以讲座形式和相对独立的选修课存在。部分高校甚至完全以第二课堂的形式开展创新创业教育，没有任何相配套的课程，也无法与其他专业课程紧密联系，缺乏系统性、针对性。也有些高校在进行创新创业教育课程设置的时候一刀切。不管是本身具有创业意向的学生，还是那些对创业没有任何意向，甚至连创业的概念都没有的同学都是直接对其开设创业技能等课程，缺乏课程的针对性和完整性。另外，一些后续课程也无法跟上。加之社会的浮躁、急功近利的风气也被扩散到了创新创业教育教学之中，导致很多已有课程也流于形式。很多学生上课只是为了拿到学分，一部分创新创业教育课教师也只是为了完成课程任务，教学目标不明确，没有系统的教学安排。

另外，想要在高校构建完善的创新创业教育课程体系，有一大阻碍不可忽略，那就是创新创业教育理论基础薄弱，理论是实践的基础。开展系统创新创业教育，完备的教材辅助不可或缺。但目前投入使用的创新创业教育教材很多是直接从国外引进的，且大多是“西方舶来品”。西方国家大多是资本主义发达国家，其社会制度、经济现状、教育状况等与中国均有较大差异，因而直接引进的教材缺乏本土适应性，也无法与专业学科课程相融合。

创新创业教育教材也是一个急需解决的问题，教材是教育的基础，没有合适的教材，教育也就难以取得相应的成果。中国青年政治学院副院长王义军教授曾在青年创新创业教育国际研讨会上指出“中国的高校还没有符合国情的本土教材。”清华大学客座教授、创业研究专业赵延忱认为创业之路是由若干过程组成，包括创业目标、创业程序、创业观念、创业方法及应对等，而目前我国高校开设的创业课程，对于有创业想法的大学生来说，作用是有限的。而且目前在高校中零散使用的创业教材大多都是从国外翻译过来，比如《大学生创业基础》是直接从美国引进的版本，尽管教材内容安排设计合理，但并非是适合我国国情和我国大学生需求的。

（二）精英化色彩浓重，普及率较低

当前的高校创新创业教育没有一个确定的专业方向，也未成为一个独立的学科，仍徘徊于高等教育的边缘，尚未融进高校的整体育人体系。虽然，目前大部分高校均已开展创新创业教育，但真正能享受到创新创业教育的仅为一小部分有意向或有能力创办企业的学生。很多大学生只听创新创业教育之名，却不曾真正接受创新创业教育。事实也确实如此，很多高校管理者和教育者对创新创业教育的理解存在狭义化的问题，导致在具体实施过程中形式主义，功利主义盛行，阻碍创新创业教育的健康发展。当前实施创新创业教育的高校众多，但是很多高校仅把创新创业教育的目标仅仅锁定在让学生创办企业上，单纯为准备创业的学生提供创新创业教育，培养他们创办企业的技能。但事实上，在步入校园之初就准备创业的学生占高校学生总数的比例是非常小的，其创新创业教育的受众也就大大减小了。这种只为少数学生服务的精英化创新创业教育，将大多数学生排斥在外，影响了整个创新创业教育的覆盖率，从而影响创新创业教育实施效果的发挥。

目前我国高校创新创业教育的师资力量较为薄弱。首先，创新创业教育的师资数量明显不足，不能满足高校中创新创业教育教学的需要；其次，创新创业教育实践性较强，这就对教师的要求很高，不仅要有理论知识，更需要有创新创业的实践经验。高校目前开展创新创业教育教学工作的教师一般有两类：一类是从事企业管理专业教学的教师；另一类是就业工作指导教师。其都没有创新创业的实战经验，依靠理论指导。从国外的情况看，“在英国从事创新创业教育教师中，21% 是兼职教师，98% 的教师有过创新创业管理经验，70% 的教师曾经创办过自己的企业”。这些老师既做教学也做科研，对学生的创新创业教育不仅提供了理论基础更提供了经验介绍。

（三）创新创业教育模式缺乏官产学研合作

现有创新创业教育模式主要依托简单的创业课程、创业讲座等传统方式，以校园理论教育为主。而学校相对整个社会来说是一个较为封闭、简单的环境系统，在这样的教育环境下，如果不借助更为有利的外部环境，难以使学生获得较为真切的体验，教学效果大打折扣。近几年，官产学研创新创业教育的相关理论研究正如火如荼地进行着。已有学者提出高效率的创新创业教育模式应充分利用政府、企业、学校和科学研究单位在环境、资源以及人才培养等方面各自具有的优势，形成官产学研融合的整合模式。我国创新创业教育历史短暂，官产学研合作的创新创业教育历史更是短之又短，基本处于起步阶段。总体上，创新创业教育的官产学研联合模式缺乏理论研究，实践经验更是贫瘠。

（四）大学生创业的政策和体制环境不成熟

说到大学生创业环境，就我国现阶段国情而言，它缺乏一个良好的社会环境和一个有利的社会条件。第一，目前的企业难给以足够的创业空间和技术支持于学生创业，导致诸多有创业热情的高校学生由于缺少资金和技术而不得不选择放弃创业。第二，法律法规的不健全，在大学生创业方面，政府

和社会机构的支持力度不够，支持性政策不多，而相对的政策机制并不完善，大学生创业需要法律法规鼓励支持，需要它们保护创业者权益。它需要学校、教育行政部门的联合行动，更需要社会大环境的支持，形成一种合力，营造一个的良好的创业氛围和创业平台。

另外，对大学生创新创业教育的认识不够深入，开展工作只停留在表面上。这也是一个关键的问题所在，创新创业教育的探索成为我国高等教育逐渐深化的必然趋势和重要标志，使之成为一种深层的根本性教育体制，而并不是只停留在表面的教育环节；根据我国教育情况了解到，部分高校领导、就业主管部门对开展创新创业教育认识比较片面，存在缺乏主动性、意志力不坚定等误区，有着一种以偏概全的思想，认为开展创新创业教育完全是因为大学生就业困难，仅仅是为了提高毕业生就业率，这才需要激励大学生创业，并没有把创新创业教育作为系统性的教育、教学工程。虽然我国政府现在一直积极鼓励学生自主创业，各大高校也正在积极实施创新创业教育。但相对发达国家来说，我国大学生创新创业教育起步较晚，尽管目前已取得了一些成绩，但比较他们而言，我们还是处于落后状态，再加上大学生创业成功率低，失败率高。这就明显地反映出高校在创新创业教育的模式中出现了很多问题。这些问题主要表现在两个方面：

1. 创新创业教育流于形式

在我国现阶段基本国情的影响下，国家对教育资源的投入相对而言是较少的，尽管大部分高校开展了创新创业教育工作，但都没能达到预期目标，不足以形成系统的、科学的体系。再就是任课老师他们本身对生产、营销、经营等方面的实践缺乏了解，只能从理论上进行阐述，所以导致教育效果不尽如人意。据调查，大学生有创业意识的不足而实际创业的，包括在校创业和毕业后创业的比例不到。但作为真正创业的大学生来说，他们的自身素质没有达到至高的境界，从而制约着他们自主创业的步伐，由于我国国内长期的应试教育中导致大学生对理财技能、沟通技能和风险意识相对陌生。因此许多大学生之所以选择自主创业，是由于在就业压力下的被迫举动，这是一种十分消极的应对举措，从而导致了创业者的盲目性和冲动性。

2. 缺乏创业意识，创业文化氛围不浓厚

在没有创业客观环境的前提下，大学生的创业想法不会凭空而生，从而，校园文化的教育作用就会对大学生创业意识的产生起到潜移默化的影响。传统的教育思想是传授学生理论知识和技能学习，使学生能适应社会岗位的需要，在这种教育观念的影响下，学生的创业意识是很难被激发起来的。与此同时，创业的本身也是一种高危行业，它不仅仅体现在物资金钱方面，更体现在精神意志方面。物资金钱方面可以通过各种途径解决，但敢于冒险挑战、勇敢面对失败的精神的确是当代大学生所欠缺的，特别是大学里的安逸生活助长了人的惰性，这是别人无法替代你去解决的。再加之，就业和创业之间本身也存在一定的矛盾问题，各高校都具备了自己的就业职能部门，为了提高就业率，学校和老师快速地通过各种途径，将学生们的就业问题解决好，这样的情况下，大学生们并没有真正意识到就业压力的巨大和社会竞争的残酷性。这方面的就业方式从某种程度上来衡量是好的，但是它也使大学生缺少敢闯敢拼、勇于面对失败、淡然面对竞争的精神力量，从而也间接导致了大学生创业意识不强，创业激情转瞬即逝的状态。另外，我国历久的传统观念在一定程度上也影响着大学生自主创业。一方面，家长的支持力度不够，第二方面，校园创业文化氛围不够浓厚，没有营造好的社会舆论导向，学校日常的教育也没有经常给大学生灌输自主创业的思想，从而没有良好的创业文化环境。

（五）思想政治教育未能有效地介入到创新创业教育中

共青团中央书记处书记卢雍政在出席“创新创业教育年会暨第二届大学生创新创业教育论坛”时指出“大学生就业创新创业教育的本质是实践教育，主要内容是观念引导、技能培养，基本方法是实现学校第二课堂与社会的有效对接，是一种专业化、系统化、社会化的开放的素质教育形式。”大学生创新创业教育是一种生存教育、发展教育。而思想政治教育是培养意识形态的教育。虽然两者从内涵方面存在着区别，但是从根本目的来看，都是为了实现大学生的全面发展。大学生创新创业教育不仅包括创业理论、实践能力的教育，同时还包括培养大学生创业意识、创业动机、创业品质等一系列创业素质。

目前很多人说到创新创业教育就是认为要培养大学生的创业能力。比如说教会学生如何到工商部门注册，如何申请国家发放的贷款，一些创业技能和基本的法律常识。但是培养学生的创业意识方面还很薄弱。美国是较早进行创新创业教育的国家，其创新创业教育贯穿小学、初中、高中、大学阶段，培养学生的创业意识。在日本，小学就有“早起会”教导小学生们早起，利于上学前几个小时勤工俭学，给人送餐饮、牛奶、报纸。这培养了学生从小就养成创业所需的意识和意志。

由于我国创新创业教育还处于初级阶段，人们对创新创业教育的理解还不够。受传统观念影响，在我国有一部分学生和家长对创业的认识不足，认为进入大学就是为了拿文凭，毕业后有个稳定的工作。一些人认为创新创业教育就是教学生如何开办公司，其实这种认识是较为偏颇的，创新创业教育

主要还是培养学生的创新思维、创造精神、创业意识和创业能力等多方面的内容。对于一部分尚未创业的大学生来说创业是找不到工作之后的无奈之举。把创业当作为解决就业问题的办法。而对于一些已经创业的由于社会经验有限，在他们刚开始创业时常常会盲目乐观，而对于创业过程中可能遇到的问题和失败没有充足的认识，而一旦受挫，许多创业者会茫然、沮丧。不能承受挫折和失败，缺乏艰苦奋斗精神。正是由于这些对创新创业教育的理念认识不到位，导致创新创业教育开展受阻。

综上所述，对于大学生思想政治教育是当下迫在眉睫的事情，我国大学生创新创业教育的严重不足，在很大程度上，即是思想政治教育的欠缺。因此，我们只有坚持大学生创新创业教育与思想政治教育相结合，才能更好地促进大学生创新创业教育。

三、高校创新创业教育存在问题的原因分析

（一）高校管理者、家庭与社会的传统创新创业教育理念影响

当前高校创新创业教育不理想是由多方面原因造成的。一方面，在自然经济和计划经济的历史束缚下，众多大学生受官本位、求稳、怕风险等陈旧观念影响，一味追求稳定、高待遇的就业岗位。例如公务员、事业单位、国有企业等，其岗位的应聘比例一般都是几十比一，甚至几百比一。在这样的择业观影响下，大学生缺乏接受创新创业教育的主动性。但是，根本还在于创新创业教育理念问题。经过长时间的探索，对开展高校创新创业教育依然存在着狭义化的解读，对于高校创新创业教育存在的目的是什么，创新创业教育下培养出来的人才应该具有什么特征等等，一系列的问题尚未明确定位。传统创新创业教育理念是把创新创业教育当成培养未来企业家的精英化教育，是一种为少数学生服务的狭隘创新创业教育观。在评价创新创业教育成效时，也常常是以创业率、创业成功率作为评价指标。综上，传统创新创业教育观存在功利性、精英化、实务性倾向。

（二）创新创业教育研究不够，游离学科专业教育

目前创新创业教育理论研究重大成果大多还是来源于国外，本土研究成果不明显。目前已有的本土研究很少用到第一手研究数据的，基本以第二手资料为主，拿来主义进行自我理解分析，而很多数据的选择比较单一，行业和领域的局限性较大，无法满足广泛调研的科学性需求。而且，这些研究很少用到问卷调查等定量分析，无法对现实存在的问题进行真实探讨研究，大部分仍是以定向研究和概念性的泛泛讨论为主，比较空泛，研究成果无法指导创新创业教育实践，意义不大。而且，在目前的研究中可以看到，大多数

是针对大学生创新创业教育的教学过程、相关课程设置等微观方面的研究，人云亦云，成果重复性高，实际运用率低。但是，就目前来看，将创新创业教育与当地经济发展实际相结合进行研究的比较少，也没有关于素质论、基础知识观和学习论等相关理论指导高校创新创业教育的充分研究。

创业所必需的多元化人才，是不被传统教育所欣赏的。当前，高校创新创业教育尚未融入高校教育体系，大多以一些零散的创业相关课程或一些创业讲座和创业计划大赛存在于高校中，与专业教育脱节严重。具体来说，首先，目前开设创业课程的专业很少，即使一些已经开设创业课程的专业也没有进行系统的课程教学，针对性不强，而且缺乏实际操作性。其次，当前很多高校的创新创业教育是与专业教育完全脱节的，无法满足创新创业型人才培养的需要，大多仅仅以一般的初始商业模式存在于高校中。即使少数高校在创新创业教育中增加了相关理论的学习内容，但也主要进行是创业技巧和技能的传授，始终无法与专业教育形成真正的合力，学生无法充分发挥自身专业的优势。

（三）传统创新创业教育模式的阻碍

自 21 世纪以来，为促进创新创业教育的健康有序可持续发展，各大高校纷纷从教育思想观念、教学方式与手段、教学内容等方面出发，进行创业模式改革创新的探索，并取得了一定的成绩。但是，这些探索仍未触及教育改革的本质，传统教育模式仍然是高校教育改革的一大阻碍。虽然，近几年素质教育逐渐被教育界及社会各界所认可，国家政府也出台了相应的政策倡导素质教育，但是就目前来说素质教育的推广是有难度的，传统的应试教育依然占据主导地位。在应试教育的长期影响下，学生成了知识的被动接受者，应对考试的机器，思维僵化，缺乏想象力和独立思考能力，面对问题无法独立应对与解决，创造性严重缺失，而创造性的培养正是高校教育中极其重要的一个环节。而且，传统的教育模式无法让大学生意识到生活道路是多种多样的，选择也是非常宽广的。传统应试教育的价值观将学生限定在单一的所谓成功之路的追求之上，如一切顺利地在那一条公认成功之路上走向成功尚可，但是一旦遇到挫折往往缺乏面对困难的坦然心态，缺乏灵活应对困难的生活策略和对远景的基本预测能力。而且，在传统教育封闭的教育模式中，教师是课堂的主角，学生只是被动的知识接受者，主次颠倒，师生之间缺乏互动，导致学生积极性丧失，缺乏主动性。传统的课堂教学使学生缺乏实践的机会，无法将知识灵活运用，只能成为考试的精密机器，而无法成为社会需要的创新型人才。在传统高校教育模式的影响下开展的创新创业教育模式同样有应试教育的影子，缺乏实践性与开放性，大多局限于理论教育和校内教育。在传统应试教育的大背景下，传统的创新创业教育模式与管理方式也无法满足社会对创新创业人才的需要，从而阻碍高校创新创业教育的健康有序发展。以上这些现象都严重阻碍了创新创业教育的顺利开展。

要根本解决创新创业教育存在的问题，高校必须从改革创新创业教育模式开始，与政府部门和社会各界共同努力，逐步改善现有的创新创业教育管理模式。整个创新创业教育应该是一个长期而完整的过程，在这个过程中，需要有一支专门为创新创业教育服务的高效优质队伍，对整个创业活动进行咨询、调查等全方位的服务，而这支队伍的创建需要各部门共同合作。在准备期、起始阶段、中期阶段，这支高效优质队伍要分别为创新创业教育的受教育者提供思想观念与能力素养的培训，资金、政策保障，给予教育与培训支持，指导他们健康发展。

（四）创新创业教育过程中缺乏思想政治教育的有效融入

当前高校进行的思想政治教育，其教育内容比较宽泛与传统，对具体问题的针对性不强，而且，近年来思想政治教育逐渐不被高校管理者所重视，其实施缺乏保障，从而使创新创业教育对高校创新创业教育的优化工作效果不明显，无法真正有效融入高校创新创业教育中去。

当前高校思想政治教育的工作者还未能准确掌握大学生的创业心理，因此在实施思想政治教育时不能根据其创业心理和创业意向进行引导，这样没有针对性的教育无法有效鼓励大学生形成创业动机，也无法帮助大学生增强社会责任感，明确创业动机。另外，高校思想政治教育缺乏针对性还表现在没有对大学生求安稳，缺乏创业精神的现状进行深入分析。影响大学生职业选择的因素是多种多样的，但是，近年来，特别是高校扩招以来，大学生就业难的问题日益突出，导致其不再以自身爱好或理想作为择业的标准，而是普遍希望能顺利找到一份稳定的工作，不愿承受过多的压力。高校思想政治教育作为大学生职场生涯规划的重要载体，却没有对这个现象进行深入分析，挖掘出其缺乏创业精神，无法抵抗压力的根本原因，因而无法有效开展教育活动。再次，由于高校思想政治教育的宣传工作没有做到位，没有全方位的宣传政府相关创业政策，在校大学生本身就处于一个相对封闭的环境中，无法即使了解到创业政策，从而失去了创业的根本导向。最后，当前高校的思想政治教育工作没有在实地调研的基础上开展，实行统一的教育形式和内容，忽视了不同年级、不同专业、不同心理的不同需要，导致在校大学生对其教育本身缺乏兴趣，积极性不高，缺乏教育工作的实际有效性。

近年来思想政治教育逐渐不被高校管理者所重视，其实施缺乏保障，很多高校管理者重视理论教育而忽视实践教育。另外，目前，虽然中央和地方都相继出台了相应政策鼓励和引导大学生创业，但是在创新创业教育方面缺少鼓励高校开办创新创业教育、创新创业教育中思想政治教育的法律依据。因此，创新创业教育中思想政治教育对大学生的政治、政策教育就难以实施，无法有效优化创新创业教育。其次，由于思想政治教育本身的课程建设存在严重滞后性，无法适应时代的发展需要，而创新创业教育又是时代发展的产物，因此对完善高校创新创业教育内容作用不显著，其无论作为营造创业文化氛围的手段还是作为创业素质、创业精神、创业道德的培养方式，其工作都没有做到位。最后，思想政治教育没有对创新创业教育进行有力的宣传，传统的就业观，例如“考上大学是为了找一份稳定的工作，经商是考不上大学的人不得已的选择，读了几年大学出来还要经商，那读大学干嘛？”仍然深深地根植与人们的思想中。很多大学生在这种观念的影响下无法承受来自创业的压力。

第五节 高校创新创业教育的意义

随着知识经济时代的迅猛发展，国与国之间的竞争更加激烈，拥有人才，尤其是具备创新思维的高素质创业型人才，是提高一个国家国际竞争力的重要因素，是适应知识经济时代发展新要求的必然产物。其中，受过高等教育的青年学子将会是构成这一群体的主要力量。另一方面，高等教育的普遍化发展使得每年毕业的大学生人数不断增长，市场劳动力相对饱和，就业形势十分严峻。推进大学生创新创业教育，是适应社会发展的新需要，同时也为我国社会主义现代化建设事业培养更多的综合素质人才。

一、创新创业教育适应时代的发展

在第一次科技革命后，重工业得到快速发展，一方面科技革命为重工业的发展提供了先进的技术条件；另一方面，科技革命促进社会的进步，社会进步对经济又提出了发展要求，重工业顺势得到快速发展；第三次科技革命后，人类进入信息化社会和知识经济时代，经济上的转型带来了人们意识的改变，开放性的创造性的思维在人们头脑中得以迅速发展。创新创业教育一方面适应了现代化的需要，满足人们新思维的发展，另一方面也是顺应了信息化社会和知识经济发展的趋势。在信息化社会，经济竞争异常激烈，需要更多新鲜的元素能够为国家经济的发展出一份力，创新创业教育可以利用当下社会的有利因素不断挖掘个体潜质来创造更多的经济价值。知识经济时代更注重创新与创意，创新创业教育可以为知识经济社会创造更多具有创新意识与创造能力的新人，带动经济的发展。另外，“各国都非常重视对大学生创业能力和创新意识的培养，美国高等学校大多设有创新创业教育的课程，英国政府则拨专项款用以支持创新创业教育，德国将学生创业率的提高百分比列入校长的考核机制中”。西方发达国家创新创业教育发展日渐成熟，特别是在美国教育中，创新创业教育已经有了自身成熟的教育体系，创新创业教育的发展成为国际教育发展的趋势，我国大力发展创新创业教育也是顺应国际教育发展的时代趋势。

二、创新创业教育适应社会的发展

一方面，随着高等教育的日渐普及，高校毕业生越来越多，“自‘史上最难就业年’2013 年毕业生人数达 699 万人以来，每年毕业生人数还在屡创新高，2015 年毕业生达到 749 万人”，2016 年毕业生人数达到了 765 万人，比 2015 年增长了 16 万人，在就业市场中，某种程度上存在人才供过于求的现象，就业越来越难，就业机会的不足带来了严重的就业问题。创新创业教育改变受教育者传统的就业观念，树立创业意识，通过创业来拉动就业，适应了十八大提出的“以创业带动就业”号召，为解决社会就业问题发挥着举足轻重的作用。另一方面，在当前国与国乃至地区与地区之间的竞争中，人才的竞争很关键。现代化的社会对人才提出了更高的要求，创新创业教育在对受教育者在创业知识与能力提升、创新思维的培养、创业品质与创业心理的塑造方面具有独到的作用，对提高国民素质、优化人才质量具有不容小觑的价值。创新创业教育在缓解社会就业压力的同时，更重要的是提高普通在职人员的素质，更有效益地创造社会价值。

三、有利于我国创新型国家的建设

大力推进高校创新创业教育是高校对我国建设创新型国家战略的主动回应。党的十七大报告中提出，“建设创新型国家，最关键的是要大幅度提高自主创新能力”，在十八大报告中继而又提出要“实施创新驱动发展战略”，建设创新型国家，其中的关键就是拥有人才，拥有具备创新创业精神的人才。进行高校创新创业教育正是为国家培养和输送综合素质过硬的创业型人才的重要途径。它会最大程度的激发和培育学生的创造性思维、创业潜能、创业精神与创业能力，提升大学生的创业综合素质。通过实施高校创新创业教育，为国家培育出具备创造力和实践力的创业人才，促进自主创新能力的提升，进而有利于创新型国家的建设。

四、创新创业教育促进教育自身的发展

传统的应试教育培养出来太多“书呆子”，或者思维封闭、缺乏灵活性的社会就业者，培养出来了太多复制品，输出的人才缺乏创造性，为国家和社会创造的价值远低于期望值。另外传统教育下，培养出来的大学生往往面临着“毕业即失业”或者找不到与自己学历相匹配的令自己满意的工作。传统教育越来越受到社会各界的批判，在人们失望的情绪感染下，甚至出现了对教育的质疑。而创新创业教育，以自身的创新性培养出更多具有开创思维和创新能力的人才，提高了教育的价值和在大众心中的地位，牢固了教育在社会中的影响力。2015 年，国务院办公厅发表文件，以改革高校创新创业教育作为综合改革高等教育的突破口，用创新创业教育的改革来促进高等教育的教学改革。另一方面，创新创业教育对受教育者在知识技能、精神品质等方面都提出了要求，实质是要促进受教育者全方位的发展，促进受教育者成为素质全面发展的人才，这就与素质教育不谋而合了。创新创业教育可以说是素质教育的一种特殊形式。另外，创新创业教育是一种新兴门类，进一步丰富了教育领域的学科门类。

五、有利于大学生主动应对严峻的就业形势

大力推进高校创新创业教育是高校主动应对当前强大就业压力、严峻就业形势的表现。我国社会经济发展日益良好，国民素质的提升越来越得到重视，高等教育的普遍化、大众化已经成为我国教育的发展大趋势。随之而来的问题就是大学毕业生人数逐年递增，毕业生总量压力将进一步增大，同时，用人需求结构性矛盾突出，毕业生主动转变就业观念，积极应对就业压力迫在眉睫。

国家中长期教育改革和发展规划纲要（2010—2020 年）》中明确提出：必须加强就业创新创业教育和就业指导服务，要强化创新创业教育，促进以创业带动就业。推进高校的创新创业教育建设，能够激发大学生的自主创业意识，培养他们的创新创造能力，提升他们的创业综合素质；积极转变学生的就业观念，把就业的强大压力转化为创业的强大动力。就此，既充分提高了学生的竞争力，又大大缓解了社会强大的就业压力，缓解了劳动力过于饱和与社会岗位需求不足之间的矛盾，也有利于社会的长期稳定发展与家庭的和谐。

一方面，对于想要走向创业这条道路的受教育者，可以为他们提供一个系统地学习创业知识与培养创业能力的机会，在创新创业教育中，受教育者能够有更多机会去接触与创业有关的丰富的教育资源，有更多机会去感受成

功创业者的熏陶与感染，有更多机会去获得实际的创业实践的机会，这样为受教育者未来的创业活动奠定了丰富而坚实的理论与实践基础。另一方面，对于不适合创业的受教育者而言，创新创业教育可以帮助受教育者树立善于发现、分析和解决问题的能力等等，受教育者在创新创业教育中获得的能力与素养的提升在未来的就业岗位中也会成为雇佣者所看重的。创新创业教育能够挖掘人的潜质，促进人的全面发展，每一个接受创新创业教育的个体都是在接受一个自我完善与发展的过程。

六、有利于高校培养出整体素质过硬的创业型队伍

大力推进高校创新创业教育是改革高校人才培养方式的创新性举措。据我们走访调查了解，越来越多的大学生希望尝试创业，却苦于对创业的了解有限，自身创业能力不足而无法着手。高校创新创业教育能够完善他们的创业知识结构，充分挖掘他们的创业潜能，激发他们的创业意识，培育他们的创业能力与创业素养，使大学生成长为全面发展的、优秀的创业型人才。于大学生而言，过硬的创业素质有助于提高他们自身的竞争力，拓展今后自身发展的可能性；于高校而言，开发和提升学生的创业综合素质，培养出一支具备竞争能力的创业型队伍，将会进一步促进我国创新教育的长足发展。

第六节　大学生创新创业教育模式探究

一、大学生创新创业教育的途径

（一）在学科教育中渗透创新创业教育

各高校在长期的发展过程中已经形成了完整的学科体系门类，每门学科里都蕴涵着丰富的创业素质教育内容，因此，在学科教育中渗透创新创业教育是培养大学生创业素质、提高大学生创业能力的有效途径。在学科教育中渗透创新创业教育，关键在于渗透，即在教学实践中，不打破现有的课程体系进行专门的创新创业教育，而是在现有的课程中挖掘、开发、增强创新创业教育的内容，主要是侧重创业社会知识、专业技能知识、经营管理知识和职业知识等内容的渗透。它一方面能有效地利用课堂资源，拓展学科教育的应用领域，另一方面能节约教育时间，优化教学内容。

（二）进行课程改革，在教育内容上进行延伸与拓宽

对大学生开展创新创业教育，必须把创新创业教育融入学校教育的教学体系，对原有的教学计划进行适当的调整，增设一些创新创业教育课程，并

在原有的相关课程中增加创新创业教育的内容。

首先，在培养学生系统掌握本学科专业知识的基础上开设经济学、管理学、法学、艺术学以及外语、计算机等课程，拓宽学生的知识面，加强大学生的文化底蕴；其次，可以将原来在毕业前进行的就业指导设置为贯穿四年全过程的创业指导课，以必修或限制选修课的形式进行，主要侧重于创业综合知识的传授；再次，加大选修课程的比例，增强课程的选择性与弹性，拓宽学生自主选择的空间，进一步激发学生的学习兴趣，培养大学生的主动精神与创业意识。例如在大学推行辅修制，即在校大学生在完成主修专业学习的同时，可以参加辅修专业的学习。这些专业都应具有较强的针对性，在与学分制相配套的同时，能更好地促进创新创业教育的实施。

（三）加强教师队伍建设

教师是培养创业型人才的主力军，他们不仅可以以自己的创业精神感染学生，成为激励学生创新的榜样，还可以让学生参与到自己的教学和科研活动中，直接培养学生的创业意识和创业能力。因此，高校应通过各种方式进行教师培训，更新教师的知识结构，使教师掌握本学科的最新学术动态和科研成果，并从政策和经费上支持教师的科研活动，使其可以开发出有社会价值或经济价值的科研成果，从而为学校创造财富，为社会做出贡献。高校也可以将科研成果运用于实践，走产业化道路，直接为教师和学生提供创业机会。

同时，高校还可以向全社会敞开大门，吸收有实践经验的企业经营管理人才、经济管理职能部门具有高级职称的专业干部及其他理论知识与实践经验、操作技能和知识应用的优秀人才。只有这样的群体才能更多地激发学生的创新精神，大大提高学生的实战能力和对事物环境、发展的敏感性。

（四）营造浓郁的创业文化氛围

高校可以利用广播、电视、校报、校刊、板报和橱窗等宣传工具，进行创业宣传，使培养创业人才的思想深入人心。高校还要树立勇于创业的榜样，形成崇尚科学、求实创新、勇于进取、乐于创业的校园文化氛围。如校园内张贴各种标语口号和指示性标志等都可以表现出学校的创新奋斗精神以及朝气蓬勃的精神风貌，从而激发广大师生的自豪感、自尊感和创业精神。

（五）重视开展创业实践活动

创新创业教育是实践性很强的教育活动，通过以学生自主性活动为主的实践，可以强化大学生的创业意识，提高创业者的综合素质。

1. 把课堂教学和课外实践活动结合起来

引导大学生积极参加科研和各种专业竞赛活动，是锻炼和提高大学生创业能力、科研能力、协调合作能力的创新创业教育实践活动。因此，大学生

既要加强教学计划内的实践环节，如科研实验、专业实习等，还要加强教学计划外的实践活动，如专业技能竞赛、各类型的文化指导服务等；课外实践活动不仅要在校园内进行，还要走向社会、服务社会，这样既做到了解民之忧，又锻炼了自己的业务能力。

2. 开展创业大赛

这种创业活动目前已在全国范围内广泛展开，正逐渐趋于完善和成熟。湖南省各高校已形成各种完备的配套措施，使创业计划大赛成为培养学生创业精神和创业能力的一个重要课堂，并贯穿在整个教学过程之中。

3. 开展多种形式的创业实践活动

学生都可以接受创新创业教育，因此，学校要开展多种形式的创业实践活动，比如一种社团或沙龙的组织与管理、一次公共活动的设计与组织、一种刊物或报纸的策划与创意、一种解决问题的方法或路径的构想、一个科研或学术研究的立项起草与申请、一种法律或金融实践的模拟等。

4. 考察参观企业

高校可以社会实践为纽带，组织学生考察企业的经历和经营状况，让他们在现实的社会生活中明白创业的艰辛、感受艰苦奋斗的精神、分享创业成功的喜悦。

（六）为学生搭建创业平台

1. 走产、学、研相结合之路

具有创新精神并不等于一定能独立创业成功。不少大学生创业失败，并非因为他们缺乏创业的意识与技能，而是因为他们在成果转化及产品开发方面的经验不足，这与学校教育的封闭性有很大的关系。因此，高校应当把大学教育与科学研究、产业发展紧密结合起来，真正实现产、学、研一体化；应当为大学多重社会功能的实现创造条件，为大学生提前开始实质性创业搭建平台。如近年来长沙理工大学城南学院积极探索专业加实践合作的“顶岗”教育模式，学生学习五个学期的理论知识，两个学期的专业实践，一个学期的毕业设计。学生经过两个学期的学习和训练，直接“顶岗”以工作者的身份进入企业各部门，这样大大提高了学生解决问题的能力。

2. 为学生提供独立演练的机会

各高校已相继成立了高科技园区，高校应当重视并鼓励部分大学生进园创业，这是在创业计划大赛的基础上进行的、更高层次的创业活动。在进园创业的过程中，学生固然应有敢想敢闯和勇于承担风险的思想准备，而学校更应倡导一种鼓励创新、允许失败的宽松氛围，为学生大胆创业提供良好的文化氛围、积极的政策导向和有力的服务保障，以解决学生的后顾之忧。当然，要把大学生创业的理论阶段推进到实践阶段，还需要相关政策法规的支撑。另外，政府还应在知识产权分配制度、税收优惠与公平税赋、企业技术创新、投资和融资以及文化环境等一系列问题上排除障碍，这样才能使大学生的创业活动最终从书本走向社会、从理论走向实践。

创新创业教育理念是“培养创业素质为根本价值取向”的一种教育理念，创新创业教育在整个过程中，我们应该始终贯穿于课堂教学和联系实践，在理论联系实践中，我们要以教学内容为根本，在教学的方法和形式上做一些创新和改革，让学生们不仅仅是学习书本上的硬内容，还有实践中的软内容，在课程、内容、方法上使它们融会贯通，多参加实践活动，以此来不断提高他们的整体素质，从而达到增强他们的创新创业精神，提升他们的创业能力和意识，丰富学生的创业知识。但必须强调的是，专业教育始终是高校创新创业教育开展的主流，所以我们必须要将创新创业教育与思想政治教育相结合的有关内容渗透到高校专业教育的课程内容中去，它在课程计划上不变，而且在这个前提下还要加入思想政治教育的相关内容。只有通过这种渗透方式，才能使大学生的创业素质在潜移默化中得到提升。要想创新创业教育取得较好的成果，只有让它顺利开展才能达到预期效果，这就必须把思想政治教育的开展贯穿到高等教育中去，而且始终并同时不断的渗透在创新创业教育中，坚持下去才会成功。

二、大学生创新创业教育的方法

在影响大学生创业的思想和行为的过程中，必须采用适合的方法手段、利用相应的工具，实施对应的程序，这是思想政治教育落实具体的必要元素用于教育目的。开展大学生创新创业教育的方法主要有以下九种：

（一）宣传激励法

思想政治教育的宣传激励原则是：以晓之以情、动之以理的观念来说服学生，而不是强迫学生；以表扬的方式来鼓励学生，而不是对学生批评不屑；要真的用心为同学们服务，而不是用完成任务来误导学生。在创新创业教育的过程中，宣传其实就是一个精神上潜移默化的过程，它的载体元素多元化，其中包括：校园广播、报纸、校园网、校园有线电视、校园内的公告板等。在大学校园广播具有广泛的影响，在那里可以设立的互动式创新创业教育，从实际情况出发，打开学生的真实想法，做一些针对性较强的大学生创业专题报道；你也可以通过网络宣传创新创业教育，建立一个创业专题论坛，吸引周围的同学讨论的创业系列问题；开通微博，增加创业者的眼界，通过所有这些方式扩大平台，以提高思想政治教育指导大学生创新创业教育。

（二）典型教育法

典型的意思是同类事物中最具有代表性的东西。在大学生创新创业教育中，典型教育法是指创新创业教育的典型教育，通过发现典型然后总结推广其先进的经营模式，让大家看到榜样的先锋事迹，感受到正能量的光芒，发挥其示范和指导作用，促使学生思想转变，精神敬仰和模仿行为，从而内化为自身素质。与此同时，也应当拿出一些反面教材来警示，把创业失败和误入歧途的某些例子作为一个典型的反面教材，以提醒学生，让学生学会如何避免它。在创新创业教育的思想政治教育上，再结合典型的教育方法，虽然大多是正面宣传和先进的商业模式，但也不能忽视负面影响和典型的警告。

（三）咨询服务法

利用咨询服务，是指给那些创业相关咨询服务的专业教育，让学生充分了解创业的意义，在咨询过程中的思想政治教育渗透法很重要，目前的形势中，看面临创业的毕业高校生、大小企业家等，他们没有几个能真正了解创业步骤的，特别是大学生创业的几个明确的国家政策，了解的人寥寥无几，正因为如此，创业咨询服务应运而生，在这个服务过程中，我们不仅仅是注意个体而有针对性地对个别学生服务，还要顾全大局渗透思想政治教育的内容，两者融合才可以产生良好的效果。

（四）团队实践法

创新创业教育过程中，利用团队法“通过小组学习的启发，发展集团学习”最早是由彼得圣吉在第五项修炼学习型组织的《艺术与实务》一书中提出的，是指由学习协调组发挥内在功能的方式，达到了强大的整体运作能量，这是一个很好的过程。在大学生创新创业教育，思想政治教育组采用的做法是学生组的形式，在这个社会有顽强的创业精神，让企业家相互学习和完善自己，在丰富的实践中提升自己，从而提高创业品质获得创业成功的方式。在我国，大学毕业生的就业难已经成为大家瞩目关注的问题，这个问题并不只在我国存在，它也将成为一个世界共同关注的问题，这么多的高校毕业生的何去何从，如何解决他们的就业难？已经成为各高校和各国政府的工作重点之一，毕业的出路有很多条，有好有坏，就看毕业生如何选择，而创业即是一个重要的就业方式，大学生自己成功创业的话，不但给社会提供更多的就业机会，让同伴们也有了另一种发展平台，也不会形成社会资源浪费，所以要培养学生们对创新创业教育的重视，它是一条光明大道，能给予美好的生活和较好的生活品质，而创新创业教育不仅仅只是为大学生创业实践指明方向，还有一个重要因素就是创业精神，一个人的思想精神直接影响他的行为，创业精神就能提高大学生的教育和培训的基本素质，当高校大体环境处于一个全面的自由的发展环境，它就对创新创业教育起到了促进作用。在我国的悠久历史中，思想政治教育是我们中国共产党的优良传统，不管在什么时期里，思想政治教育都发挥着极其重要的作用。作为大学生的创新创业教育，思想政治教育更要首当其冲，来充分发挥其功能和优点，更好地为创新创业教育服务，这已成为各大高校的一项重要任务。

（五）辅导员在大学生创新创业教育中的引导性策略

一路陪伴大学生们健康成长的道路上的引路人，是高校辅导员，他们在大学的创新创业教育中起着重要的指导作用，很多学生感悟自己从学校到社会，承担起自己的社会责任前的最后导师就是辅导员。纵观当下，各种急功近利和无尽的商业欺诈倾向频繁不已，这些现象，形成心理上的阴影。大学生的创业，也给在校的学生产生了负面影响，加上大学生是没有经验的，考虑各方面都不成熟，很容易走向极端。这时，高校辅导员在高校的指导作用就是一剂救命良药。

（六）优化大学生创业文化

大学生创业文化是指一种使学生本身可以产生创业意识和热情的文化，它能提高创业能力和动机，以鼓励和支持创业行为，提供创业潜移默化的行为和氛围的聚集。它执行各种创业活动，创造良好的校园创业文化。开展创新创业教育也需要一定的校园文化，一个良好的企业文化，这样可以影响学生在校园的思想变化，让学生得到更深层次的感染，从而培养出他们的创业精神，培养他们的创业意识，辅导员还可以通过各种工具和渠道促进创业和企业家以个人的各种形式的奖励和表彰，树立创业先锋，通过各种政策和措施，在校园内营造浓厚的创业氛围，建设好创业文化的榜样，鼓励创新创业教育。

（七）开展大学生职业生涯辅导，把创新创业教育工作纳入学生成才体系

在大学的课程中，可采取从入学到毕业，全面实施，根据不同的等级，在不同的层次，有针对性的指导，根据目前的现状和大学生创业的实际工作，来一步一步引导。同时，辅导员也应该与时俱进，树立一个能及时调整的指导理念，以“创业，创新，卓越”为宗旨，以鼓励学生充满激情，释放能量。当然，积极进取是创业大学生的主要优点，而脚踏实地，联系实际情况，以促进学生展现个性，求异创新的同时，也要求其内外并优，整体进步这个过程中，应该注意的是：一些学生通过培训使自己的职业选择发生转变，从被动就业到积极创业。为了鼓励他们创业，要专注于提高创业指导的有效性，不仅要集中培养学生的创新精神，不断创新，也要注重能力的发展，培养学生的创业精神和创新能力，使学生真正体会到创业过程中的自我成长和价值

实现，把创业作为成才的一个途径长期坚持下去。

（八）把握大学生创业思想动态

在创业的过程中，学生应积极贯彻落实创新和创业精神，普及心理健康知识的心理援助方案，以帮助学生缓解就业压力，化解紧张气氛，加强对学生的心理辅导和教育。因为创业之路不是一帆风顺的，会发生各种各样不尽如人意的事，大学生把创业理念融入创业实践中，发展就显得尤为重要。作为思想政治教育的辅导员，还肩负着引导大学生创业方向的任务。校园是一个相对单纯的环境，毕业后直接面对鱼龙混杂的复杂社会，创业的理想和现实的差距，容易使学生误入歧途。因此，辅导员的指导对他们而言就显得尤为重要，事实上，在我国创新创业教育实践中，大学生对辅导员存在着一种强烈的依赖性。一方面，他们对未来的憧憬，既有美好的追求，又有未知的恐惧，在面对一些新的问题，他们就显得措手不及。另一方面，有自己的思想和行为，需要辅导员给予肯定或否定，给他们以信心。这种“肯定和否定”对他们来说是一种心理保护，使他们能够感到放心去拼去取得突破。因此，辅导员要充分发挥这个角色，给大学生创业做一个合格的护航使者。

（九）加强大学生的实践教育和技能培训

在创业实践中，应组织学生到各类就业、创业、培训基地见习；到生产第一线、到基层，访问和考察。鼓励和支持学生们参加社会实践活动，指导学生建立各种求职类社团，以增强学生创业的信心和能力。随着学校和企业合作的加强，学校应建立更稳固的实习基地，为学生创业和发展提供了一个好的平台。让学生有更多的机会进入企业，让学生在企业中体验创业的艰辛，增强创业意识，塑造出良好的创业品质。

第四章 高校思想政治教育和创新创业教育协同育人必要性研究

截至2018年，我国高校的毕业生开创了历史新高，有820万左右。解决大学生的就业问题必须积极推进高校毕业生自主择业和自主创业；指导毕业生到基层就业；持续深化创新创业的指导与服务；加快推动我国高等教育的总体改革等。我们都知道，高校思想政治教育的发展虽然取得了显著的成效，但思想政治教育实效性不强的现状依旧没能得到彻底改变，为顺应我国高等教育改革的发展，创业教育作为一种新趋势，需要借助高校思想政治教育已经取得的成功经验，为其发展提供指引；创业教育自身的实践性教学方法也为提升思想政治教育的实效性增添动力。

第一节 高校思想政治教育与创新创业教育协同育人的必要性

大学生思想政治教育与创新创业教育在本质上有着不可分割的联系，这就为两者的融合提供了基本的前提。思想政治教育是创新创业教育开展过程中的重要一环，而创新创业教育又为思想政治教育的完善提供了新的视角，高校教育中二者的融合具有实施的必要性。

首先，高校思想政治教育是创新创业教育开展过程中的重要一环。思想政治教育一直是高校教育体系的重点，是为国家和社会培养人才的重要途径。思想政治教育的地位可谓举足轻重，它承担着树立学生健康心理素质，唤醒学生精气神的重要责任，如何进一步做好大学生思想政治教育，可以说是一座很难跨越的大山，需要高校政治教育工作者付出很大的努力，也因此受到国家和高校的高度重视。而摆在我国高校创新创业教育面前的是起步晚，学生理论水平和实践能力悬殊，创新创业意识不强，学习被动，学校的学科体系不够健全，教师不够专业的实际现状，特殊性发展现状需要思想政治教育的积极介入，通过经验丰富的思想政治教育工作者开拓大学生积极进取、勇

于创新的精神。因此，大学生创新创业教育需要思想政治教育的积极引导。

其次，创新创业教育又为思想政治教育的完善提供了新的视角。2014 年 9 月，李克强总理在夏季达沃斯论坛上明确提出“大众创业、万众创新”的口号，国内瞬时掀起了一股“人人要创业，人人要创新”的新潮流，极大地激发了全民族的创新创业精神，将创新创业作为新常态下推动经济增长的新引擎，努力实现产业优化升级，促进经济提质增效。社会主义市场经济的快速发展和高校教育改革的推动，也使得思想政治教育的传播方式发生了深刻而复杂的变化。传统的仅依靠理论传播的弊端日益凸显，而创新创业教育的特点正是实践性强、实用性高，二者的融合有助于拓宽思想政治教育的内容，转变传统的思想政治教育方式，提高思想政治教育的实效性。

一、适应思想政治教育内容以及目标发展的需要

思想政治教育内容的实质是教育者向教育对象施行教学的详细和具体要素。思想政治教育的内容主要包括世界观、政治观、人生观、法治观和道德观等。其中世界观教育要求我们学会应用辩证唯物主义和历史唯物主义的思维方法分析问题、解决问题，这为创业教育的开展提供正确的思维方式；政治观教育要求我们了解与大学生就业、创业相关的形势政策内容，这为大学生创新创业提供有效的政策支撑；人生观教育要求我们树立远大的理想信念，养成艰苦奋斗的精神品质，这为大学生创业提供信念支撑；法治观教育要求我们遵纪守法，做合格的社会主义法治人，这为创业教育的开展提供法律保障；道德观教育要求我们养成正确的职业道德和社会公德，这为大学生做一个合格的创业者奠定基础。

思想政治教育的根本目的是不断提高人们的思想道德修养和素质，以促进人的自由全面发展为终极目标。其根本方法是用马列主义、毛泽东思想、邓小平理论和“三个代表”以及科学发展观教育广大人民群众，目的是培养出有理想、有道德、有文化、有纪律的四有社会主义新人。大学生创业教育的开展，为完成“四有”新人的建设提供坚实的实践动力。

二、高校思想政治教育与创新创业教育协同育人有机结合是顺应时代发展潮流的需要

目前中国社会处于转型期，种种复杂的矛盾和机遇互相交错、并存。一方面我们应该看到良好的机遇。首先，伴随着社会主义市场经济的发展，特别是党的十八届三中全会提出“市场在资源配置中起决定性作用”这一重大决定，更加突出了市场的自由化和自主化趋势，同时，国家大力支持、鼓励

大学生创业这一新时代背景下，大学生的就业观念和创业态度发生了很大的变化，许多高校大学生愿意自觉投身到自主创业的行列中。其次，从当今世界经济发展的情况来看，我们正处于知识经济的时代，高科技技术产业迅猛发展，为科技人员创业提供更为广阔的市场机遇。并且，随着我国改革开放的进一步深化，经济发展方式的转变，产业结构的调整，也为大学生提供了一个良好的市场机会。最后，随着当前经济社会和教育事业的发展，我国高校高等教育的改革已经进入“深水区”，国家大力提倡的“大众创业，万众创新”“以创业也带动就业”等政策，一定程度影响着我国高校大学生人才培养模式转变。

但是，时代飞速发展的背后，在大量西方不良文化思潮和价值观念的冲击下，当代大学生的心理素质，思想道德品质、法治意识以及个性等都随之发生很大变化，比如，部分学生不注重社会价值和个人的理想，单纯追求经济收入的增加，缺乏长远的眼光和大局意识，没有脚踏实地，而是急功近利，诚信意识淡化甚至缺失、社会责任感缺失以及缺乏艰苦奋斗的精神等等，这种价值取向必将导致个人主义、享乐主义和拜金主义的出现。因此，提升高校思想政治教育的水平，教育广大学生养成正确的择业观和创业态度至关重要。

三、思想政治教育的实效性探索为创新创业教育的融入提供契机

思想政治教育是一项长期性、系统化的工程，它涉及社会生活的每个方面。其中，实效性，是衡量大学生思想政治教育成效的一个首要尺度和指标，是大学生思想政治教育工作的生命力所在。2004 年 8 月 26 日，中共中央、国务院发表《关于进一步加强和改进大学生思想政治教育的意见》一文指出：“学校思想政治理论课实效性不强，思想政治教育与大学生思想实际结合不紧，少数学校没有把大学生的思想政治教育摆在首位、贯穿于教育教学的全过程。加强和改进大学生思想政治教育是一项极为紧迫的重要任务”。

大学生创新创业教育作为一种崭新的教育模式和理念，其自身的教育实践性和主体性特征，使创业教育在加强大学生思想政治教育实效性上发挥着重大作用。一方面，大学生创业教育培养学生的创业意识和精神，有效引导大学生在创业教育中进行正确的社会主义核心价值观建设，培养大学生的艰苦奋斗，勤俭节约、诚实守信、遵纪守法等品质，促进思想政治教育培养“四有”新人的目标实现；另外，大学生创新创业教育的开展，扎根落实到学生的实际生活中，使大学生更加真实体验社会生活，促进他们在实践中锻炼成才；最后，大学生创新创业教育的开展能更好地丰富思想政治教育的方式、方法。

第二节 高校思想政治教育和创新创业教育的关系研究

利用对比高等院校思想政治教育和创新创业教育的主要内容，我们可以发现二者既有区别，又有共同的方面，两者存在密不可分的联系。高校思想政治教育与创业教育具有共同性，首先，在施教对象方面，高校思想政治教育是培养素质与心理有差异的学生，创新创业教育却是培育差异化创业素质的个体，二者都把不同类型、不同层次以及不同成长环境的大学生作为教育对象。其次，在教育目标方面，二者都是以培养大学生健康的理想信念，正确的价值观，以及大学生综合素质整体发展视为目标。再次，教育内容层面上，高等院校施行思想政治教育，其内容包含了创业教育内容的某些方面，如心理健康教育、艰苦创业方面的教育等。同时，双方的教育形态也存在类似的地方。理论教育以外，双方都在持续探寻具备时代特性的教育形态与载体，强化教育的效率性与针对性，都关注理论、培育、实践方面的整体教育。伴随高等院校思想政治教育的加强和创业教育的发展，二者在共同领域上相互交叉的层面会进一步扩大，并逐渐由渗透走向融合。高等院校思想政治教育和创新创业教育之间的关联是十分紧密的。其思想政治教育是创新创业教育的本质追求，也是其中的核心内容，这些性质都是我国社会主义形态以及高等院校的培育目标而影响形成的。不管是宣传创业政策，教育创业理念，或是指引创业信息，都无法脱离高等院校思想政治教育定位的目标，这样就能够把马克思主义“三观”教育渗透到创业教育当中，落实到创业教育过程中，帮助高等院校的学生形成积极的劳动观与创业观，创新创业教育是高等院校思想政治教育学说和实践的新载体，由于我国高等教育快速发展，价值取向出现多元化趋势，再加上各种思潮的冲击，所以创业教育的开展需要高等院校形成全面的思想政治教育认知并指出全新的思想问题，从而拓展其探索的领域范围，促进高等院校思想政治教育学说与相关实践的全面发展。

一、高校创新创业教育中思想政治教育概述

思想政治教育是指经济上占统治地位的统治阶级运用一定的道德规范和思想观念有计划、有目的地影响被统治阶级，以此使其形成维护统治阶级统治地位理念的社会实践活动。思想政治教育具有阶级属性，反映统治阶级的

意志，属于上层建筑和社会实践两方面的范畴。

（一）高校创新创业教育中思想政治教育的内涵

思想政治教育具有塑造灵魂和信仰的功能，是推动人的自由全面发展实现的有效路径。高校思想政治教育属于高等教育的范畴，贯彻实施思想政治教育，推动思想政治教育进学生头脑，融入其日常生活中，其目的在于提高大学生的思想认识，积极改造自己的主观世界，培养其科学的思维方式和认识世界、改造世界的能力。同时，这也是实现思想政治教育立德树人的必要手段。

思想政治教育服务于统治阶级，具有国家专有性、国家意志性的特点。当前我国高校思想政治教育的内涵包括四个部分：一是思想教育范畴，主要指科学的世界观和方法论等教育；二是政治教育范畴，主要是共产主义理想、政治信仰、路线方向等教育；三是道德教育范畴，主要是道德意识、道德规范和人生观等教育；四是心理教育范畴，主要是心理健康、心理训练和行为习惯等教育。这四方面内容是相互联系、相互作用的统一的有机体。同时，大学生作为一个特殊的群体，高校在开展思想政治教育时，要结合青年大学生自身的特点和规律，创新教育方式。具体可从内外两方面入手：一方面，思想政治教育的内化决定了思想政治教育的核心效果，启示教师和其他教学辅导人员在进行思想政治教学时要通过启发学生，使学生将思想政治教育的教学内容内化为自身的自觉行动，并树立正确的价值规范作为指导自己学习和生活的行为准则。这是思想政治教育结果的第一次飞跃。另一方面，思想政治教育效果的关键取决于思想政治教育的外化，表示学生的价值观念在接受思想政治教育后外化为符合社会发展要求的行为，并养成习惯的过程。“而问题是改变世界，但是哲学家们只是在用不同的方法解释世界”。思想政治教育的外化是提高学生思想和认知的重要步骤，是检验内化结果的标准，代表思想政治教育结果的重要性。

（二）高校创新创业教育中思想政治教育的目标

思想政治教育活动中所蕴含的思想政治教育价值取向和思想政治教育实践预期是思想政治教育目标的实质，是思想政治教育活动出发点和最终归宿，从根本上体现了一定阶级或政治集团的策略选择和利益诉求。在“大众创业，万众创新”的时代洪流中，大学生思想政治教育目标要求大学生的综合能力和综合素质必须要得到全面发展。随着历史的发展，大学生思想政治教育的目标也在不断地被丰富，根据习近平总书记在全国高校思想政治工作会议上的讲话和对教育《国家中长期教育改革和发展规划纲要（2010—2020 年）》的解读，在新的历史时期，大学生思想政治教育的目标是促进大学生的自由全

面发展，核心是解决好“培养什么人”“怎样培养人”“为谁培养人”的问题。因此，在思想政治教育的日常开展中，要坚持以人为本，全面实施素质教育，不断创新教育教学方法，培养大学生勇于探索的创新精神，注重大学生思想道德素质和科学文化素质的协调发展，着力提高大学生善于解决问题的实践能力，帮助大学生树立服务人民、社会、国家的责任意识。

（三）高校创新创业教育中思想政治教育的内容

1. 以理想信念教育为核心，塑造大学生的正确观念

立足于理想信念教育，帮助大学生塑造正确的世界观、人生观、价值观，是加强和改进大学生思想政治教育工作的核心任务之一，事关“培养什么样的人”“怎样培养人”“为谁培养人”这一根本性的问题。随着我国经济体制和社会结构的深刻变化，传统与现代、本土与外来相互影响，社会思潮跌宕起伏。受各种不良社会现象的影响，部分大学生出现了重实际轻理想、重功利轻道德的思想倾向。如何使大学生树立正确的世界观、人生观、价值观，摆脱各种错误思想的侵蚀，是对当前我国大学生理想信念教育的巨大挑战，而解决这个问题的关键就在于要在大学生思想理念中确立崇高的、正确的理想信念，并占据核心地位。理想信念教育核心地位的形成不是自动的，需要靠提升思想政治教育的实效性来实现。同时，由于每一个大学生个体对理想信念的认知与认同是有差异的，因此，理想信念的教育方式既要坚持大众化，也要坚持多元化。

2. 以爱国主义教育为重点，践行社会主义核心价值观

大学生是国家宝贵的人才资源，是中国特色社会主义事业的建设者和接班人，同时也是社会主义道德风尚的重要体现者和传承者。为了达到培养大学生的目的，社会主义核心价值观需要被引入大学生教育活动中去。党的十八以来，建设什么样的国家与社会、培养什么样的公民等重大问题都从社会主义核心价值观中得到了具体的回答，由此可见社会主义核心价值观的重要性。其中所包含的一个重要内容就是“爱国”，因此“爱国主义”教育成为社会主义核心价值观教育的重要途径。“爱国主义”自身有延续性和稳定性的特点，随着时代的变迁不断地与时俱进。将中华民族的历史文化、国家民族正在进行的事业、国家民族正在解决的时代问题等内容结合进爱国主义教育中，是在大学生社会主义核心价值观教育时的关键。在当今形势下，大学生思想政治教育的重点是爱国教育，通过对大学生进行“国家的发展目标与发展道路，中国发展与世界发展，国民形象与国家形象”三方面的关系教育帮助大学生了解爱国主义的内涵，并由此了解社会主义核心价值观的深刻内涵。

3. 以基本道德规范为基础，深入进行大学生道德教育

大学生思想道德水平影响着社会的文明程度，大学生自身发展和完善的客观需要要求其具备较高的道德水平和良好的道德情操，能够自觉地遵守社会道德规范，实现道德自律的目的。大学生正处于世界观、人生观、价值观形成的重要时期，也是形成健全人格和高尚道德情操的关键时期。因此在进行大学生思想政治教育时要以基本道德规范为基础，深入进行道德教育。

要将社会主义核心价值观教育融入大学生的学习和生活中去，指导大学生自觉践行爱国、敬业、诚信、友善的价值观，养成良好的道德素质和文明行为。

要在大学生群体中开展以遵守基本道德规范为主题的道德教育活动，充分发挥思想政治教育课堂的主阵地作用，贯彻教书育人的教育方针。同时，在开展道德教育活动时要结合大学生的文化层次和年龄特点，使大学生在实践中强化道德意识，提高道德水平。

4. 以深入进行素质教育，将实现大学生全面发展作为目标

社会主义高等教育价值观的内涵就是要培养全面发展的大学生。素质教育是实现学生全面发展的重要途径，全面发展中的“发展”，其实质是全面素质的发展。当前，我国高等教育已进入大众化教育阶段，素质教育的内涵也有了新的发展，不仅包括思想道德素质、科学文化素质、心理素质，还包括法律素质、身体健康素质、技能素质等多种素质。

在新时期，大学生全面发展的实现不仅需要提高教育的质量，还必须培养学生的创新精神。在提高教育质量方面，可从高效实施课堂教学、有效开展多元评价等方面着手，同时，也要注重学生创新精神的培养。十八大报告指出要培养学生的创新精神，因此高校必须转变人才培养理念，用创新的教育理念推动素质教育的发展，进而实现青年大学生全面发展的目标。在思想政治教育方面，高校思想政治教育者要注重方式方法，创新工作理念，切实提高大学生思想政治教育的实效性和针对性，在教育载体上有所区分和侧重，突出多样化和差异化。让所有学生都能够成为有用之才，促进其健康成长发展，注重知识、能力和素质的协调发展，这是当前大学生思想政治教育的重要使命。

二、高校思想政治教育中创新创业教育概述

创新创业教育是知识经济时代的产物，契合了时代发展的要求。较传统教育理念相比，创新创业教育是一种新的教育理念，要求受教育者由工作岗位的选择者转变为工作岗位的创造者。因此，基于对传统教育理念的理解，

创新创业教育既突出了创业者创业能力和创业心理素质等方面的重要性，并认为创业素质的培养应渗透到传统教育的各个部分，同时也承认了传统教育在对创业者知识储备和工作技能等方面所具备的基础作用。开展创新创业教育，使高校成为创新型、创业型人才培养的摇篮，有利于高校深化改革的顺利进行，符合“四个全面”战略布局的总体要求。

（一）高校思想政治教育中创新创业教育的内涵

1985 年 11 月联合国在北京召开的“面向 21 世纪教育国际研讨会”上提出了一个全新的教育概念：“事业心和开拓技能教育”，后来被翻译成“创新创业教育”，被称为是与从事学术研究的学术性护照和胜任具体职业岗位的职业性护照同等重要的“第三本教育护照”。其实，创新创业教育可以分为广义的和狭义的。何为广义的创新创业教育？就是对各种各样可以改变人们创业思维、帮助人们把握创业机会以及丰富创业知识和技能的教育活动的总称。主要体现为受教育者打下终身学习的基础。同样的，“帮助个体学习如何把握机会并在此基础上创造出新颖的产品（服务）和实现其潜在价值，实现个体人生追求的各类活动的统称”就是对狭义的创新创业教育的定义。主要包括“求职”和“岗位创造者”两个部分。从创新创业教育的定义看，创新创业教育是素质教育的具体化，是素质教育的重要组成部分。当前，对大学生进行创新创业教育，提高其自身能力，掌握创业方法和途径，进而拓宽学生就业门路，满足经济社会发展需要，是当前我国高校进行创新创业教育的基本目标之一，也是构建国家创新体系的重要措施。

（二）高校思想政治教育中创新创业教育的目标

创新创业教育目标是创业设计者从顶层设计方面需要解决的如何从最基本的方面定义创新创业教育，从何处开始开展创新创业教育的问题。在进行高校创新创业教育的时候，要认清培养创新创业型人才是进行教育的最终目标。本人认为创新创业教育需要解决两个问题：为什么要创业和怎样创业。从大学生发展的层面看，首先要有想创业的愿望，在接受完学校创新创业教育之后，学生就有了创新创业教育方面的感受，而问题的关键在于，受教育者，即大学生如何把所接受的创新创业教育的知识内化为自身的创业素质，进而产生创业行为。鉴于此，创新创业教育的目标可分为三个层次：创业意识的培养、创业知识的内化和创业经验的生成。创业意识的培养是创新创业教育的基本目标，可以促进人才素质的变化，对于青年大学生创业知识和创业能力等方面的提高具有积极作用。创业知识的内化是创新创业教育的核心目标，创业需要有一定的创业知识为基础，因此在对学生进行创新创业教育时不仅要注重公共知识等显性知识的培养，也要不断丰富学生的隐形知识，即意会知识，不能言传、不能系统表达的知识，这是显性知识个人化的结果。创业经验的生成是创新创业教育的根本目标，创新创业教育不仅要为学生提供创业实践的机会，也要积极引导学生对创业知识进行理解，提升创业能力，提高创新创业教育的实效性。

（三）高校思想政治教育中创新创业教育的内容

目标决定内容，创新创业教育目标决定创新创业教育内容。我国高校进行创新创业教育不仅要让学生认清当前社会就业形势，帮助学生客观对待就业问题，而且重在培养学生的创业意识、创业能力和创业心理品质，形成一套多理念融为一体的教育体系，保证创新创业教育目标的实现。

1. 高校大学生创业意识的培养

创业意识的培养是创新创业教育的着力点，其实质是让受教育者善于创业、勇于创业，让“创业是更高层次就业”成为受教育者的潜在意识，即树立创业意识（主要内容包括创业动机、创业需要、创业兴趣、创业理想等）。成功的创业者都具有较高的社会道德和强烈的社会责任感，因此，创业意识的培养还包括创业道德意识培养和创业社会意识培养。

高校创新创业教育要注重与专业教育的融合，营造良好的创业氛围，由只面向有创业意愿的学生的教育转变为向全体学生的教育，使广大青年学生转变就业观念，培养创业意识。主要内容包括创业自信心的培养、社会责任感的培养、竞争意识的培养、坚忍不拔的意志的培养等。

2. 高校大学生创业能力的培养

创业能力的高低影响创业成功率。创业活动本身就是实践性很强的一种社会活动，创业能力的培养不能仅依靠传统的课堂教学，而是应该放到创业实习和实践中来培养和提高。

创业能力包括专业能力、方法能力和社会能力。在专业能力的培养中，要注重对创业者进行创办企业的能力、经营管理的能力和将相关知识和法律法规与创业领域相联系的能力等多方面能力的培养；方法能力方面，注重培养创业者信息接收和处理的能力、捕捉商机的能力和理财能力等方面的培养；社会能力方面，注重对创业者进行人际交往、适应市场变化和抗挫折等方面的能力培养。

3. 高校大学生创业心理品质的培养

创业心理品质是指在创业过程中对创业者心理和行为起调节作用的个性心理特征。创业的过程不可能是一帆风顺的，会遇到很多困难和挫折，创业者如果没有良好的心理品质就很有可能会导致创业失败。

创业心理品质主要包括创业者的敢为性、独立性、适应性和合作性等方

面。因此，高校在进行创新创业教育时，要根据创业者的不同特点，从意志力和情感调节方面入手，引导学生正确客观地认识社会，了解自己，让创业者意识到创业的艰辛，从而使创业者形成艰苦奋斗、自信勇敢、百折不挠的创业心理，提高对市场的适应力，保证创业的成功。

高校开展创新创业教育是国家中长期教育改革和发展规划纲要的重要内容，适应了时代发展要求。当前，在国家各项政策的支持和政府的推动下，国内各高校正积极地开展大学生创新创业教育，但尚未形成比较成熟的教育体系和教育模式，同时也暴露出许多问题，高校创新创业教育和大学生创业活动仍处于探索和发展阶段。因此，为了将高校全面深化改革进行的更好，必须要走出一条具有中国特色的高校创新创业教育之路，探求新的教育模式，建立一套合理的高校创新创业教育体系。

高校思想政治教育是大学生人性教育的中心环节，是高校精神文明建设的主要内涵。在经济社会的转型关键期，高校思想政治教育的作用将愈加明显。相比创新创业教育，思想政治教育在我国高校开展历史由来已久，无论是在教学方式上，还是在教学理念和教学内容上，都积累了大量的理论基础和实践经验，形成了一套完整的教育体系。创新创业教育只是桥梁，不是彼岸。因此，利用思想政治教育在教学方法和经验上积累优势，并在此基础上探索和发展高校创新创业教育，具有十分重要的价值和意义。同时，开展创新创业教育有利于高校思想政治教育的改革和创新，有利于提高思想政治教育的实效性。

党的十八大以来，高校思想政治教育以理想信念和中国梦教育、社会主义核心价值观教育、中华优秀传统文化教育、党史国史教育和法纪廉政文化教育为主要内容，着力研究思想政治教育规律和大学生思想道德发展规律，以提高大学生思想道德水平和实现思想政治教育立德树人的目标为主要目的。唤起大学生的创业热情、提高大学生的创业意识、提升大学生的创业能力和综合素质成为高校创新创业教育的意义所在。与思想政治教育相比，其实践性更强，作用更具体。

三、高校思想政治教育促进创新创业教育的作用机理

（一）推动大学生创业人格的塑造

马克思主义的“三观”意识是每个大学生素质的核心，大学生要想成为创业者，必须将优秀的品德素质内化为稳定的人格品质，积极持久地调控和驾驭创业能力，从而成为主导创业素质的内在要求和灵魂核心。

首先促使创业人才树立科学创业观。实践性是马克思主义的最根本特点，

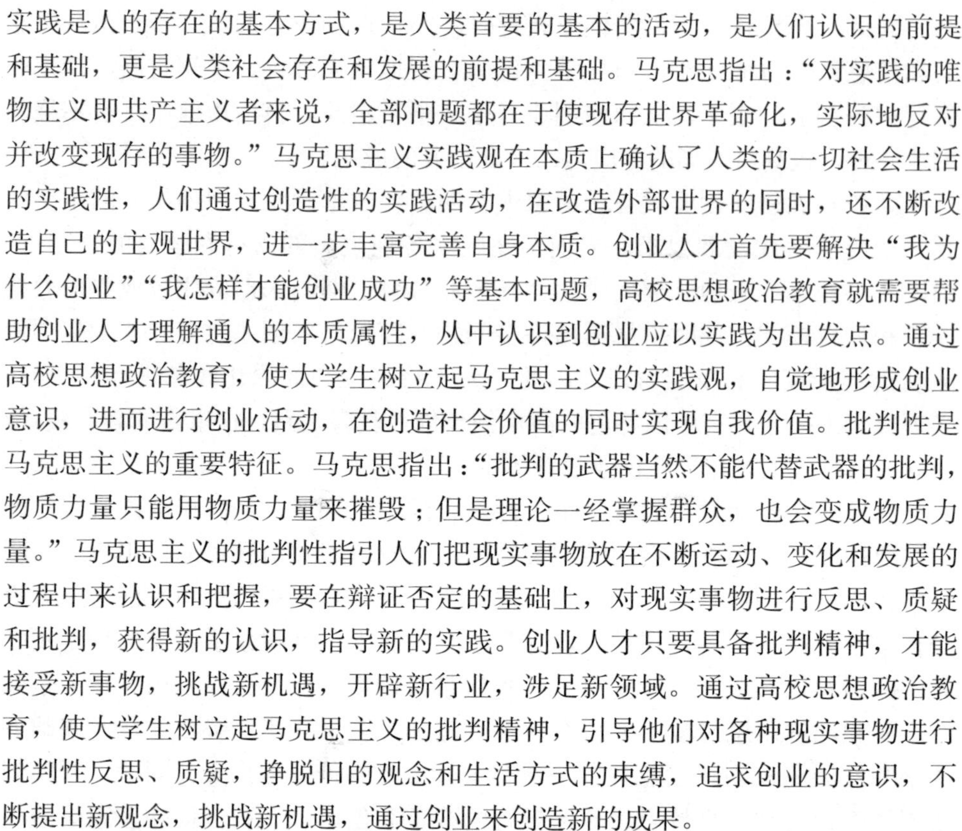

实践是人的存在的基本方式，是人类首要的基本的活动，是人们认识的前提和基础，更是人类社会存在和发展的前提和基础。马克思指出："对实践的唯物主义即共产主义者来说，全部问题都在于使现存世界革命化，实际地反对并改变现存的事物。"马克思主义实践观在本质上确认了人类的一切社会生活的实践性，人们通过创造性的实践活动，在改造外部世界的同时，还不断改造自己的主观世界，进一步丰富完善自身本质。创业人才首先要解决"我为什么创业""我怎样才能创业成功"等基本问题，高校思想政治教育就需要帮助创业人才理解通人的本质属性，从中认识到创业应以实践为出发点。通过高校思想政治教育，使大学生树立起马克思主义的实践观，自觉地形成创业意识，进而进行创业活动，在创造社会价值的同时实现自我价值。批判性是马克思主义的重要特征。马克思指出："批判的武器当然不能代替武器的批判，物质力量只能用物质力量来摧毁；但是理论一经掌握群众，也会变成物质力量。"马克思主义的批判性指引人们把现实事物放在不断运动、变化和发展的过程中来认识和把握，要在辩证否定的基础上，对现实事物进行反思、质疑和批判，获得新的认识，指导新的实践。创业人才只要具备批判精神，才能接受新事物，挑战新机遇，开辟新行业，涉足新领域。通过高校思想政治教育，使大学生树立起马克思主义的批判精神，引导他们对各种现实事物进行批判性反思、质疑，挣脱旧的观念和生活方式的束缚，追求创业的意识，不断提出新观念，挑战新机遇，通过创业来创造新的成果。

其次提供创业人才正确的价值导向。一个人的社会责任感和荣誉感直接来自其科学的人生价值观。高校思想政治教育能为创业人才提供正确的价值导向，通过思想政治教育活动，引导大学生树立马克思主义人生价值观，正确看待个人与社会的关系，认识到自己的社会角色和社会责任，以社会需要为立足点看待人生价值，强调个人的努力对社会需要的满足，形成对社会贡献的正确价值取向，并付诸实际的创业活动。这样，大学生在未来的创业活动中，以创业者的身份自觉地把社会发展的状况、动向、需求和个人需要有机结合起来，把社会需要内化为个人需要，由此产生高尚、正确的创业动机，形成良好的创业人格，使创业活动始终围绕社会发展的需要，在实际创业活动体现的社会价值来推动社会进步。

（二）激发大学生创业意识

创业意识是指在创业活动中对个体起动力作用的个性意识倾向，包括需要、兴趣、动机等，创业意识是创业活动开展的主观条件，它不是天生就有的，而是后天的产物。高校思想政治教育着力通过培养创业所需的主体意识、创新意识，来激发创业意识。主体意识是人们在认识世界和改造世界的过程

中，对自己主导地位和能动作用的自觉认识和态度，也就是一种主人翁精神或主人翁意识。人作为社会实践的主体，是实践活动的组织者、发动者和控制者，人通过发挥自己的创造力来改造客观世界。具有主体意识的人，不能消极地接受客观存在的自然现象和社会现象的任意摆布，而要积极发挥人的主体性，主动地认识世界和改造世界，通过操作和控制生产工具，研究实践中出现的新情况，通过创新、创业来解决实践中出现的新问题，使客观世界理想化。培养人的主体意识，激发人的主人翁精神，人们才会积极主动地去改造客观世界使之理想化，在社会生产活动中爆发出创业的冲动，萌生创业的意识。

创新意识是创业意识的源泉。创新是人类对未知世界的探索，发现并创造出前所未有的新事物的活动过程，创新意识即是推崇创新、追求创新和以创新为荣的观念和意识。创业的"事业"则是创新意识和创新理念实践、创新技术转化的平台，因此创业的源头是创新意识。创新意识是对时代意识和竞争意识的升华，创新意识所包含的与时俱进、勇于开拓、勇于创造的精神品质，成为激发创业意识的源泉，是引发创业意识燃烧火焰的火种。

21 世纪乃是知识经济时代，大学毕业生的数量每年呈递增趋势，大学生就业渠道的多元化形成致使当代大学生需强化创业意识，应通过自身的实践活动，发挥专业创造性，为社会创造大量的就业岗位，这就需要高校在平时的教育教学中加强对大学生创业意识的培养，帮助大学生建立应有的创业意识，推动大学生在就业观念上，有被动地等待就业向积极主动地自主创业转变。在现时期，作为一个全新的课题，对大学生的创业意识进行培养是高校思想政治教育的一项重要任务。

我们的党曾提出，"伟大的实践需要有伟大的创业精神来支持和鼓舞"，大学生要创业，具有文化知识和专业技术是不够的，还必须具备创业的意识和本领，因为市场的激烈竞争，电子信息技术革命，企业变革，迫切要求大学生具有创业意识。近年来，一些国际组织认为 21 世纪的教育应把创业素质教育提高到与文化素质、职业技术素质同等重要的地位。据一些有关部门的调查，接受过职业教育并具有一定文化知识的大学生，仍有一部分失业或待业，这种现象主观原因在于他们缺乏创业精神，因此各高校应加强大学生的关于创业方面的意识培养，进而提升他们的创业意识和精神。

在思想政治教育方面，高校有优良的传统，这些传统在培养大学生意识的方法上积累了丰富的经验，通过灌输大学生思想引导大学生意识来进行教育工作，同样，创业意识的教育是个内化的过程，也可以通过灌输、引导的办法将创业意识融入大学生思想意识中去，培养他们就业、创业的忧患意识，转变大学生在就业上的陈旧观念，主动谋求出路、积极创业。因此高校要结合思想政治教育课程，对学生开展相关教育，帮助大学生形成良性的择业就业观念，探索出适合自身条件的创业出路。高校思想政治教育还能将艰苦奋斗、开拓进取等精神融入其中，并通过心理教育协助创业观念的培养，促进大学生在心理意识上建立创业思维。

就目前来讲，创新创业教育在我国各高校还没有全面展开，因此，很多大学生对创业认识不足，有的甚至认为这样的课程开设，是专门为准备创业的同学开创的，自己不打算创业，接受创新创业教育多此一举，而对于一些打算创业的大学生来说，可能创业并非其家庭和本人的第一意愿，而是就业压力过大导致暂时找不到适合自己的工作不得不去创业，这一类型的大学生往往由于没有系统接受创业教育，对于自主创业，在心理上缺乏必要的自信，从而引发失败。从效果上看，开展创新创业教育，有助于提高大学生的创新创造能力，无论是否主动还是被动的创业、就业都有莫大的好处，高校思想政治教育在我国高校普及程度极高，在教授大学生思想政治的同时有机融入创新创业教育内容，这种方式既有益于大学生形成创业意识，也有益于创业观念真正融入大学生的生活当中来。

（三）强化大学生创新思维能力

创新思维是人类思维的高级形式，是创业活动所必备的能力，是大学生最需要具备的素质之一。创新思维能力是建立在辨证思维的基础上的，受辨证思维的制约，而辨证思维又是在唯物辩证法基础上形成的，需要辩证唯物主义哲学的关怀。因此，通过高校思想政治教育，尤其是马克思主义哲学教育去强化大学生的创新思维能力，能够有效提高大学生创业素质，促进创新创业教育工作的开展。

首先从辩证联系的思维视角去强化创新思维的流畅性。马克思主义哲学认为，客观世界是处在普遍联系之中的，事物与事物之间、事物内部各要素之间是处于相互联系、不可分割的有机整体之中。事物的各种属性、不同特征在相互联系中得到体现，这就为人们发挥创新思维的流畅性，形成多样化崭新思路，提供了客观的可能。例如，在创业活动中创业资金管理和使用这一方面，就应依据创业的实际需要合理分配资金流向，将购置设备，引进人才，科技研发等方面加以区分，以发挥其最大效益。客观世界的普遍联系是有条件的，在不同的具体条件下，事物间会发生不同的联系，表现出不同的属性。事物联系的条件性，促使人们把事物放在不同的条件下来理解，从多种角度去分析，把握事物的不同属性，做出不同选择，产生创新思维的流畅性。例如在选择创业方向时，是选择符合自身专业的项目，还是选择具有实

效性的项目；是以自身所好为方向，还是追随社会潮流，这都需要对具体的自身条件和社会条件做出客观的评价。通过马克思主义哲学教育，培养大学生辩证联系的思维方式，促使他们学会分析事物的多种属性，从不同的时间、地点、条件下来考察事物，寻求解决问题的最佳途径，从而强化他们的创新思维的流畅性。

其次从辩证发展的思维视角去强化创新思维的变通性。马克思主义哲学认为，客观世界处在不断运动、变化和发展的状态中，不断产生新的属性、新的特征，从一个阶段上升到另一个阶段，从一种事物转化为其他事物，由此推动事物从低级向高级发展。事物在运动变化过程中，会显示出不同属性、不同特征，这就为人们发挥创新思维的变通性提供了客观基础。例如，当大学生创业活动遭遇困境时，应学会变通，寻找迂回的其他路线和方法。又如，创业发展到一定阶段，遇到更好的发展机遇时，在谋划下一步发展的方向这一问题上，就需要审时度势，抓住机遇，不能因循守旧，错失良机。通过马克思主义哲学教育，培养大学生辩证发展的思维方式，促使他们养成与时俱进的思维方式，以发展的眼光来看待事物，在时代发展和实践变革中不断强化创新思维的变通性。

再次，从辩证矛盾的思维视角去强化创新思维的独特性，马克思主义哲学认为，客观世界的每一事物都是对立统一的，双方构成矛盾统一体，矛盾具有普遍性，并寓于特殊性之中，通过特殊性表现出来。因此，认识和解决矛盾就应把握矛盾的特殊性，用不同的形式和方法去分析，这就为人们发挥思维的独特性提供了客观基础。例如，在选择创业领域和创业项目时，创业者要敢于突破传统创业路径和项目的束缚，勇于标新立异，涉足新领域，开发新项目，在创业活动中占得先机，出奇制胜。通过马克思主义哲学教育，培养大学生辩证矛盾的思维方式，促使他们自觉地坚持矛盾的分析方法，具体问题具体分析，冲破传统观念和生活方式的束缚，以独特的视角去探索某一特殊矛盾，强化创新思维的独特性。

（四）推动大学生创业手段的谋划

创业手段的谋划实际是提高大学生的创业能力，创业能力是一种具有很强社会实践性的能力，是与创业实践活动紧密联系在一起的，能以积极的方式影响创业实践活动的开展，具有创造性。显然，创业所涉的知识体系遍及各个学科门类，所以开展创新创业教育的重担并非一门专业课程所能承载，必须在平时的各门学科教学中进行渗透。一般在高等院校里开设的各类学科中思想政治教育在教学的目标上，和创新创业教育有一定的相似和关联性，所以在高校思想政治教育课堂教学，是对大学生开展创新创业教育的一个重

要的载体，其发挥优势的作用主要体现在如下三个方面。

第一，在高校，开展思想政治课教育，能够提升大学生的思维能力。创业能力是以智力为核心的，包括注意力、记忆力、想象力、创造力等，这些基本属于人的思维能力，如果大学生缺乏思维能力，那么会导致创业能力结构各在实现的可能性上大大降低，因为在各层之间难以达到灵活转换的目标，同时逐级递增不能变为现实，导致了在创业能力结构中，各类要素无法组合，指向共同的中心和方向。高等教育中，对大学生开展思想政治教育，唯物辩证法是关键的内容之一，通过学习把握唯物辩证法，有利于大学生一分为二地看待创业，既能看到创业的风险，也能看到未知的机遇。大学生要想在创业这个大环境中立足，必须先学习唯物辩证法，培养自己的辩证思维方式，这样在今后的创业过程中，如果遇到矛盾和困难，才能客观冷静辩证分析。

第二，在高校，开展思想政治课教育，能够提高大学生的人际交往能力和团队领导协作能力。大学生无论在校内还是校外都脱离不了与社会和他人的交往，马克思对于人从本质上进行了定义，他认为“人是一个社会关系的综合体”而对于个体和共同体的描述是：“人只有生活在群体之中，通过互相之间的交往，才能实现其个体存在的价值，这就是说人必须生活在人群中，才具备了获得终极意义上自由的基础”大学生的创业发展离不开创业团队的合作，离不开与其他团队的沟通，良好的人际交往能力能够帮助大学生在创业过程中少碰壁，良好的团队领导协作能力则能够帮助大学生将自己创办的公司的效益目标统一到团队的各个工作人员。有人曾经请教微软的总裁比尔•盖茨，询问该公司取得成功的秘笈，在这个问题上，比尔•盖茨认为公司之所以取得成功，是因为有大量的成功人士在为他工作。高校思想政治教育一直注重培养大学生团队合作和交往能力，思想政治理论教育应该在理论联系实际中提高大学生的能力，尤其是团队合作的能力。高校思想政治教育在进行理论分析时要循序渐进，帮助和提高大学生分析问题的能力。同时可以采取合作学习的分组讨论形式，在理论联系实际的背景下提高大学生的团队合作能力。在提高人际交往能力方面，通过思想政治教育中的心理教育，让大学生认识到交往的作用，并在课堂上教授人际交往、集体主义的知识，最后组织一些竞争性的集体活动，比如辩论赛，来提高大学生的人际交往能力与团队合作能力。

第三，高校思想政治教育能够提供创新创业教育用于实践的平台。创业实践在内容顺序上，属于创新创业教育的第三个层次，开展创业实践活动，对于创业素质的形成有重大的推动作用，具体表现为提供对应的条件、情境和舞台，能够被加工、规范成为符合教育教学基本规律和大学生身心发展特

点的教育方式和手段。对大学生开展思想政治教育的过程，实质上就是在进行思想政治教育实践活动，大学生通过接受思想政治教育，进行校内校外实践，间接把思想政治教育理论知识转到相关的人生部署规划落实到实际创业中去。

（五）指导大学生做好职业规划

凡事预则立，引导大学生建立好个人的职业规划，是开展创新创业教育内容的基础层次，大学生创业不仅需要具备创业能力和意识，还要具备对今后创业的规划，调高自身理性判断能力和抵御承担风险的能力，大学生在做职业生涯规划时应该考虑三个问题：想做什么、能做什么以及要怎么做。高校在辅导学生做职业规划时，应该有针对性的确定大学生的未来的人生奋斗目标，然后按照目标，结合实际，构建合理科学的人生职业规划，相关规划要具体到时间和完成步骤。高校思想政治教育工作贯彻科学发展观需要对大学生进行职业规划教育，在对大学生进行职业规划的教育中，要以思想政治教育的资源为依托，积极发掘出当中的创新创业教育素材，有效用好高校的思想政治教育阵地，对大学生开展职业生涯规划活动，这也能够增强高校思想政治教育的亲和力与时效性。参与指导及辅导的教师也应该对有强烈创业意识和强力的创业能力的学生进行重点培养，为他们制定和创业相关的规划，确保对大学生进行创新创业教育的方向紧跟社会发展动向。

（六）高校思想政治教育提高大学生创业道德水平

对大学生创业来讲，开展创业活动，虽然是开办自己的公司或企业，但并不是随心所欲，可以随意脱离道德行为准则的约束，创业道德水平的高低不仅影响到创业者的素质和发展，也关系到公司的运作和创业团队的发展，更能影响到社会整体的道德水平，所以，每个创业的大学生都应该具备良好的道德品质，这对高等院校的思想政治教育工作提出了更高的要求，必须在教育过程中，增强道德品质的教育力度，使他们在创业的过程中，有优良的道德品质作为保障，具体来说可以通过以下几个内容来对大学生创业道德水平进行提升。

首先，在遵纪守法上，要培养大学生良好的道德品质。遵守国家法律法规，既是义务，也是道德要求，在创业的过程中，创业者会受到很多法律法规的规范，如税法、企业合同法等，高校在开展思想政治教育工作时，将法律道德修养的教学中有关创业方面的法律法规纳入重点教学计划，普及与创业相关的法律法规，并加强大学生遵纪守法的意识。

其次，培养大学生明礼诚信的道德品质，诚信是中华民族传统美德，《论语》有言：“言而无信，不知其可也。”在创业过程中，创业者的企业经营活动离不开与他人或公司打交道，如不讲究诚信，企业运作就会停滞不前甚至导致触犯国家法律。培养大学生明礼诚信也是高校思想政治教育的目标之一，已经成为日常思想政治教育工作的工作重点，在企业内部形成优良的节俭文化氛围。

再次，对大学生勤俭自强的教育也是高校思想政治教育的重点之一，在大学生的日常行为中就引导他们注意勤俭，合理消费，不铺张浪费，在开展集体活动中的开支也能够锻炼大学生对于节俭尺度的把握。

四、开展创新创业教育有助于高校思想政治教育改革创新

在高等院校开展思想政治教育，一般都是和我国的基本国情结合在一起的，并以此为基础开展的一门具有特殊性的学科，而创新创业教育相对于高校思想政治教育来说，是一种较新的内容，通过这种教育形式，能够推动高校思想政治教育从传统的模式向改革后的方向前进，通过在传统的形式下激发活力，打造富有生机的现代思想政治教育形式。

（一）培养创业型人才是高校思想政治教育的新目标

在过去很长一段时期，在高校，思想政治方面的教育工作重点长期放在解决大学生思想问题方面，但在当今时代，社会政治经济的飞速发展，社会需要更多的人搞创业，在创业大军中大学毕业生就是主力军，所以对于创业人才的培养，尤其是高素质创业人才的培养，不仅是我国高等教育追求的一个方向，也是适应时代发展的必然要求。这就要求我国高校思想政治教育进行改革创新。所谓的创业型人才，“就是在工作或事业中具有独立思维、既能做到自我学习、自我成长，又同时能够善于思考、善于总结，能够创新、创造某些事物并分享成果的人力资源，人才有广义和狭义之分，从小的方面来讲，人才就是具备创业能力的人；从大的方面来讲，人才就是具备开创性的人”。在早期，我国的创业型人才并不多见，这与各高校的思想政治教育中没有包含创业这一教育课程有很大关系。现如今，网络经济的飞速发展，网店、“微店”的逐渐兴起，创业的机会也随之增加，社会更需要创业型人才，在培养创业型人才方面，高校思想政治教育应该紧跟社会发展潮流，保持与时俱进的精神，将培养创业型人才纳入自身的目标体系当中，以迎合当代大学生和时代的需要。

（二）创新创业教育是高校思想政治教育拓展的新方向

从内容上看，在我国，高等院校的思想政治教育虽然也提到如何培养大学生的创新精神，但却没有系统的对大学生的创业精神进行培养，结果导致大学生在创业方面的思想较为呆板，拘泥于前人的成功创业模式，没能在社

会生活、市场和创业等方面拥有相应的意识，“就会在创业的过程中缺乏必备的素质，对于当下的比较激烈的市场竞争机制也就无法做到完全适应。”在高等院校，“普遍地开展创新创业教育，不仅能够优化高校思想政治教育的内容和结构，同时也是该领域改革的重大推动力。”将创新创业教育纳入高校思想道德教育体系当中，使之成为高校思想教育的一项新内容，新的教学计划和课程，也能促使大学生在教育当中，不知不觉地受到有益的影响，使自己在创业方面的技能和意识，得到有效提升。把创新创业教育的内在要求和传统的思想政治教育中的人生观、世界观、价值观教育，素质教育相结合，能够更好地提高高校思想政治教育的实效性。此外，由于在本质上，思想政治教育具有实践的性质，这就需要把创新创业教育中的创业实践，也有机融入高校的思想政治教育当中去，在进行常规的课堂教学基础上，要在校园生活中，“创造大学生进行创业实践的更多实践平台，真正地把理论的教育和大学生的创业实践结合起来，切实提高大学生的创业意识和技能。”

五、开展创新创业教育能进一步提高高校思想政治教育水平

有机融合高等院校的思想政治和创新创业教育，通过这种新的教育模式来从整体上完善高校思想政治教育体系，这主要体现在开展创新创业教育具有针对性和实效性。

（一）开展创新创业教育有助于强化高校思想政治教育的针对性

当下，在我国高等院校普遍都开设了思想政治教育课程，但收到的效果应该说不太明显，很多大学生认为思想政治教育只是应付考试的课程，是一种应试教育，从而选择敷衍的学习，以修到学分为目标，这是由于高校思想政治教育缺乏针对性。由于培养目标过于理想化，培养目标层次过高而且不十分分明，导致高校思想政治教育用同一的内容，大学生在心理、情感、环境等方面都存在着差异，这就要求高校开展思想政治教育工作应该因材施教，但在现实中，高校思想政治教育工作培养目标层次模糊，理论与实践联系不紧密。而创新创业教育的针对性很强，创新创业教育的真实内涵，表现在内容和目标上，都呈现出一定的层次性，所以，如果在一定范围内，把创新创业教育有机融入高等院校的思想政治教育，那么就能够进一步提高思想政治教育的目标性，加快大学生对思想政治教育的认识和接受速度，同时，对大学生进行创新创业教育，要体现因材施教的原则，按照大学生的层次不同，开展不同类型的创新创业教育，有针对性的实施在对大学生开展创新创业教育的实践中，就目前来讲还是高校要面对的一个全新的课题，在这里面还有很多的子课题需要研究探讨，比如如何才能实现思想政治教育和创新创业教

育的有机融合，在具体地教学实践中，如何有针对性地指导大学生树立良好的创业意识和道德品质，都需要在今后一段时间加以研究。另外，高校培养创业型人才还不能仅仅停留在培养创业意识上，要提高办学培养的层次和目标，更多地培养现代大学生的创新能力，并依靠其成熟的理论体系将其丰富完善，在教育学生的工作中有针对性地进行教授课程，这样，既能让大部分大学生接受创新创业教育，自觉接受思想政治教育，又能让即将走向创业的学生更能明确自己的目标，并尝试在毕业后自主创业。

（二）开展创新创业教育有助于增强高校思想政治教育的实效性

当今大学生思想受到社会变革，外来思想的冲击，扭曲了部分大学生的价值取向，降低了他们的判断能力，部分大学生缺乏理想，欠缺实践经验，集体意识淡薄，道德品质败坏，导致社会带着“有色眼镜”看待“90后”，这一问题需要高校开展思想政治教育工作来解决。但是，现阶段在高校思想政治教育过程中教学内容与现实生活相脱节，教学方式以课堂说教为主，无法调动大学生的积极性，并且与实际生活结合不够紧密，在一定程度上影响了高等院校思想政治教育的效果。解决这些问题方法有很多种，开展创新创业教育就是其中的一个好办法。

首先，在高校开展创新创业教育，能够帮助大学生在理想信念上，提升创业观念的实效性、针对性和活力。我国大学生的理想首先就是毕业后找到一份好工作，却发现如今的就业制度已经不再是统分统配，而是转变成为自主择业或者自主创业，这就需要大学生转变自己的就业意识，但由于高校思想政治教育工作效果不是很理想，致使部分大学生对于毕业之后的就业前景感到迷茫，理想信念出现偏差。在此新形势下，开展大学生创新创业教育，可以推动他们形成正确的就业、创业观念，以实际的眼光看待自身的就业问题。

其次，创新创业教育能够增强大学生实践活动的实效性。高校思想政治教育工作者应该有计划有目的的组织大学生开展各类形式的实践活动，而创新创业教育十分重视培养大学生的实践经验，所以把创新创业教育作为思想政治教育实践活动开展的平台，既能在积极性、主动性方面激发大学生的创业潜能，同时又能在针对性、实效性上提升高校的思想政治教育质量。

六、思想政治教育与大学生创业教育之间的区别

思想政治教育作为一门社会实践活动和大学生创业教育之间的主要区别在于其各自的具体内容、教育目标和教育方式有所不同，但从本质上来说，其教育目标是一致的，都反映在培养德智体美劳全面发展的人方面。

（一）两者培养目标、内容各有侧重点

针对思想政治教育的教学目的，当前学术界有不同的倾向。一种以陈万柏、张耀灿为代表，他们把思想政治教育的目标分为社会目标和个人目标。他们认为思想政治教育的目标并非单一的，而是一个集合体。其根本目的是：为提高人们的思想品德素质，为促进人的自由全面发展，为激励人们建设中国特色社会主义事业而奋斗的精神，最终实现共产主义的理想。具体目标根据思想政治教育对象的不同，有所区别。根据中共中央、国务院关于《进一步加强和改进大学生思想政治教育的意见》（中发 [2004]16 号文），本文把思想政治教育的目标确定为：培养大学生正确的世界观、人生观和价值观；弘扬和培育学生的爱国主义及民族精神；对大学生进行公民道德教育和素质教育。另外一类是以陈秉公为代表的学者，重点阐述思想政治教育的“个人目标”，即培养人的社会主义的思想品德和理想人格；指引人们积极、正确的行为实践。但思想政治教育的培养目标总体方向上是一致的，即培养社会主义现代化建设的“四有”新人，最终为建设共产主义事业而奋斗。思想政治教育的内容是由思想政治教育的目标决定的，它“是思想政治教育的重要组成部分，是思想政治教育者对教育对象实施教育的具体要素。”因此，学者们对思想政治教育的内容划分，实质上没有太大的差异。

关于创业教育目标的研究还没有一个统一的结论。从查阅的相关资料来看，学者们对创业教育目标的定位主要表现在以下两个方面。广义创业教育的目的就是要让学生了解创新创业的现状和作用，在当前的经济社会中，了解创业过程和市场策略的一般性质，并激发青年学生的兴趣，培养他们的创业素质和能力。狭义的创业教育目标：让学生了解具体的创业计划、营销手段、组织计划、财务计划、管理计划等，了解如何管理新创业的成长与扩张，使青年学生成为一个“准企业家”。创业教育的内容是由其目标决定的。创业教育的主要目的是造就一批创新型人才，其主要目标和任务是提高和培养青年学生的基本素质和能力。从宏观上说，大学生创业教育的内容是培养学生的创业意识、素质和能力等。具体来说，大学生创业教育的内容包括以下几点：第一，培养学生的创新、创业思维能力；第二，培养学生独立自主的创业精神品质；第三，培养学生的实际动手操作能力；第四，培养学生正确的择业和创业观。在课堂教学上体现为：第一，创业的选择与决策；第二，创业的准备；第三，创业的具体流程；第四，创业的风险管理等方面。

（二）两者在教育方法、方式上不同

思想政治教育方法是教育者对受教育者实施教育所采取的手段，它承担着完成教育内容，实现教育目标的重大使命。思想政治教育在国内经过多年的发展，积累了丰富多彩、各式各样的具体方法。

第一，理论灌输法（又称理论教育法、理论研究法）。它是教育者有组织，有计划、有目的地对受教育者进行理论教育，引导他们形成正确的世界观、人生观和价值观。主要方式是教育者对理论的进行教授和讲解；受教育者对理论进行学习；教育的宣传和理论培训等方式展开的。第二，实践教育法。实践教育法就是教育者组织受教育者参加各种各样、具体的社会实践活动，在实践中参加学习，不断提升自己的思想觉悟和认识能力。主要的方式表现为进行劳动教育；参加社会服务活动以及进行各种社会考察等。第三，榜样示范法（也叫典型教育、示范教育）。典型教育是指应用具有典型性和榜样性的人或者事物来教育受教育者，提高他们的思想认识以及规范自身的行为。典型教育主要表现为正面教育和侧面教育。第四，自我教育法。自我教育就是《论语·学而》中所说的“吾日三省吾身”，是指受教育者通过自己的学习、认知，提升自身的素质和水平，自觉改正自己身上不良的思想和行为的方法。自我教育的方式主要是进行自主学习、反省自身、进行自制、自律等。第五，激励教育法。所谓的激励教育就是激发受教者的思维和行动，对他们的实际表现进行奖励。其主要的方式有目标奖励、奖惩结合、竞争激励等方式。

大学生创业教育的方法目前尚不完善。根据目前高校所应用的方法，总结得到主要有以下四种方法。第一，理论教育。大学生创业教育教学理论的主要内容是传授一些基本知识，如创业的基本理念、创业精神、大学生素质的创新创业、大学生创业能力的形成、大学生创业的法律知识，大学生创业的市场行情分析以及大学生创业的实施过程等。第二，实践教育。实践教育就是在实践中锻炼成才。比如，华中农业大学在积极推进大学生创业教育的工作中重点突出农业专业特色，并将创业教育纳入学校、学院的人才培养方案中，学校开设了《大学生创业基础》《创业企业战略与机会选择》等创业教育选修课和创业网络课；改革学校的学分制，设立创业实践学分，学生完成创业实践报告即可获得创业实践课外学分；施行创业导师培养计划，并聘请政府相关部门、知名的企业家、知名创业型教师和学生建立创业经验分享群，落实相应的课程教学任务，引导、组织学生开展创业实践；邀请知名企业家不定期举行创业讲座、沙龙、项目路演、走进孵化器等活动。第三，激励教育。重庆市教育委员会为贯彻落实国务院办公厅《关于深化高等学校创新创业教育改革的实施意见》（国办发〔2015〕36 号）精神，2015 年 9 月份在重庆举办的第七届“科慧杯”研究生创新创业大赛，活动对“凡是参赛的创业项目团队都将获得项目启动资金。”，这一形式极大鼓舞了广大学生参加创业教育活动。

第三节 高校思想政治教育和创新创业教育协同育人的理论基础

纵观思想政治教育发展历程，是在继承中不断借鉴和发展的，思想政治教育包容性很强，适用于各个学科领域，因此要借鉴、学习其他领域的理论，与其他领域的理论相结合，达到思想政治教育的目的。新时期思想政治教育借鉴创业教育，继承自身优秀传统理论的基础上，借鉴学习创业教育中适合思想政治教育发展的内容、方法和途径，借鉴其成功经验和先进理论，实现思想政治教育新时期的新发展、新突破。教育的主要对象是在校大学生，而面对当前的就业形势，越来越多的学生转变职业价值观，开始把自主经营公司作为个人职业发展的重要途径。融入体现了思想政治教育的开放性、包容性和创新性。自身要求是不断创新发展的，因此其不断地与其他思想理论相结合，以保持自身理论的先进性。而当前兴起的创业热潮和国家的优惠鼓励政策，使越来越多的大学生开始学习创业课程。将创业教育融入思想政治教育，可改变思想政治教育传统的教育方式，可以让学生更加主动、积极的学习思想政治教育理论。同时两者的结合，互相补充、弥补不足，相互促进、共同发展。

思想政治教育的需求理论强调，教育者以受教育者的需求为出发点设定教育目标，从微观上把握受教育者的思想状况与其个体需要之间的内在联系，深入了解受教育者的各种需求，掌握受教育者需求的特点，进而更有针对性地开展思想政治教育工作。这一理论是将创业教育融入思想政治教育的重要依据，教育者深入了解创业者的各种需求，动态把握创业者的心理发展状况、意志品质水平，掌握创业者在创业过程中的特点，从而更有针对性地对创业者进行思想政治教育工作，让创业者更好地创业、具有良好的心理素质和行为品质。思想政治教育更加注重单纯的创业教育中容易忽视的问题，比如创业者的心理素质、道德品质等方面的素质，及时发现创业者存在的问题并及时纠正。思想政治教育可更有针对性地了解创业者在创业实践中的需求，对其需求进行正确的引导和疏导并帮助其达到既定的目标。

融入是对思想政治教育的丰富。首先，大学生创业教育的发展扩大了思想政治教育的研究领域。在其已有的研究领域中，没有对于创业教育的研究。

而在当前新形势下，随着创业教育的深入开展，对思想政治教育理论教学和思想政治工作提出了新的要求，思想政治教育理论教学和思想政治工作根据大学生的实际情况，不仅解决了大学生在实践中遇到的困难，也推动了思想政治教育理论和实践的新发展，促进思想政治教育向更深、更广的层面发展。其次，大学生创业教育课程是思想政治教育的重要载体。课堂是大学生思想政治教育的主渠道，形式单一且缺乏新颖，因此对于大学生的思想政治教育可借助创业教育载体，在大学生真正喜欢的、真正关注的领域渗透思想政治教育，把思想政治教育真正地落实到实践中去。而创业教育是一门重理论更重实践的课程，融入能有效地紧密联系思想政治教育理论和实践，使大学生开始关注其对于人生发展的重要作用。最后是大学生的创业成果是检验其成效的重要标准。通过最终大学生创业成果的好坏可检验其是否到位，是否真正的帮助大学生培意志品质、缓解心理压力。如果没有达到预期效果，思想政治教育应及时改进工作方法，增强思想政治教育的实效性。每一种教育理念和模式的产生都是基于深刻的时代和社会背景，同时也有其深厚的理论基础。本文所依据的理论基础主要包括以下几种。

一、主体教育理论

主体教育理论简单来说，是指依靠主体来培养主体的教育，它强调学生自主性、主动性和创造性，终极目标是使每个人得到全面、自由、充分地发展，因而是创新创业教育的基本理论依据。主体教育理论主要包括三个方面：第一，教育主体；第二，受教主体；第三，施教主体。它强调的是教育的最高价值是人类自身，并且体现了人性论中的要把学生作为主体。因此，主体教育理论的价值立场就是要充分发挥主体性，激发学生的主体意识，使学生成为将来的国家或者社会的主体。在大学生思想政治教育中，教师和学生都是主体，教师是教育主体，学生是受教育主体。在“双创”的背景下，教育的主体应该更加注重培育大学生的创新创业的精神；受教的主体学生应该更加积极主动地去学习与培养创新创业精神。

二、个性教育理论

与主体教育不同，个性教育理论强调的则是教育主体的差异性和特殊性。因为由于每一个人的性格倾向、遗传特征、所受教育、所处环境、自身努力程度和成长过程等方面都存在着差异，因此，个性教育理论承认受教育者，也就是承认学生个体在思维、智力、情感、心理、社会背景和生理等方面存在着各种差异性。通过研究这些差异性和受教育的个体自身的发展规律，在

教育过程中的各个阶段体现出鲜明的个性化内容，并且针对不同的个体制定出不同的教育内容和方法，以此来开展个性化教育，最终使得教育的内容和方法适合每个不同的受教育者，促进受教育者各方能力都能得到提升，促使其全面发展。思想政治教育所面临的主体是学生，每一个学生都是一个独立的个体。创新创业教育是以主体意识和能力发挥为前提的，以个性的充分发展为关键。这既是社会发展的根本目的所在，也是社会发展到一定阶段的产物和要求，也是人道主义精神在教育上的体现，是创新创业活动的逻辑要求。

三、全面发展教育理论

在当代中国，教育改革和发展的主要指导方针就是人的全面发展的教育理论。因此，用马克思主义的“人的全面发展理论”学说来审视当代中国特色社会主义教育的目的就十分的必要，全面发展的教育理论已经成为我国教育改革和发展的主要指导方针，关于人的全面发展主要可以从以下两个方面理解：一是人的体力劳动和脑力劳动相结合，实现通常所说的德、智、体、美、劳全面发展；二是一个完整个人所具有的优秀品质和多样才能都能得到充分和谐的发展。社会对与人才的需求是多种多样的，多样化的全面发展的人才才能满足社会各项建设事业的发展。当前社会存在着各种不同的教育观念和教育模式，这些不同的观念和模式对于培养创新精神和创业能力是把双刃剑，它可能会促进创新精神和创业能力的培养，可能也会阻碍创新精神和创新能力的培养。因此，要结合受教育者自身的发展特点，制定符合受教育者自身发展的规律教育观念和模式，实现其自身有差异性的全面发展。“双创”背景下的思想政治教育的目的是培养出具有创新创业精神的“双创”人才，以便促进人的全面发展。

四、载体论

思想政治教育是教书育人的实践活动，而实践活动总是需要一定的载体才能够进行。因此，思想政治教育中最不可或缺的就是载体了。教育内容的实施教育方法的运用，教育任务的完成，教育主体和教育客体之间的互动，教育目标的实现等，都离不开一定的载体。所以，思想政治教育载体就是指在思想政治教育过程中能承载思想政治教育信息，为思想政治教育主体所操作并使主客体发生作用关系的一种物质存在方式及其外在表现形态。“双创”背景下的思想政治教育是一项重要的教育人的实践活动，总是要通过一定的合适的载体才能进行。载体是“双创”教育与大学生思想政治教育紧密融合的不可缺少的重要组成部分。

五、环境论

思想政治教育是人类进入阶级社会以来就有的一项社会实践活动，它总是在一定的环境中存在和发展，大学生思想政治教育也不例外。大学生思想政治教育活动因其主客体的特殊性，使思想政治教育环境对大学生思想政治教育的影响与制约别具特点。尤其是在“大众创业，万众创新”的时代，深刻变化的国际、国内环境以及形成的一些新的环境要素，为大学生思想政治教育提供了更为广阔的发展空间，但也产生了大量的新的情况和问题，使大学生思想政治教育在面临环境所赋予的机遇的同时也经历挑战。在客观环境发生变化的情况下，结合“大众创业，万众创新”的时代特点，与时俱进地分析大学生思想政治教育环境与大学生思想政治教育之间的关系，对更好地发挥思想政治教育环境的作用，提高大学生思想政治教育的效果具有重要意义。

六、思想政治教育渗透理论

众所周知，积极开展思想政治工作是我党取得革命胜利果实的基本经验，也是我们需要继承的优良传统。其中，渗透思想是思想政治教育理论体系的重要组成部分，同时也是影响思想政治教育效果的重要因素。

对于思想政治教育渗透理论的内涵，目前，学者们的观点虽各有不同，但笔者总结发现，学界主要是从思想政治教育的渗透性和渗透教育这两方面来讲的。学者郭旭认为，渗透教育是一种隐性教育，是教育者借助一定现代科技，以隐性的、无意识性的形式传递给受教育者正能力。学者王昌标认为，思想政治教育的渗透性是指受教育者借助于一定有效载体，在潜移默化中受到良好熏陶的教育过程。通过查阅相关文献，笔者认为，与传统的灌输教育不同的是，渗透教育是一个潜移默化、循序渐进的过程，是教育主体在一定社会环境下，根据教育目的将教育内容种让人容易接受的方式方法传递给受教育者，最终使受教育者内化于心、外化于行的过程。

思想政治教育渗透理论不仅对个人思想品德的形成具有重要导向作用，而且对社会主流意识形态的建构也具有重要影响作用。在高校，渗透教育是思想政治教育的重要内容之一，不仅影响着大学生创新创业教育思想的形成与发展，同时，对于创新创业教育的正确发展方向也具有重要导向作用。笔者把思想政治教育渗透理论作为本文的理论基础，有利于更好地发挥思想政治教育的导向作用，不断创新大学生创新创业教育，推动大学生创新创业教育的持续发展。

七、马克思主义人才观

人才观是指关于人才问题的总的看法及观点。人才观是属于世界观的范畴，可以说，有什么样的世界观就有什么样的人才观。马克思主义人才观，是指马克思主义创始人及其后继者，运用辩证唯物主义的思想，从人民的根本利益出发，关于人才问题的基本观点和总的根本看法，它是指导人们形成正确的人才思想的理论指导。

马克思主义认为：人们的观念、观点和概念，一句话，人们的意识随着人们的生活条件、人们的社会关系、人们的社会存在的改变而改变。马克思主义人才观是建立在唯物主义辩证法基础之上的。马克思主义认为，人是生产力中最具有活力的因素，并强调了广大人民群众与社会实践、人才与时代的关系。按照马克思主义的观点，所谓人才实际上是指具有符合一定社会发展所要求的思想道德素质、科学文化知识和在某些方面例如在某一领域、某一行业、某一工作上具有特定才能或创造、创新能力，并能为社会发展、人类进步做出创造性劳动并有较大贡献的现实的社会的个人。

当今世界，看一个国家是否能屹立于世界民族之林关键是看综合国力，综合国力主要指经济和科技发展水平，而国家间在经济和科技实力上的竞争实质是人才的竞争。决定一个国家和地区经济社会发展速度和效益的不是物质资本而是人才的培养。马克思主义人才观强调人才是社会的主体，是历史发展的根本动力，也是推动经济发展、社会进步的关键因素。同时，马克思主义人才观认为，人才是社会所有资源中最为宝贵且最为重要的社会资源，人才的素质和个人的行为能力必须符合最广大人民的根本利益，并始终以最广大人民的根本利益作为衡量和评价的标准。

高校加强大学生创新创业教育，要坚持思想政治教育为导向。与马克思主义人才观的主要观点一样，都是为了培养人才，培养符合社会发展要求的具有创新、创造能力的高素质人才，不断提高大学生的创新素质、创造能力、创业品质等综合素质，为高校向社会输送有高尚思想道德素质、真才实学和创新创业精神的高层次人才提供支持和巧障。因此，笔者认为，本研究坚持马克思主义人才观作为理论指导，这对于实现创新创业型人才培养目标具有重要理论支撑作用。

八、马克思主义关于人的全面发展理论

唯物史观认为，人是各种社会关系的总和。人的全面发展是相对于人的片面发展而言的。马克思第一次明确提出人的全面发展的概念是在《德意志

意识形态》一书中。在书中，马克思认为，在资本主义社会初期，由于私有制的存在和旧式分工的出现致使个人的发展受到限制和自由，这是导致个人的片面发展的最根本原因。为解决这一现实问题，马克思提出人的全面发展的概念。在文中，马克思认为，人的全面发展与人的片面发展是相对的，人的全面发展是指每个人都能得到普遍、全面的发展。同时，每个人自由而全面的发展也是未来社会的基本特征之一。其包括的具体内容如下：

一是人的劳动能力的全面、自由发展。人的劳动能力的全面、自由发展是人的全面发展理论的最根本因素，也是人的全面发展的首要发展方面。它主要指的是人的智力和体力的充分、自由的发展，然而这种充分自由发展的获得要根据社会的需要或自己的爱好交替地从事各种活动，包括脑力活动和体力活动。人的体力和智力活动在个人的全面发展中处于关键地位，因为它们是人的生命体存在和从事活动的基础。若离开二者，生命就无法维持，更不用谈去认识世界和改造世界。因而，人的自由全面发展首先需要人的个性和主体性的充分发挥，需要人的劳动能力的全面发展。

二是人的才能、志趣和道德品质的多方面发展。人的自由发展并不是没有任何局限任由发展的，它不仅受到自身劳动能力发展的限制，还受到客观环境和客观条件等的限制。因此，人只有充分具备自由发展的条件，才能去认识世界与改造世界，才能实现个人的全面发展。马克思主义认为，每个人全面地发展自己的所有能力是每个人自己所身兼的使命，也是每个人的义务和责任。与此同时，人的全面发展也需要人的自由、充分的发展，还需要个人具有创造价值的能力。这些都是人的本质力量的充分体现。

三是个人与社会关系的高度丰富和发展。马克思主义认为，人是社会的人，人的一切发展都离不开社会，人只有在与社会的不断联系中才能得到发展，这也需要人的主观能动性的发挥，而人的主体能动性的发挥也必然要求社会关系的高度丰富与发展。人的全面发展不仅包括个人自身一切能力的发展，更重要的是个人与社会之间的联系与发展。从一定程度上来说，社会关系也决定着一个人的发展程度。从以上论述可知，人与社会是紧密相连，不可分割的，只有在相互促进中，才能使人得到更大的进步与发展。现如今，高校特别重视大学生创新创业综合素质的培养与提升，进而为推动科技的进步、社会的发展和创新型国家的实现提供人才保障。实现大学生全面发展应着眼于提高大学生的创新创业综合素质和实践创新能力，所有这些都需要强有力的理论后盾。马克思主义关于人的全面发展理论是马克思主义教育观的核心内容，该理论对于实现大学生全面发展、创新创业素质及能力的提高及成长成才都具有重要作用。因此，这一理论也无疑为笔者重新审视思想政治

教育融入大学生创新创业教育提供了一个更宽阔视野：只有将创新创业教育与大学生的全面发展联系起来，才能对创新创业教育的探索不断创新。

第四节 高校思想政治教育和创新创业教育协同育人的研究依据与意义

一、研究依据

首先，加强思想政治教育与创新创业教育协同育人是党和政府的明确要求。在2016年12月7日召开的全国高校思想政治工作会议中，习近平总书记就提道："我国高等教育肩负着培养德智体美全面发展的社会主义事业建设者和接班人的重大任务，必须坚持正确政治方向。"党的十八大报告也明确指出："中国特色社会主义事业是面向未来的事业，需要一代又一代有志青年继续奋斗。全党都要关注青年、关心青年、关爱青年，倾听青年心声，鼓励青年成长，支持青年创业。"李克强总理在2015年《政府工作报告》中提出："着力促进创业就业。坚持就业优先，以创业带动就业。要加强就业指导和创业教育，落实高校毕业生就业促进计划，鼓励到基层就业。实施好大学生创业引领计划，支持到新兴产业创业。"《关于发展众创空间推进大众创新创业的指导意见》和《国务院办公厅关于深化高等学校创新创业教育改革的实施意见》相继出台。这些无不反映出一个主题：创新创业教育是高校必须承担的任务，也是高等教育的应有之义。加强大学生的创新创业教育就必须要创新大学生的思想政治教育。而创新创业教育又并非是简单的教导学生办企业、开公司，而是将其作为推进高等教育综合改革、全面提高教育教学质量、促进毕业生更高质量就业创业的突破口和重要抓手。

其次，加强高校思想政治教育与创新创业教育协同育人是社会经济发展的迫切需要。思想政治教育的劳动所创造的能够促进社会经济的增长和发展，并且能够满足人们日益增长的物质和精神的需求就是思想政治教育的经济价值。根据马克思主义经济基础和上层建筑的辩证关系原理，思想政治教育在社会经济发展中的作用不容忽视。目前，我国综合国力和国际竞争力日益提升的最重要的因素之一就是高新技术产业的迅速发展。高新技术产业的发展不仅仅只是需要培养大量具有科研精神的科学家、企业家，更重要的是需要整个社会营造出创新、创业的良好氛围，所以拓展思想政治教育的内涵和外延就成了当务之急，必须将创新精神和创业能力作为大学生思想政治教育的时代内容和载体，使高校成为创业型人才的储备库、创新精神的集散地。

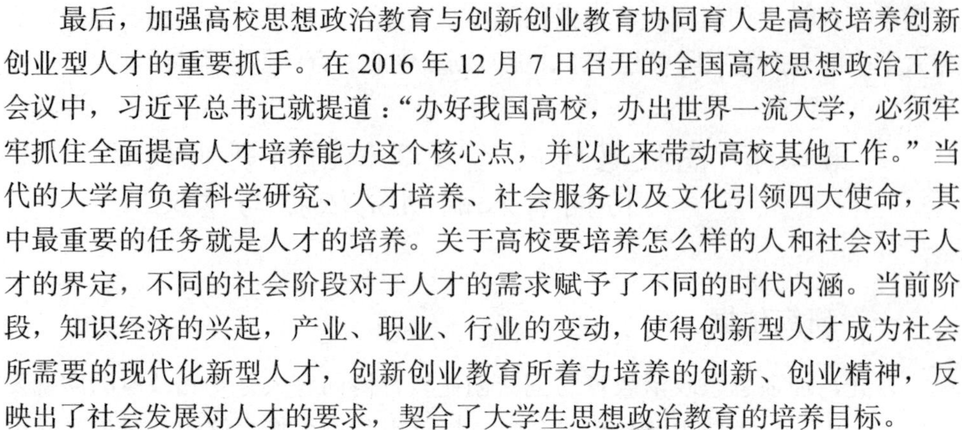

最后，加强高校思想政治教育与创新创业教育协同育人是高校培养创新创业型人才的重要抓手。在 2016 年 12 月 7 日召开的全国高校思想政治工作会议中，习近平总书记就提道：“办好我国高校，办出世界一流大学，必须牢牢抓住全面提高人才培养能力这个核心点，并以此来带动高校其他工作。”当代的大学肩负着科学研究、人才培养、社会服务以及文化引领四大使命，其中最重要的任务就是人才的培养。关于高校要培养怎么样的人和社会对于人才的界定，不同的社会阶段对于人才的需求赋予了不同的时代内涵。当前阶段，知识经济的兴起，产业、职业、行业的变动，使得创新型人才成为社会所需要的现代化新型人才，创新创业教育所着力培养的创新、创业精神，反映出了社会发展对人才的要求，契合了大学生思想政治教育的培养目标。

二、研究意义

高校创新创业教育在我国起步晚，发展时间短，尚未形成系统的理论成果，且国内大多学者从宏观角度出发，重视具体的实践操作，研究视角单一，思想政治教育理论性知识运用较少，一直以来对学生创新创业素质培养有所忽视。因此，笔者试图寻求二者的协同育人，使其相得益彰，具有重要的理论与实践意义。

（一）理论意义

一方面，虽然我国许多学者已对创新创业教育理论进行过深入的研究，但取得的成果大多是以西方的理论为根基，缺乏本土化的特色，且理论体系不健全，理论基础薄弱，学科功能定位不合理，教育主体、内容、目标、机制并不完善。相反，大学生思想政治教育在理论研究与实践探索上都相对比较完善，取得了不错的成绩，它能够在方向上起到引领创新创业教育发展的作用，并为其提供思想基础和理论借鉴，使创新创业教育理论体系扎根于中国，富有中国特色。另一方面，创新创业教育又可以对思想政治教育的发展进行拓展与丰富，增加新的内容，延伸新的领域。思想政治教育最重要的是对学生理念的传播，而理念是时代赋予的，不会一成不变，要紧跟社会发展步伐进行更新与完善，不断开拓新的渠道和领域，丰富教育方法和内容，构建教学新模式。可以说高校创新创业教育既顺应了时代要求，为思想政治教育注入新的活力，又能在理论上促进高校思想政治教育体系创新。

目前，我国理论研究学者对思想政治教育和创业教育的研究已经达到了一定的高度，形成了非常丰富的研究成果。但是对于思想政治教育和创业教育结合的研究还不完善，在高校中也没有形成系统的理论体系、教育体系和制度体系。当前大学生思想政治教育要实现新的突破和发展，将创业教育融

入思想政治教育，将创业教育内容贯穿于思想政治教学课程中，借鉴创业教育的教育方法融入日常思想政治工作中，同时构建保障系统，实现创业教育和大学生思想政治教育的互动式发展，实现协同育人。将创业教育融入大学生思想政治教育，既促进了创业教育的有效开展，也丰富了大学生思想政治教育的理论研究。

本选题的理论研究，从两者的相通性出发，从现行的理论基础重视创新创业与思想政治教育协同育人，追溯两者的本源，研究两者的相通性，探索新时期大学生思想政治教育的发展途径和创新途径，实现高校思想政治教育理论研究的进一步深化和完善，创业教育理论的不断丰富，推动高校思想政治教育和创业教育的共同发展开辟了新的道路，创业教育可成为高校思想政治教育有效性的途径。

（二）实践意义

受国内外各种思想潮流的冲击，当代大学生的思想逐渐呈现多样化、复杂化。同时大学生是意气风发的青年，对事物的认识不够全面，较容易受不良分子蛊惑，做出对社会不利的事情。因此，加强高校的思想政治教育是高校的重点工作，把坚持为大学生解决问题、实现大学生的全面发展作为高校思想政治教育工作的重要指导思想。同时，大学生思想政治教育丰富内容、完善方式、方法，不再是简单的说教，真正关乎大学生的切身利益，贴近大学生的现实情况，为大学生解决难题，才能具有话语权和说服力，把大学生培养成社会需要的人才。随着每年递增地高校毕业生，如何实现更好、更多的就业成为国家、社会、家庭关注的重点。提高大学生的自主创新创业能力成为解决这一问题的有效方法，特别是大学生的自主创业不仅能解决找工作难的现象，还能提供一部分职位。大学生的自主创业需要多方面的综合素质，不仅需要大学生具备创业知识、创业技能、经营管理等多方面的创业基本能力，同时还需要具备良好的创业精神、心理素质、坚定地理想信念等。因此，高校要对大学生进行系统的创业教育培训，将专业知识与创业技能结合起来，充分发挥自身优势，提高创业的科技含量，解决自身的就业问题，为自身创造利润。大学生思想政治教育虽然不能提高实践操作能力，却可培养良好的意志品质、锻炼坚强的心理素质，是大学生成功创业的保障。

一方面，二者协同育人有助于加快建设创新型国家的步伐。时代快速发展的步伐呼吁国家创新创业型人才的涌现，在高校改革的过程中摸索与实现二者的协同育人机制，能够使创新精神与创业意识深入广大学生，为国家培养出素质好、能力强的社会主义事业优秀的建设者和接班人，使之成为真正推动国家创新的实践者和开拓者，使我国在世界舞台上绽放出更加夺目的光

彩。另一方面，二者协同育人有助于提升高校思想政治教育的效果。思想政治教育是使学生思想上改变的教育，不能照本宣科，要因材施教，顺应国家政策，深入学生内心，满足学生的知识需求。现阶段创业难问题是摆在所有高校学生面前最严峻的问题，因此二者协同育人不仅可以使教育更加具有效用，还能提升学生掌握知识解决实际问题的方法，避免课程枯燥不堪，影响教育教学的效果。

第五章 高校思想政治教育和创新创业教育协同育人可行性研究

创新创业教育是培养受教育者具备创业知识与技能、创业人格与品质等创新创业精神的教育，它是提高受教育者的综合素质的一门教育，从这个意义上说它也可以看作是实施素质教育的一种特殊方式，创新创业教育最终的取向是要培养全面发展的高质量人才，这类人才在创新与创造力上表现尤为突出。而思想政治教育最终取向也是要培养全面发展的高质量人才，这类人才在意识形态、在精神层面的发展尤为突出。创新创业教育与思想政治教育存在许多切合点，这也就构成了创新创业教育与思想政治教育协同育人的前提。

在当前形势下，我国非常有必要在高校创新创业教育中实施思想政治教育，它能够帮助高校大学生建立起正确的创业观和道德观，还能够推动我国整体创业市场的健康发展。当然，我国高校创新创业教育中实施思想政治教育也具有较强的可行性，这离不开目前我国良好的创业政策和创业环境，也与当前日益紧迫的大学生创业需求密切相关。

第一节 国内外相关研究提供了理论基础

一、国外研究现状

关于思想政治教育的国外研究现状。从某种意义上讲，“思想政治教育”的概念国外并没有提出，国外提出的是相当于“公民权利与公民义务教育”和“国民精神教育”“道德培养”及“宗教熏陶”“历史教育”等概念的国民教育，所谓的“思想政治教育”就是在这些概念的旗帜下进行的。国外的相关研究表明，在对大学生的思想政治教育方面，国外更加注重爱国主义教育、注重教育的实践性、注重政治的作用、注重渗透教育、注重宗教地位。具体体现在以下几个方面：

第一个方面是：政治社会化理论。在美国，思想政治教育理论就是公民的教育理论，而公民的教育理论的核心内容就是政治社会化理论。政治社会化理论作为一支新兴的分支学科，属于现代西方政治学的领域，其中蕴含着非常完整和丰富的具有资产阶级性质的思想政治教育的内容。在西方资本主义社会，政治社会化理论的地位就相当于我国“思想政治教育学原理”的地位。

第二个方面是：突出教育的政治功能。虽然国外使用“历史教育”“道德教育”“国民教育”“宗教教育”“公民权利及义务教育”等概念对思想政治教育进行了重新包装，但是在教育的实施过程中，其并没有能够摆脱“政治色彩”，西方的学校通过用不同的方法向学生灌输有关于资产阶级意识形态的内容来对学生进行思想政治教育，将学校的思想政治教育作为其确保资产阶级统治地位和巩固发展资本主义制度的重要工具。拿不同的资本主义国家公民教育作为例子分析：一直以来，美国公民教育的政治色彩就很浓厚。其中，关于反共教育、国民精神教育以及资本主义制度优越性的教育经常相互渗透，相互影响。日本一开始就给思想政治教育设立了若干的政治目标，在1950年的时候，日本的政府就将政治启蒙作为“反共的最大武器”并以道德教育和思想教育作为培育反共国民的重要工具。

第三个方面是：注重渗透教育。列宁在20世纪20年代提出的“灌输”理论指的是人们不会在脑中自发形成某种理论，这些理论都需要他人有意识地对其加以灌输。当前，“灌输”理论就已经成为全世界思想政治教育的最重要的经验，在社会主义制度和资本主义制度的斗争转变成为经济领域和意识形态领域的斗争之后，“灌输”手段被各个阶级所采用，他们试图让代表本阶级利益的意识形态走出去，成为全世界都能接受的共同的价值观。与此同时，国外的思想政治教育也加强了对国民的价值观的潜移默化的“灌输”。

第四个方面是：凸显宗教地位。在国外，统治阶级为了加强和巩固自己的统治地位、深化对民众的思想控制，宗教是最重要的武器。因此，统治阶级坚持不懈的和宗教保持着紧密联系，让它成为对国民进行思想政治教育的关键手段。在美国，宗教的作用非常重要，它为美国公民构建起多样信仰和多彩生活的牢固的桥梁，曾经的艾森豪威尔总统就表示过：美国之所以有现在这样强大的国力和自由的氛围，正是因为上帝。不管上帝代表哪种宗教，它都体现了团结。如果美国对上帝不信仰的话，那这个国家没有任何的意义。在日本，宗教对年轻人的指导意义更加的明显，它除了在教义中大力传播日本优秀的美德之外，还在日常的生活中提醒当代年轻人要以和为贵。

综上所述，笔者认为国外的学者对于思想政治教育的研究，大多偏向于对思想政治教育的概念内涵而言，并且大多注重的是有关于教育实施的内容，对大学生思想政治教育和创新创业教育的融合，并没有做深入地分析。

关于“创新创业教育”，国外在很早就有了研究。在1988年的时候，联合国教科文组织就发表了《世纪的高等教育：展望与行动世界宣言》的报告。在该报告中就明确表示了，全世界的青少年除了要接受传统意义上的职业教育和学术教育外，还应该拥有“第三本教育护照”，这边的“第三本教育护照”说的就是创业教育，创业教育概念的正式提出也是在这个会议上。但是，联合国不是最早形成创新创业教育模型的，美国在联合国教科文组织正式提出创新创业教育之前，就已经有了创新创业教育理论的雏形。受美国经济结构形态变革时期的影响，美国巴布森商学院在1967年便成了第一个设置创业教育课程的学校。20世纪40年代美国大学生的创业教育就开始了，1947年，哈佛商学院的Myles Mace教授向MBA开设了《新创企业管理》课程。在美国积极开展创新创业教育的同时其他国家如德国、日本、英国等发达国家也积极以美国的创业教育为榜样，在政策、资金等方面为大学生创业提供有力的支持。

在1987年，英国政府制定了“高等教育创业”计划，其目的在于培养大学生的创新精神和创业能力，鼓励学生加强自主学习。而后政府还出台了一系列的政策法规，对于大学生的中的创业人才给予支持和鼓励。德国政府也提出了“要使大学生成为创业者熔炉”的号召，并且在积极研究和推广在非经济管理类专业的创业教育新模式。

二、国内研究现状

关于思想政治教育的研究现状。自1999年以来，学术界对于大学生思想政治教育创新的问题的研究已经取得了很多成果。从论文的发表篇数来看已经多达百篇，从发表的著作来看，也有不少。但总的来看，关于大学生思想政治教育创新问题的研究目前主要集中在以下几个方面：

一是思想政治教育观念创新问题。要想思想政治得到创新首先必须要创新思想政治教育的观念。当前，在面对新形势新情况的时候，必须要更新思想政治教育的观念，必须要开拓新的思路，这样推动思想政治教育由传统向现代转变。那么，思想政治教育应该树立哪些新的观念呢？一是要树立“科学育人”观，“以人为本”观，“终身学习”和“系统教育”观；二是要树立起单纯的唯社会价值教育观，树立起社会与个人价值相统一的新的正确的价值观；三是大学要树立德育为先的理念，要确保大学发展价值和大学德育首位价值的有机统一，大学教书、领导、管理、服务育人价值和德育首位价值的有机统一。

二是思想政治教育内容创新问题。提高思想政治教育实效性的根本方法就是要对思想政治教育的内容进行创新，这是创新思想政治教育最关键的环节。而思想政治教育内容的创新也必须反映时代的变化和需求以及当今社会意识形态领域的变化，只有符合这两者的变化，思想政治教育才能实现真正的创新。张耀灿认为，在经济全球化的今天，要想加强思想政治教育就必须把加强理想信念教育作为重要的教育内容来抓。既要符合改革开放的要求，对大学生进行适应市场需要的教育，来培养他们的“国际意识”，又要符合实现中华民族伟大复兴的要求，对大学生进行大局意识、爱国主义、协作意识、民族意识的教育。熊建生认为，应该从优化内容结构入手，在新时期我们应当构建思想政治教育的主导性内容、基础性内容和拓展性内容，并且让他们相互贯通、相互包含、相互作用，构成一个有机的整体。周湘莲提出，要从整体上来构建思想政治教育的内容，纠正以往在思想政治教育的过程相割裂的情况。

三是思想政治教育方法创新问题。方法是决定思想政治教育的效果高低的最重要因素，它在思想政治教育的内容和目的之间构建起了一座桥梁，实现了思想政治教育的主体与客体之间的相互交流。黄艳认为，以往传统的灌输式教育法已经不适应当今社会的发展了。以往传统的灌输式教育法注重的是教育的绝对权威性。它强调的是在高校教学中学生必须听从老师的命令，老师教什么，学生就学习什么，从而忽略了学生的自主能动性。所以，为了适应新形式的发展，大学生思想政治教育必须摒弃教师直线式的知识灌输方式，要把传统“说教型”方法转变为“参与型”的教育模式，要激发学生自主学习的热情。

四是思想政治教育机制创新问题。在新时期，创新大学生思想政治教育机制有利于促进大学生思想政治教育的发展和增强其活力。胡振民认为：大学生思想政治教育创新一定要以机制的创新为突破点，将可行性与有效性相结合，将灵活性与原则性相结合，互动性与兼容性相结合，突出重点、分类指导，将成熟的经验适时地向规范的制度转变。并以此为指导，尝试性地提出了构建领导与检查机制、预替与防范机制、动力与激励机制、疏导与养成机制、各类信用与群众参与机制、学习与培训机制等设想。李军良认为，新的时期思想政治教育机制的创新应该制定一套行之有效的法规制度，依靠制度的规范性、稳定性和制约性，来提高思想政治教育的可操作性。

从上述已有的成果来分析，目前思想政治教育创新所面临的问题主要有以下几个方面：一是分歧多，共识少。目前学术界对于思想政治教育的观念、方法、内容、机制等方面的创新众说纷纭。不同的学者有不同的看法，他们大多从自己所擅长的研究领域出发，根据自己的理解对思想政治教育创新的

问题发表自己的看法。其中虽然有一些领域的内容存在的交叉相似的观点，但是分歧依旧十分的明显。二是重经验总结，轻科学论证。从目前已有的研究来看，大多数的研究只是抓住了具体的某一个行业或者部门，从单个的个体出发来研究思想政治教育创新的有关问题。但是一些重要的部门和领域经常会被忘记或者不能够被科学的对待。三是面广。但目前学术界关于思想政治教育创新的研究主要集中在观念的创新，方法的创新，内容的创新，机智的创新等方面。因此，从表面上看来，关于思想政治教育创新研究内容很多和研究人员很多，但是结果却与之相反，目前学术界的研究成果之间相似之处很多，缺乏亮点。真正能够就某一方面进行深入系统地研究的学者很少，能够提出有分量的研究成果的学者更是寥寥无几。所以，在创新创业的背景下研究大学生的思想政治教育的创新不仅仅是可能的，而且是相当必要的。

关于创新创业教育的研究现状。和美国、英国等发达的资本主义国家相比，我国的创新创业教育起步较晚，但由于受到党和政府的高度重视、得到国内众多学者的集中关注，创新创业教育得到了迅速地发展。我国大学生创新创业教育的研究和实施开始于 20 世纪末。1997 年，清华大学举办的“第一届创业计划大赛”正式拉开了我国大学生创新创业教育的帷幕。进入 21 世纪以来，随着大学扩招后所带来的毕业生就业难的问题，我国的创新创业教育受到了党和政府的高度重视，因此有关于高校创新创业教育的研究才能够得以进一步的加强。但是我国自主编纂的有关创新创业教育的教材还略显不足。在当前开展创新创业教育的高校中，大多数还是借用的外国的一些教材，比如《创业学》《创业管理》等。结合目前国内现有的这些对创新创业教育研究的成果，可以从内容上大致将它们分成如下几个方面：

一是创新教育和创业教育关系的研究分析。创新教育是高校培养创新型人才的重要途径。多年来，教育界对创新教育进行了多方面的探索与实践，如通过实验实习教学开展创新教育，通过课堂教学开展创新教育，通过课外活动开展创新教育等等。当前，在大学生教育中广泛开展了创业教育。毋庸置疑，创业教育有利于促进大学生的全面发展。大学生通过对创业教育的学习，将他们的创业热情激发出来，将他们自身的创业能力培养了起来。这在某种程度上讲，这样的学习方式打破了以往传统的对知识的学习。同时，通过创业教育激发学生对新事物的好奇、对新事物的思索、对新事物的尝试，从而培养了大学生的创新素质和能力。所以，创新教育与创业教育是相辅相成的，创业教育的发展丰富了创新教育的内涵，创新教育的发展推动了创业教育的发展。

二是对大学生的思想政治教育进行创新教育的必然性的研究分析。创新作为当今时代发展的重要动力，是解决战略问题的基本力量，也是开拓工作新局面的基本方法。创新是一个国家兴旺发达的不竭动力。当前大学生思想政治教育所面临的环境正在发生深刻的变化，顺应这一新的形势，我们必须与时俱进，深入进行大学生思想政治教育的创新研究，努力增强大学生思想政治教育的有效性。王巍指出，思想政治教育创新是社会向前发展的必然要求，也是思想政治教育自身理论发展的迫切需要。认清思想政治教育创新的必要性，对研究思想政治教育创新有重要意义。大学生的思想政治教育要想取得突破性的进步就必须加强对其创新性的研究。

三是对大学生思想政治教育进行创业教育的必然性的研究分析。创业教育是使受教育者能够在社会经济、文化、政治领域内进行行为创新，开辟或拓展新的发展空间，并为他人和社会提供机遇的探索性行为的教育活动。熊杰，马小龙等指出，实施创业教育是国家发展的战略需要，实施创业教育是我国高等教育大众化发展到今天的现实需求。实施创业教育是深化我国高等教育改革的迫切需要，是高等教育国际化与大众化的必然结果。实施创业教育是当代大学生适应社会发展需要的迫切需要。可见，创业教育对国家的兴衰，深化高等教育改革，促进大学生全面发展具有重要作用十分必要。

四是关于在大学生加强创新创业教育的途径研究分析。当前学术界对如何加强大学生的创新创业教育的措施研究的很多。笔者将这些措施总结如下：①通过方法的综合化、人性化、现代化、中国化、立体化创新大学生思想政治教育方法；②培养大学生的创业意识，把创业教育与马克思思想理论结合起来；鼓舞大学生的创业热情，把创业教育与理想信念教育结合起来；规范大学生的创业行为，把创业教育与职业道德和法制教育结合起来；调适大学生的创业心态，把创业教育与心理健康教育结合起来；引导大学生成功创业，把创业教育与形势与政策教育结合起来都可以强化大学生思想政治教育理论教学；③加强师资队伍和教材建设，建立一支专业化、专家化的创业指导队伍。

创新创业教育与思想政治教育一直依以来都是我国学者研究的焦点，各自领域内的相关成果已有很多，并得到了实践检验，但学者对二者之间关系的研究较少，对二者融合问题的深入探讨更是稀疏。笔者以 CNKI 中国知网为平台，搜索关键词“创新创业教育”同时含“思想政治教育”，结果显示 125 条相关文献，包括 12 篇硕博类论文，113 篇期刊类论文。在人工阅读检索之后，较为符合的期刊论文仅剩 37 篇，硕博论文只有 1 篇，可谓是凤毛麟角。在著作方面，也是分别研究“创新创业教育”和“思想政治教育”的书籍居多，但以二者相互关系为主题的著作非常少，且质量不高。这证明本文

的研究主题具有很大的发展前景。

国内外创新创业教育和思想政治教育的相关研究已日趋成熟，尤其是美国。而在我国，高校创新创业教育需要进的空间还很大，不到二十年的发展使得我们需要借鉴国外的成功经验，取其精华，去其糟粕，弥补现阶段我国创新创业教育和思想政治教育发展的漏洞，基于我国创新创业发展现状，能够吸引学生、利于学生成长与发展的一套教育理论体系。从国内学者对二者关系研究的现状中可以看出，我们有一定的学术成果，但大都较为浅显，且研究针对性低，时代契合性缺乏，缺少独特的理论视角与研究观点。更为重要的是，创新创业教育没有被学者摆在一个应有的高度，它应该更为独立自主，教育体系应更为严谨，而不应被看作是思想政治教育的组成部分，而这点需要学者进行更为深入严谨的探讨。国家“双创”战略的提出，要求我们在高校中寻找创新创业教育与思想政治教育的契合点，进行理论与实践的良好融合，一方面使思想政治教育富有时代特征，加入创新创业教育为国家推送素质更高的优质人才，一方面促进我国创新创业战略的实现，由中国制造向中国创造迈进。

第二节 国家出台政策保障

近些年来，我国高校大学生毕业人数逐渐增多，面临着较为严峻的就业形势，大学生就业已经成为社会普遍关注的焦点问题。面对这一现实情况，国家陆续颁布了多项政策，为高校思想政治教育与创新创业教育协同育人提供了方向引领和有力保障，来鼓励我国高校大学生自主创业，鼓励高校大学生通过创业来自身消化严峻的就业问题，这些政策在资金支出、产业扶持、税费支持、专业指导等方面做出了详细规定，在很大程度上推动了高校大学生创业的健康发展，为高校大学生的创业行为提供了政策保障。这些措施包括有国务院出台的《关于做好促进就业工作的通知》《关于促进以创业带动就业工作的指导意见》《关于深化高等学校创新创业教育改革的实施意见》等，为高校做好思想政治与创新创业的教育工作提供了有力支持。党的十八大报告提出，要引导劳动者转变就业观念，促进以创业带动就业。党的十八届三中全会也强调，要增强大学生的创新精神，完善创业扶持政策，鼓励高校毕业生自主创业。

众所周知，我国经济已进入新常态，其突出特点是增速放缓、动力转换、结构调整，实现新常态下经济发展的根本措施是依靠创新驱动，而其背后需要创新型人才作为支撑，高校作为培养高层次人才的主要载体，开展创业教育是其义不容辞的责任。2012 年以来，国务院、教育部先后下发了一系列指导高校开展创业教育、促进大学生自主创业的文件：2012 年 8 月，教育部印发《普通本科学校创业教育教学基本要求（试行）》，对普通本科高校创业教育的教学目标、教学原则、教学内容、教学方法和教学组织做出明确规定，并要求各高校要创造条件面向全体学生单独开设“创业基础”必修课。2014 年，国家总理李克强在夏季达沃斯论坛上提出了我国要坚持“大众创业、万众创新”的发展理念，并且明确指出，我国高校的大学生是这一发展理念的生力军，要加强对高校大学生的专项指导，不仅要帮助高校大学生掌握扎实的创业知识和技能，同时还要帮助他们建立起争取的、健康的、积极的创业观。我国希望通过出台的这些政策措施，来完善创业市场，尤其是针对高校大学生这一群体，更是做出了专项指示，从实际效果来看，这些政策措施已经在一定程度上发挥了效用。2015 年 5 月，国务院办公厅下发《关于深化高等学校创新创业教育改革的实施意见》（国办发 [2015]36 号）；同年 6 月，《国务院关于大力推进大众创业万众创新若干政策措施的意见》（国发 [2015]32 号）出台，指出推进大众创业、万众创新是富民之道、公平之计、强国之策，并对转变经济结构、增强发展新动力、走创新驱动发展道路具有重要意义。2015 年底召开的十八届五中全会审议通过了《中共中央关于制定国民经济和社会发展第十三个五年规划的建议》，提出了创新、协调、绿色、开放、共享的五大发展理念，其中创新是首要发展理念，明确指出创新是引领发展的第一动力，要把创新摆在国家发展全局的核心位置，激发创新创业活力，推动大众创业、万众创新。在全社会创新创业大背景下，创新创业教育起着先导作用，高校思想政治教育是进行创新创业教育的不可或缺的重要平台，建立健全创新创业教育与高校思想政治教育协同机制，对改善当前高校思想政治教育生态，注入创新创业教育新活力，激发青年学生创新创业积极性，具有重要的现实和长远意义。国家在鼓励大众创业，尤其是鼓励高校大学生自主创业的过程中，也明确规定了要加强思想政治教育。

国家强调在创业过程中，要坚持以马克思主义为指导，科学掌握马克思主义的相关理论，将其相关理论与创业的具体实践相结合，以此保证创业活动的成功率。此外，在创业过程中，高校、社会团体和组织等相关机构要特别注重培养高校大学生正确的创业观，帮助他们建立起良好的创业道德和创业素质，保证创业市场的良好氛围。2015 年 12 月，教育部在《关于做好 2016 届全国普通高等学校毕业生就业创业工作的通知》中，明确要求从 2016 年起所有高校都要面向全体在校生开设创新创业教育课程，并将其纳入学分管理。随着供给侧结构性改革步伐的加快，高校创业教育毋庸置疑地成为助推经济发展动力实现由传统资源要素驱动向创新驱动转换的有力举措。促进大学生创新创业教育，已成为我国高等教育内涵发展的新思路，是高等教育适应经济新常态，实现转型发展的新机遇。近年来，我国众多高校纷纷通过设立创业教育中心、创业教育学院、创业中心，资助大学生创业项目，开展以“互联网 +”全国大学生创新创业大赛为代表的系列活动，掀起了形式多样、内容多元、生动活泼的大学生创业教育热潮，高校大学生创业教育成为高等教育领域崭新议题。

高校创业教育从本质上来说是“人的教育”，“人的教育”以培养全面自由发展的现代人为主旨目标。强化对受教育者思想观念、价值认同的积极引导，是教育活动的内核。以立德树人基本导向为首要重点任务的高校创业教育，离不开引入和坚守思想政治教育元素。随着我国高校创业教育的快速发展，思想政治教育在创业教育过程中具有何等作用，何以发挥功效，高校创业教育如何与思想政治教育有机融合，是高校推进创业教育过程中无法回避的问题，也成为高等教育研究领域的新课题。有学者认为，创业教育有利于改变大学生思想政治教育的单向性、内容低效性、方法滞后性等问题。在创业教育与思想政治教育如何有机融合这一问题上，有学者引入“协同论”的理论，强调从意识、环境认知和实践育人等多个层次催生“协同效应”。高校创业教育与大学生思想政治教育都是服务于高素质人才培养这一目标而开展的，因而，高校大学生创业教育与思想政治教育在教育目标上有着天然的同一性。从实践角度来看，创业教育是开展大学生思想政治教育的载体和手段，而思想政治教育则是高校创业教育的内容和前提。将两者有效融合，不仅可以提高大学生的创业意识，培育大学生的创业精神，而且可以丰富高校思想政治教育的形式和内容，提高思想政治教育的效果，进而更好地引领和促进高校创业教育快速健康发展。可以说，高校创业教育与思想政治教育相融合，既确保了创业教育的“向”，又提升了高校思想政治教育的“效”。

第三节 国外给我国高校创新创业教育与思想政治教育协同育人提供借鉴

一、国外高校对协同育人的重视起到了一定的推动与督促作用

创新创业教育始于美国，并已经在二十多个国家成功实施。现如今，创新创业人才已成为发达国家核心竞争力的重要表现。高等学校是培养创新创业型人才的摇篮，发达国家对高校创新创业给予了高度重视，其表现在六个方面：一是关注培养大学生的创新创业意识，激发大学生的主动创新意识；二是开发专业的创业课程；三是将创新创业教育专业化，采用多种方法渠道对大学生进行创新创业教育；四是注重创新创业实践。在经济全球化的背景下，我国受发达国家创新创业教育的影响，国内创新创业教育正在兴起，结合我国基本国情，国内创新创业教育有以下特点：其一，得到了政府的高度重视；其二，逐步开发专门的创新创业教育课程体系；其三，创新创业教育方法日渐丰富。高等学校是培养人才的基地，国外对高等学校的建设给予了很高的地位，尤其是对培养高校大学生的创新创业能力，更是投入了大量的人力和物力。思想政治教育是我国上层建筑的基础教育，在世界一体化的进程中，国内外对高校创新创业的高度重视促使我国高校思想政治教育工作者加入培养创新创业人才的队伍中来，我国高校也受国外知名高校的影响，加强了对高校大学生创新能力和创业活动的重视和支持，其中思想政治教育就是一项非常重要的工作。我国高校创业教育中的思想政治教育工作者逐渐把培养高校大学生的创新创业意识作为重要内容，利用思想政治教育的导向性、时代性以及服务性来提高大学生创新创业素质、创新创业精神、创新创业道德水平。

二、国外协同育人的成功案例给我们提供了借鉴的渠道

美国和日本是有着鲜明创业文化的国家。美国的自由创新精神是创业教育中的核心，世代传承自由、拼搏的奋斗精神，美国当代大学生信仰自主创新。美国高校创业思想文化教育在宏观层面上为推动大学生创新创业起到了积极的推动作用。而在日本，传统的文化思想在创业思想文化教育中占主要

地位，奉献精神、团队精神是日本高校创业教育中思想文化教育的灵魂，这为日本的经济发展培养了大量的创业人才。这种文化教育理念为日本经济发展储备了大量人力资本，从而使日本经济得以快速发展。也正因为这种文化理念的教育传播作用，培养出了大量的高层次文化人才，极大地促进了日本经济的发展。由此可见，高校创业思想文化教育先进与否直接影响了在校大学生的创业精神的发挥，是决定高校创业活动开展的根本保证同时也是一个国家、地区创新创业顺利健康的发展的保证。从这些国家的教育理念可以看出，高校创新创业思想文化教育先进与否是决定高校创新创业活动开展的根本保证。国外发达国家在创业教育中都注入了各国的思想文化元素，这非常有利于高校大学生创业活动的顺利开展。我国高校应大胆的借鉴西方积极的精神文化，鼓励创新思维，解放创业思想。将我国创新、拼搏等中国特色注入高校大学生的创业教育中，丰富我国创业教育思想政治教育的内容，推动我国高校大学生创业实践活动的发展。

高校为思想政治教育与创新创业教育的融合提供了实现的环境基础。各高校已经积累了较为丰富的教学经验，教育体系也相对完整，这些都为我们开展创新创业教育提供了宝贵的经验和资源。间接地为二者的融合提供了现实支撑。在高校中做好思想政治教育与创新创业教育的融合具有丰富重要的现实意义。一方面，大学生创新创业能力的培养需要思想政治教育的价值引导。另一方面，创新创业教育又能够在创业活动进行中检验思想政治教育，甚至对其进行加强巩固。高校教育中二者的融合，不仅可以通过创新创业实践充分地激发出大学生的积极主动性和动力，把思想政治的理论精髓转化为大学生综合创新创业能力和素质，提升理论认识水平；还可以针对当前严峻的就业状况激发出大学生的创新创业精神，培养其创新性思维，锻炼其创业能力，成为对国家和社会有用的人。

三、各国高校对协同育人的重视给我们提供了最佳契机

发达资本主义国家经济能够持续不断地增长，其重要原因就在于整个社会积极自由的创业环境和政府及社会的强力支持。国外发达国家高校对创业环境的重视给我国创业教育中思想政治教育提供了借鉴，这些重视不仅仅停留在口号宣传上，最重要的是得到了切实实施。首先，国外资本主义国家政府制定了完善的创业教育政策，并全面的贯彻和执行，为鼓励大学生创业提供大量教育经费、奖励参与创业教育的优秀大学生等激励政策。其次，营造培养大学生创业精神和创业能力的创业氛围。国外高校把创业教育通过不同的形式渗透到各项课程及活动当中，并逐渐形成了较为完善的创业教育体系，

使创业教育成为大学生正规教育中的一部分。最后，国外高校重视培养创业教育的师资队伍。一方面，国外高校提供大量经费为从事创业教育的教师提供培训和实践机会，不断提升其创业教育课程深度和创业实践能力，以便于更有效的教育并指导在校大学生进行创业知识学习以及创业实践的开展。另一方面，高校通过提升高校教师的创业教育水平，使其将创业教育渗透到普通教学中，从而潜移默化的培育大学生创业素质，增强大学生的创业意识。近些年我国高校创业环境也得到了加快发展，但仍然存在一些问题。应结合我国基本国情，吸取国外创业教育的宝贵经验，为我国高校大学生提供更加完善的创业硬件设施和更为积极向上的创业氛围。当下是我国高校高度重视创业环境的时期，这为高校创业教育中实施思想政治教育提供最有利的契机。思想政治教育作为我国高等教育的特色、政府政策的传播者、社会价值取向的引导者，应在这种高度重视的条件下，加速培养当代大学生的创业精神、创业能力；营造创新创业的高校学习环境；这就需要在我国高校创业教育思想政治教育中加强社会价值的引导，提升思想政治教育工作者自身的素质和水平，大力宣传我国关于高校大学生创业的相关政策，营造良好的创业环境和创业氛围。

第四节　大学生创新创业对思想政治教育需求的紧迫性

首先，高校大学生严峻的就业形势需要加快推动高校大学生的自主创业意识，这离不开高校创业教育中的思想政治教育。从现实情况来看，目前我国高校大学生的自主创业意识在逐渐增强，但是与严峻的就业形势相比，这还远远不够，这主要表现在：有创业打算的高校大学生占总体数量的比重较低，而且在由创业打算的高校大学生中，很大一部分是由于就业压力大而选择自主创业的，只有较小的一部分是为了实现个人价值而选择自主创业的，也就是说，高校大学生的创业动机还是处于一种被动的状态。这些现实情况表明，虽然高校大学生的自主创业意识已经逐渐觉醒，但是如果仅仅依靠高校大学生自己激发创业的动力是不现实的，需要有强有力的外在推动力来激发他们的创业动机。高校创业教育中的思想政治教育就是一个非常有力的外在推动力。

其次，高校大学生需要充分发现自身的创业优势，离不开高校创业教育中的思想政治教育。高校大学生是我国创新创业的主要力量，与其他群体相比，高校大学生在创业过程中的优势主要体现在：一是高校大学生正在高校接受教育，而且是正规的社会主义教育，对于自身的道德培养和素质提升有

着很大的帮助；二是高校大学生充满了激情，拥有较强的创新意识和能力，在一个新的领域具有较强的打拼精神和闯劲；三是高校大学生接受了国家的高等教育，自身拥有较强的专业知识和技能，掌握了扎实的基础知识，这非常有利于创业活动的开展。高校创业教育中的思想政治教育可以帮助高校大学生充分挖掘自身的创业优势，能够积极引导他们走向正确的创业之路。高校创业教育中的思想政治教育应充分发挥利用大学生在高校中所学到的科学文化知识。高校创业教育中的思想政治教育应开展创业引导和培养工作，帮助在校大学生充分发挥以上几点创业优势。

最后，高校大学生创业过程中主体性的发挥需要创业教育中思想政治教育的引导。当今，我国已逐渐认识到大学生自主创业对促进我国经济发展、增加人口就业率的重要作用。为快速增加大学生创业成功率，高校必须保证大学生在创业教育中的主体地位。它对缓解就业压力、推动市场发展具有非常重要的作用，因此我国要加强高校大学生在创业过程中主体性，这也就对高校的创业教育，尤其是思想政治教育提出了较高的要求。高校创业教育中的思想政治教育主要能从以下几个方面推动高校大学生创业的主体性：一是可以营造一个良好的创业文化和创业氛围；二是可以通过教育改革等方式从外部激发高校大学生的创业主体性；三是可以从内部推动高校大学生的创业动机。高校应充分做好创业教育中的思想政治教育，积极推动高校大学生主体性在创业过程中的作用。我国高校创业教育可以充分利用思想政治教育大学生主体性的研究成果，使高校思想政治教育工作者肩负起实现大学生在创业教育中的主体地位的重要使命。

第五节 “创业教育＋思想政治教育”的可行性论证

一、社会背景与根本目的的相通

思想政治教育作为一门较早出现的教育领域，与创业教育作为一门较为新颖的教育领域，二者出现的社会背景可能是不尽相同的，但是二者如今却面临着共同的社会与时代背景。当前社会的科技化、信息化与现代化，对人才的需求更大，激烈的国际竞争下，人才竞争成为国与国之间一种的较量方式。国家和社会需要培养出更具有创新精神与实践能力的高素质人才，创业教育与思想政治教育作为教育的一部分，同样面临着培养更多更优秀的人才的重任。除去面临着社会对人才的需求这一共同任务之外，社会的飞速发展、物质生活的改变也在无形中改变着人们的精神世界，一方面，人们更加注重自我价值与个性的解放；另一方面，社会生活无形中腐蚀着人们的心灵，人们在思想上变得消极，功利主义与享乐主义滋生，意识混乱，价值观多元，种种此类现象为教育在人才培养中横插了一道障碍。所以创业教育与思想政治教育面临着社会风气的改变，其中有积极与消极的双面影响，需要创业教育与思想政治教育能够取长避短，趋利避害，培育出社会真正需要的人才。

教育具有两种功能——个体发展功能与社会发展功能。教育的根本目的是促进人的全面发展，教育的个体功能是指通过影响受教育者的身心发展来促进受教育者个体的进步的功能，这是在教育活动内部产生的，是教育的固有的本体的功能。作为教育的一个领域，二者在根本目的上都是教育人，通过在教育者的主导作用下，运用教育手段来影响受教育者，对受教育者进行所需要的教育。虽然二者具体的培养目标是不同的，但是二者存在共同的价值取向——育人，促进人的全面发展。无论二者能够产生怎样的附属功能，他们的主体的本位的功能都在于促进人的发展，通过人的发展来影响社会。创业教育与思想政治教育二者能够发生联系的一个重要切入点就是都注重促进人的个性的全面发展，都强调以人为本的理念。

二、社会功能与教育对象的相交

教育的社会发展功能，即教育作为社会的一个子系统，通过教育人、培养人来影响社会的发展，培养出来的人总是会参与到社会生活的各个领域，进而影响到社会其他子系统如政治、经济、文化等领域的发展。这就是教育的社会功能，也是教育的派生功能，是教育本体功能的衍生，属于工具性的功能。而创业教育与思想政治教育也都有其社会价值，无论是以显性的形式还是以隐性的形式，都对促进社会和谐发展具有重要价值。虽然思想政治教育更多的是一种精神领域的教育，但是其教育功能对社会的影响确实无处不在的，通过影响受教育者的政治立场、思想观念、道德修养与人格品质来影响到社会政治、经济、文化等的发展，使得年青一代更加拥护党的领导，更加拥护祖国，以自身具备的更高的素质来促进经济的发展与完善社会文化的建设，进而促进社会主义和谐社会的建设。而创业教育，作为一门实践性较强的教育，通过更加直接的途径来影响社会经济的发展，以创业带动就业，在解决就业问题上做出巨大贡献，也进一步维护了教育在人们心中的地位与影响，对社会的文化、政治发展也是一股无形的力量，对促进社会和谐发展来说，是一大潜力股。

学校教育是面向全体学生的教育，思想政治教育作为一种意识形态领域的引导性的教育，是面向全体学生的，在各个高校设置的思想政治教育课来

看，是所有在校大学生必修的公共课。而创业教育，无论是在创办好的高校还是刚刚有所涉及的高校来说，创业教育都是并且都应该是面向全体学生的，因为创业教育不仅仅是一门知识与技能教育，更是一门意识与精神、人格与品质的教育，它面向全体学生，开发学生的创业意识与潜能，完善学生人格品质。所以创业教育同思想政治教育一道，是面向全体学生的教育门类，对创业教育教育对象的正确理解是发展创业教育的关键。

三、教育内容与教育方法的相辅

教育内容是教育三要素中教育影响的一部分，是教育者向受教育者传递影响的作用物。创业教育与思想政治教育在内容上有交叉的部分。思想政治教育主要包括思想教育、政治教育、道德教育与法制教育四大领域，其中包括了世界观、人生观与价值观教育，爱国主义、社会主义与集体主义教育，社会公德、职业道德与家庭美德教育，宪法、法律与法规的教育等等。而创业教育包括创业知识与技能教育、创业意识教育、创业人格与品质的教育，后两者就与思想政治教育的内容有着千丝万缕的联系。比如在创业意识教育方面，就会牵扯到思想政治教育中的马克思主义世界观、人生观、价值观的引导，创业人格与品质的教育就会牵扯到思想政治教育中的道德教育与法制教育。所以看似互不相干的风格迥异的两种教育，在教育内容上还是有很多可以搭桥之处的。

教育方法是教育三要素中教育影响的又一部分，是教育者向受教育者传递影响的手段。创业教育与思想政治教育，虽然一个是较为先进的实践性的教育门类，一个是较为传统的理论性的教育门类，但在教育方法上存在或理应存在相似之处的。思想政治教育，重在说教，在高校思想政治教育课程中，课堂理论灌输占据主导地位，但是思想政治教育也离不开一些实践教育环节，尤其是近些年来，思想政治教育也越来越注重在教学方法上的创新，注重把思想政治教育带到活动中去，带到实践中去，将理论与实践相结合，实现思想政治教育教学效果的改进。而创业教育，在我国仍旧处于探索阶段，在发展较好的学校中，在理论课程与实践环节上都有所设置，但在一些创业教育发展薄弱的高校，创业教育要么仅仅停留在就业指导中心的不系统的指导上，要么就是专注于实践教学，通过创业讲座、创业竞赛等来对受教育者进行教育，但不可否认，在创业教育热的推动下，各个高校就创业教育教学方法的改进也在不断努力着，致力于使创业教育既要有理论上的传授又要有实践上的锻炼。所以，创业教育与思想政治教育都在教育方法上不断改进自我，创新自我，致力于将理论与实践相结合，促进各自教育效果的改进。

第六章 高校思想政治教育与创新创业教育协同育人存在问题及原因分析

第一节 思想政治教育融入创新创业教育中的问题及原因分析

一、思想政治教育在融入创新创业教育中的问题

（一）高校创新创业教育中思想政治教育的融合度不高

由于我国创业教育的发展还处于初级阶段，人们普遍对创业教育的认知还不够。不少人认为创业教育就是教学生一些具体的创业操作技能，了解一些创业政策法规，这样只注重技能教育而忽视思想教育、人文素质教育的认知太过片面。

大学的创业教育应该是要提高大学生对创业的认知，激发大学生的创业意识、创业精神，完善大学生的创业知识结构，磨砺学生的创业意志、创业心理品质，全面提升大学生的创业综合素质与创业能力，以培育大学生拥有健全的创业人格，独特的创业个性，能够更好地适应竞争激烈的市场环境，更好地将适合自身情况的创业规划付诸行动，促进创业的顺利进行。这样创业知识、创业能力与创业素质同步发展的创业教育，有诸多内容与思想政治教育相互联系、相互渗透，需要思想政治教育发挥其功能与优势，更好地为高校创新创业教育服务。只有将思想政治教育融合到创业教育之中，才能真正促进创业教育的全面发展。

当下，大部分的学生是希望尝试创业的，这迫切要求教育工作者结合当前大学生创业意愿、创业动机的现状去进行有针对性的创业教育活动，发掘更多大学生的创业潜力。在希望创业的这部分同学中，有部分大学生创业是出于应对当前严峻就业形势的无奈之举，被动地把创业作为解决就业问题的办法。他们很有可能会在创业遇到挫折后，创业态度产生动摇，也可能在创

业过程中缺乏敢于突破、敢于创新的精神。还有部分的大学生都是出于考虑到承受不起创业过程中可能遇到的挫折和创业之路过于艰辛从而放弃了创业的想法。大学生这样的心理状态说明了当前高校创业教育中不可或缺的思想政治教育并没有得到足够的重视，没能够发挥出它的效用，去激励大学生的创业意愿、创业斗志，磨练他们的创业心理品质等等。

当前有一部分高校开设了创业教育课程，就其课程安排来看，主要侧重于创业基础知识、创业技能、市场经济管理等内容的讲授。当前有些高校的创业教育活动并没有让广大学生意识到自身除了需要掌握更多的创业技能以外，创业综合素质的提升也是必不可少的，当前的校方教育没有让他们认知到创业教育中思想政治教育的重要意义。另外，在已经进行的创业教育活动中，思想政治教育与创业教育二者联系不甚紧密。部分院校创业教育中根本没有涉及思想政治教育的内容。据悉，目前高校中一般没有专门课程针对创业教育中的思想政治教育，以往开设的思想政治教育课程大都仅限于单从创业角度谈高校创新创业教育或单从思想政治教育的角度去讲课，创业教育只是寥寥数语带过。由此可见，学生创业精神、创业意志、创业品质等方面的激发与培养在教学过程中被忽视了，而这些方面对大学生创业综合素质的提升非常重要，这样的教学设置导致了思想政治教育与创业教育二者相互分离开来。另一方面，创业教育课程中往往不注重理论同实践的联系，很少组织学生走出校园，走入社会开展广泛的社会调研，提供将创业知识运用至实际的操作平台，从调查结果中可以看出，在学校进行创业教育的途径中，大部分高校并没有为大学生提供了创业实践基地，这样一来，学生难以把理论转化为实践并在实践中提升自己的行为能力，难以真正深切体会到创业精神、创业道德品质、创业心理品质、创业综合素质等创业教育中思想政治教育所涉及的内容对大学生自主创业的重要指导性作用。

（二）高校创新创业教育中思想政治教育的教育内容针对性不强

当前，高校创新创业教育中思想政治教育的目标尚不明确，这直接影响了我们的教育内容针对性不够强。高校创新创业教育中的思想政治教育应该在紧跟时代发展步伐、结合大学生实际需求的基础之上激励大学生的创业意识、创新精神，提升大学生的创业能力，培养具备健全创业品格、全面发展的综合型创业人才。但是，目前高校比较侧重于对创业技能的培养，也缺乏对市场创业环境的实时、全面分析，高校创新创业教育中思想政治教育的教育内容尚缺乏针对性。

第一，高校创业教育中的思想政治教育内容没有结合大学生当前的创业心理状态，创业思想。在部分暂时不想尝试创业的大学生中，多数大学生都

是出于考虑到害怕创业过程中的压力太大，承受不起挫折和创业之路太艰辛从而放弃创业的想法，这种心理状态决定了大学生对于创业的态度和看法。当前很多大学生常年处于父母的保护之下，对家庭的依附性较强，养尊处优的心态普遍，勤俭节约、艰苦奋斗的意识淡薄，无论是对于自主创业还是就业都抱有较严重的保守、一味求稳的心态，在职业发展过程中也缺乏社会责任感。而目前我们的思想政治教育工作者，并没有及时地掌握在校大学生的这种心理状态，更没有针对引领大学生心理发展方向的需要来确定创业教育中思想政治教育的内容，也正是因为这个原因导致了当前的教育内容不能够激发出更多大学生的创业意识与创业斗志。

第二，高校创业教育中的思想政治教育内容没有能够正确引导大学生的创业动机。在希望创业的这部分同学中，很多学生创业是出于应对当前严峻就业形势的无奈之举，创业动机十分被动；部分同学认为创业可以“自己做老板不受约束”，出于这样的动机尝试创业，学生很有可能在创业过程中急功近利，急于求成，一旦在创业过程中遇到挫折和不顺利的境遇，很容易产生茫然的情绪，进而动摇学生创业的决心。当前创业教育中的思想政治教育并没有针对大学生缺乏创新突破精神、在创业过程中求稳的心态，没有正确引导大学生的创业动机，这种治标不治本的方法使得教育工作者没有挖掘出大学生缺乏创新突破精神、抗压能力差的根本原因，因此，高校创业教育中的思想政治教育工作难以有效地展开。

第三，高校在创业教育中的思想政治教育里忽视了大学生在不同阶段的不同需求。多数高校创新创业教育中的思想政治教育一般都是“一股脑”的直接灌输，可是不同年级、不同专业的大学生对创业的认知、态度以及他们自身心理发展特点皆不同，教育工作者如若不结合此进行针对性教育，坚持普遍性指导与个性化指导相结合的原则，那必定会导致在校大学生对创业教育本身失去信心，参与积极度也不高，这一点在问卷统计结果中也可以看出。就大学生对于创业教育的期望进行调查时，只有少数大学生期待“学校开设创业教育相关课程，进行理论教育”，这相对于其他几种他们所期待的教育方式，选择的人数少了许多。

第四，高校创业教育中思想政治教育理论教育内容欠缺长效系统性。目前我国创业教育还处于初级发展阶段，尚没有形成系统学科体系，甚至许多高校都还没有开设专业的创业教育课程，更不要说是专业的高校创新创业教育中的思想政治教育课程。多数高校对此仍主要停留在定期或不定期的举行创业策划大赛、举办相关创业讲座等活动上面，对大学生的指导和帮助很有限且没有长效性，这很难从根本上提升大学生的创业综合素质。即使有些高

校已经开展了创业的相关教育活动，但其传播力度、受益面还不足以影响到广大的在校大学生，这在一定程度上就反映出我们的创业教育在教育内容，以及教育方式、宣传方式等问题上还不完善，没有真正对大学生进行实质性帮助，深入到他们的生活中去。

在已经开设创业教育活动的高校中，大部分高校多以选修的形式进行创业教育。这种以选修形式为主来开展创业教育的方式缺乏针对性、系统性和长效性，很容易陷入“业余”教育的尴尬地位，学生对待这门课程的谨慎程度比不上对待专业教育。同时，在这类选修形式的创业教育课程中，往往多侧重于培养学生的创业技能、了解创业政策法规等，与激发学生的创业精神、提升他们的创业综合素质相脱节，体现不出广义的创业教育思维，难以培育出创业知识结构相对完善、创业综合素质过硬的全面发展型人才。与此同时，创业教育教材也是一个亟待解决的问题。在我国高校目前开设的创业教育课程中，只有少部分配有教材，且多是国外教材的译本，真正适合中国高校现实情况、适合中国大学生实际需求的教材几乎没有。正如中国青少年研究中心党组书记王义军教授所说，“中国的高校还没有符合国情的本土创业教育教材”。

第五，高校创业教育中思想政治教育活动实践教育内容薄弱。目前，高校对创业教育中思想政治教育的研究比较有限，现有的教学方式相对单一，且思想观念陈旧，缺乏创新意识。创业教育虽然已经开展，但并没有摆脱被动的理论灌输式教育，学生几乎没有实践平台，创业教育的实践环节十分薄弱，这直接影响了高校创新创业教育的实效。大部分学生对当前学校开展的创业教育是不满意的，认为其只注重对理论知识的讲授，并没有联系实际的创业案例进行分析；很多学生希望学校可以建立创业实践基地给予他们充分的实践机会。可以看出，大学生对健全学校创业教育实践教学体系的需求十分迫切，创业教育中思想政治教育的内容应该在实践教学环节中更好地体现，真正为大学生创业提供帮助和指导。

（三）高校创新创业教育中思想政治教育的教育方法单一

我国当前的思想政治教育方法过于守旧，不注重创新；有时也并没有结合学生在不同年级、不同阶段的实际需求。一方面，教师经常按照学校既定的教学方式进行授课，以理论形式为主。很多学校主要是通过课堂选修课程来进行创业教育活动的，这一人数所占比例较高。并且，在教学过程中也没有考虑到不同阶段、不同专业的学生在创业态度、对于创业的规划，以及性格特征、心理发展状态等方面的差异性，不注重分析不同群体特征的大学生在不同创业环境下应具备何种创业理念和创业品质。

另一方面，教师在授课过程中侧重于按照指定教材上的理论框架、教学

设计进行讲授。这样一来造成的问题是，高校所选用的相关教材多是直接引进国外的版本，教材内容并不一定适合我国大学生的实际情况；照本宣科的教学方式也不能够做到与时俱进的将理论知识与现实情况紧密结合、与市场经济的实际发展情况相接轨。从教育工作者的角度看，在授课前可能不能深入市场，了解最新的实际创业案例；从高校管理层面看，大部分学校出于资金、资源方面的考虑并没有为学生创建创业实践基地。这种传统的理论灌输式教育手段已经无法满足大学生当前对于创业教育的要求；另外，从企业角度出发，出于自身利益的考虑，在配合学校创业教育发展方面往往参与程度不高，学生从企业实践平台上获取“第一手资料”的情况与国外同等情况相比相差较远。学校在主动联系友好企业，让学生深入企业学习，为学生提供实践学习平台方面所做的努力也有一定的局限性。这种不能够提供实践平台，使学生将所学到的理论知识运用于实际操作的教育方式违背了学生对知识的接受规律，不利于激发大学生的创业热情，不利于他们真正认知创业。举一个实例，在美国，人们受“学而优则商、商而优则仕、仕而优则教”的思想观念影响很深，不少大学里的教授都曾有过自主创业的经历或是担任过一些企业的高层管理者。这些老师亲身的创业经历将为高校创新创业教育的课堂提供丰富的教学内容，他们的教育理念也会帮助开拓学生的创业思维，这对有效提升学生的创业信心和积极性有非常大的帮助。

创业教育本身就属一种理论与实践结合度很高的教育，缺乏实践锻炼机会就等于是把学生与最近的市场经济情况相隔离。在完善创业教育理论教学体系的同时，使创业实践教育方式更加多样化是培养和提升大学生创业综合能力的重要途径。大学生对于进行创业实践教育也是相当渴望的，很多学生表示希望学校能够给他们建立创业实践基地。创业教育中的思想政治教育就应该着力于激发大学生的创业意识、创造性思维和创业精神，磨砺大学生的创业品质，提升大学生的创业综合素质。仅仅在课堂上进行理论知识的传授是不够的，实现这样的思想政治教育目标需要实践锻炼的平台，由此才能让学生深切领会到思想政治教育在创业教育中的重要意义，体会到逐步健全自身创业型人格的重要性。

（四）高校创新创业教育中思想政治教育的师资力量较薄弱

高校创新创业教育中思想政治教育的师资力量较薄弱，专业化程度较低。多数同学对于所在学校目前开展的创业教育效果是不满意的，同时也有不少同学对于在创业教育中融入思想政治教育的态度是无所谓的，甚至是“完全没有必要”的，这其实在一定程度上反映出经过当前的创业教育活动，学生对于创业教育中思想政治教育的重要作用认识并不到位，并且对当前的相关

教学活动没有信心。根据笔者了解，高校目前开展相关教学工作的教师一般分为三类：第一类是创业教育相关知识的专业教师，或是思想政治课程教师代为传授，他们的主讲课程在某些相关专业的学院里被设置为专修课程，大部分还是定为学生选修课程；第二类就是学校所成立的就业创业指导中心里所指定的负责教师；第三类则是由学生辅导员兼职担任。这其中大部分教师并没有创业的实战经验，多凭理论指导做支撑。而从国外的情况来看，“在英国从事创业教育的教师中，有 21% 是兼职教师，98% 的教师有过创业管理经验，70% 的教师曾经创办过自己的企业”。这些老师既有丰富的实践经验又注重对于创业教育教学的研究，他们的创业精神与创业品格同样会对学生产生极大的影响力。而放眼国内高校的创业教育，发现其中非常缺乏这类既精通创业理论知识又有亲身实践经验的教师，专业化程度较高的创业教育师资十分匮乏。可以说，目前高校缺乏对创业教育中思想政治教育的深层次研究，尚未形成从理论知识的传授到实践指导的教学体系，当前的师资力量情况显然也满足不了大学生的实际需求和时代发展的新要求。另一方面，相当一部分思想政治教育课程教师受传统教学模式影响，自身严重缺乏对创业教育的重视，有些教师会按照固有习惯把创业教育作为大学毕业生就业指导部门和学生日常管理工作部门范围内的事情。

（五）高校创新创业教育中的思想政治教育缺乏良好的发展环境

高校创新创业教育中思想政治教育的发展缺乏良好的环境做支撑，高校、政府、社会三位一体的创业教育支持体系尚未形成。多数大学生希望学校营造创业创新的校园文化氛围，另有少数学生不愿意创业的原因即是觉得缺乏良好的创业环境。可见营建良好的创业环境，促进创业教育中思想政治教育的发展迫在眉睫。当前高校创业教育中思想政治教育所面临的发展环境问题有共通之处，主要集中于以下几点：首先，在政府方面，我国政府虽然非常鼓励大学生创业，也在逐渐出台包含大学生创业优惠政策、便于大学生办理创业手续等支持政策等，但多地暂时都尚未重视制定使得政策结合当地实际情况可落实、可操作的方案，也没有政府促进政策施行的督管部门。从教育的顶层设计上缺少鼓励开展高校创新创业教育中思想政治教育的规划、目标与具体参考细则。其次，在高校管理方面，没有制定针对政府关于创业教育各项支持政策进行系统宣讲的规划，更没有能够结合学校学生的实际需要与时俱进、不断完善创业教育中思想政治教育的教学计划。这样一来，很有可能造成在校大学生对创业的认知不够全面，对政策的理解不够专业，对创业品质的培育不够重视，从而导致其与政府的相关指导思想相隔离，最终使高校创新创业教育中的思想政治教育没有根本导向。最后，从社会角度出发，

"大学生毕业就意味着要吃'公家粮'、找一个铁饭碗"、"找工作就是要'找关系'"以及"一定要有舒适的工作环境"等就业思想观念已经在学生家长和许多社会人士的心中根深蒂固，甚至俨然已经成为一种被默认的社会观念。因此在校大学生在这样的社会思想观念影响下也会在一定程度上被同化，害怕受挫，难以承受创业过程中所要面对的压力，缺乏创业所必备的艰苦奋斗精神。而创业教育中的思想政治教育工作者也缺乏了转变这种社会思维的实效渠道，没有很好地为大学生创业争取广泛的社会认可度与支持度。

二、思想政治教育在融入创新创业教育中问题的原因分析

（一）对高校创新创业教育中的思想政治教育重视程度不够

首先，思想政治教育在创业教育中的导向作用没有受到重视。当代社会受到各种多元化思潮的冲击，大学生正处于心理发展尚未成熟、缺乏社会经验的时期，大学生在创业过程中如果没有正确的创业价值取向，在复杂的社会环境中，就更容易受到各种不同意识形态的影响。因而，创业教育中的思想政治教育，首先就是要引导大学生树立正确的世界观、人生观、价值观。在此基础上，激励大学生树立与国家和民族共进步，为国家富强、民族振兴、社会发展做出自身贡献的创业价值取向，确立的创业目标要建立于实现社会价值的基础之上，使得大学生明白强化创业教育中思想政治教育的重要性和紧迫性，提升自身社会责任感和使命感，在创业实践中坚持社会主义的发展方向。这既是现实的需要，也是社会主义的本质要求。然而我们当前的高校创新创业教育往往只重视创业技能知识的传授，忽视了思想政治教育的引导作用，才容易使创业教育走上偏离社会主义的道路，学生的创业动机和态度也易产生偏离。

第二，思想政治教育在创业教育中的精神激励作用没有受到重视。当前的创业教育多是以理论教育为主，而思想政治教育同样也只是停留在课堂上，课下的教育活动难成系统，二者在教育过程中分离十分严重。创业教育教师只管教授创业知识，不重视与思想政治教育有机融合在一起，那么思想政治教育对大学生的激励、启发、促进作用便无法得到发挥。另外，创业教育多停留于照本宣科的理论教学，不能够很好的同实践活动相结合。而思想政治教育激发学生创业意识、创业精神，培育学生创业品质，提升学生创业综合素养这是一个循序渐进的过程，如若没有实践平台进行切身体会、锻炼，那么创业教育中的思想政治教育对于学生的精神激励难以深入学生心中。久而久之，学生也容易对当前的创业教育失去信心，失去对教育工作者的信赖。针对这一现状问题，教育工作者必须认识到创业教育是不能孤立存在的，它

应当融入思想政治教育内容、融入专业教育内容。激发大学生的创业意识、创业精神，启发他们自主完善创业能力与创业品质将是一个长期的过程，需要结合各方面科学、人文知识，与创业教育中思想政治教育的内容融会贯通，通过一定的理论和实践教学，便于大学生更好的接受和理解，内化于心，外化于行。

第三，思想政治教育在创业教育中的思想行为规范作用没有受到重视。由于市场经济本身的弱点和缺陷，大学生在创业过程中时有违法乱纪思想、道德失范行为产生，这不利于社会主义市场经济的健康稳定发展，也阻碍着大学生创业的顺利进行。那么思想政治教育就是要弘扬社会正气，整合社会各股“正能量”，提升大学生的创业道德意识，提高大学生的社会责任感，规避他们可能产生的错误思想，以此来促成大学生遵纪守法，诚信创业。

第四，思想政治教育在创业教育中的完善创业心理品质工作没有落实到位。当前大学生心理依赖感较强，养尊处优的心态较普遍，胆识不够，也缺乏艰苦奋斗、锲而不舍的决心，很多大学生都不会轻易选择走上创业之路。而部分尝试创业的大学生对于目标的期望值较高，承压能力却较差，在面对激烈的市场竞争环境时，尤其是在遭受到创业不顺利的境遇后，他们中的很多人容易产生焦虑、忧郁、怀疑、不自信等负面情绪。针对这一现状，更需要思想政治教育发挥其功能优势，加强培养学生的抗压能力、面对挫折依然坚持不懈拼搏的精神力，及时疏导大学生在创业过程中所产生的心理问题，有效的改变大学生的依附性人格，引导他们提高自身的社会适应性和独立发展能力，促使他们以更加积极向上的心理状态迎接创业过程中可能遇到的各种挑战。

（二）对高校创新创业教育中的思想政治教育缺乏深入研究

大学生思想政治教育研究历经多年的发展，已经基本形成了一定的理论体系。但是对于高校创新创业教育中思想政治教育的研究程度还不够，并且缺乏系统性。

第一，对于高校创新创业教育中思想政治教育的理论研究深度不够。目前大多数高校进行高校创新创业教育中思想政治教育理论研究的主要是思想政治教育课程专职教师、辅导员、创业就业指导中心等相关部门的管理人员，他们往往在不同的教育渠道中各自为战，对于大学生创业教育中思想政治教育的教育内容、教育方式、教育环境、师资状况改善等问题以及如何完善大学生的创业知识结构、激发大学生的创业热情、提升大学生的创业能力和创业品质等问题缺乏深层次的研究。同时，我国的高校创新创业教育起步较晚，少数高校使用的理论教材多是直接引用国外教材的译本，适合我国大学生实际需求、心理发展特征的教材研究尚不足，应用范围也不广泛。

第二，对于高校创新创业教育中思想政治教育的实践研究需要加强。少数学校为大学生提供了创业实践基地。而创业教育是一门理论与实践紧密结合的课程，学生拥有平台主动参与到创业教育实践活动中，将所学到的创业知识加以运用，这一环节十分重要。通过深入企业进行参观考察、深入社会进行市场调研，通过创业设计和策划的实践使学生积累创业经验，体会创业过程中的艰辛，深刻意识到落实创业教育中思想政治教育的重要性，以此磨砺自身的创业心理品质、提升自身的创业综合素养。

第三，高校创新创业教育中的思想政治教育忽略了学生的主观能动性。在我国传统思想政治教育中，往往把它变成一个单向“填鸭式”教学——知识的单纯灌输过程，以教师作为主导作用，而忽视了学生的主体性。重理论传授，轻实践锻炼；重视普遍性的教学指导，忽略了个性化的特殊培养。创业教育中的思想政治教育也是如此，由于师资力量、教学资源等各方面条件的限制，目前教育方式基本上还是以共性教育为主，但是不同背景、成长经历的大学生对创业的认知和态度可能有所不同，我们应该针对群体间不同的心理特征进行个性化指导。忽略了学生主观能动性，没有提供相应的实践平台引导学生“在做中去体验”，这将会大大影响创业教育中思想政治教育的实施效果。

第四，高校创新创业教育中的思想政治教育对大学生创业心理需求的掌握程度不足。首先，创业教育中的思想政治教育没有能够清晰地把握大学生对于创业的态度和其选择创业的动机。在希望创业的这部分同学中，有部分大学生创业出发点相对被动，他们是为应对当前强大的就业压力而选择了创业；另有部分同学创业的出发点中包括寻求工作更自由这样的想法。以如此的动机出发去尝试创业，可能会急功近利，对于创业目标的期望值过高，那么一旦在创业过程中遇到挫折和不顺利的境遇，加之大学生不够成熟的心态，其很有可能产生茫然的情绪，进而动摇创业的意志力。我们当前创业教育中的思想政治教育就是没有掌握学生的这种心理状态，没有从学生的创业动机入手开展创业教育。这种治标不治本的方法使得教育工作者没有挖掘出大学生心理抗压能力差的根本原因，使得我们当前高校创业教育中的思想政治教育工作缺乏实际影响力。其次，创业教育中的思想政治教育内容没有结合大学生当前的心理特点，引导大学生树立创业意愿。大部分大学生都是出于考虑到害怕自己在创业过程中承受不了可能出现的挫折，害怕失败和创业之路太艰辛从而放弃创业的想法，这种心理发展特点决定了大学生对于创业的意愿。而目前我们的创业教育工作者，就是没有结合大学生从小养尊处优，依

附性较强，抗压能力较差的实际情况，没有掌握大学生的这类怕吃苦、怕失败，一味求稳、缺乏创新突破精神的心理特点。当前创业教育中的思想政治教育工作必须要解决这一问题，想要引导这类学生树立创业意愿，拥有坚定的创业态度，就必须通过思想教育、精神激励以及心理疏导，激发大学生的创业精神与创业斗志，培育他们的创业心理品质，切实提高他们对于竞争环境的适应性和独立发展能力，让更多的大学生在创业过程中促进自身的全面自由发展。

第五，对高校创新创业教育中思想政治教育的方法缺乏创新。高校创新创业教育中思想政治教育教学方式依然遵循较为陈旧的教学模式，偏重于单向的灌输式教学。由于大学生的成长背景、性格特征各不相同，所树立的创业目标也会有所不同，而我们当前的教育方式缺乏对不同群体特征的大学生创业理想的尊重，在教学方式上缺乏创新思维，缺乏针对性，没有结合学生的差异性和主观能动性，单纯强调理论知识的传授，忽略社会实践的锻炼，实效性仍有待加强。

创业教育是一种综合素质教育，仅靠理论教育收效甚微，学校还应开展丰富多彩的实践教育活动，提供多样化的实践平台，帮助大学生在实践中真正掌握所学到的创业知识，提升创业能力，体验培养创业精神、增强创业意志、磨砺创业心理品质的重要性，将创业综合素质教育内化于心，在实践活动之中进一步健全自身创业人格。缺乏实践等于把学生与社会市场环境相隔离，与获得创业经历、体验相隔离，最终导致创业很难走向成功。推行将创业理论教育与创业实践性教学多样化结合的方法，是培养和提升大学生创业综合素质的重要途径。

第六，高校创新创业教育中思想政治教育师资队伍专业化程度较低导致研究不足。在高校创新创业教育的思想政治教育实施运行过程中有一个普遍存在的问题，那就是师资队伍专业化程度较低，这会直接影响到对于大学生创业教育中思想政治教育的深入研究。我国从事创业教育中思想政治教育教学的师资主要是由创业教育或思想政治教育课程的任课老师、创业就业指导人员和学生辅导员等构成，这其中大多数教师都缺乏创业的实践经验，直接按照既有教材照本宣科，甚至有些老师是毕业后直接任教，工作经验、社会阅历明显不足。因而在进行创业教育中的思想政治教育时，多是侧重于讲授一些创业政策、创业基础知识，并且往往停留在理论说教上，缺乏结合实践的教学精神。

以上这些问题，深入分析后会发现，这也是教育工作者在高校思想政治教育方面教学思维创新不足，已经跟不上经济社会发展要求的问题。教育部

在《关于大力推进高等学校创新创业教育和大学生自主创业工作的意见》中指出，“创新创业教育是适应经济社会和国家发展战略需要而产生的一种教学理念与模式”。由此可见，对于以大学生为主体的青年学子运用创造性思维勇敢尝试创业是祖国发展的新要求，这就需要加强高校创业教育来做支撑。而高校思想政治教育工作者并没有对大学生的创业教育产生足够的重视，从思想政治教育的视角思考创业教育的意识较淡薄，导致了针对性深入研究不够，对于加强创业教育中思想政治教育的师资培训力度明显不足，师资的综合素养提升空间受限。

（三）高校创新创业教育中的思想政治教育外部支持欠缺

当前，高校创新创业教育中思想政治教育的外部支持力量尚且不足，大学生创业教育中的思想政治教育如果想要获得更好的发展，就离不开高校、政府、社会三位一体的共同支持，三方面要齐抓共管才能切实改善创业教育中思想政治教育的发展环境，大学生才能从中受益。首先，高校校园创业教育的学习氛围不浓厚。目前高校对创业教育中思想政治教育的重视程度，理论和实践研究程度都远远不够，教师在这一问题上的宣传力度也跟不上；高校的学习环境相对封闭保守，不能与时俱进的紧密结合市场经济环境的变化发展，不能够满足当代大学生对于自主创业的新需求，进而也不能够为大学生提供一个良好的校园文化氛围以来促进他们创业精神和创业综合素养的提升。其次，高校创新创业教育中思想政治教育的顺利开展也离不开政府和全社会的共同认可与扶持。由于我国的创业教育起步较晚，创业创新思想观念并没有在全社会范围内深入人心，许多学生家长和社会人士认为大学生在毕业后应该找到一份稳定的工作直接就业或是继续深造，对于大学生创业的了解尚浅，对于创业教育中的思想政治教育更是认知不足，他们受传统观念影响并没有积极的支持学生创业，甚至还会对学生的创业意愿产生一定的影响。近年来，政府虽然出台了一系列优惠政策，积极鼓励更多的大学生创业，但各地、各高校缺少创业政策的促进部门，或是部门职能缺失，造成许多创业政策仅停留于顶层设计阶段，并没有真正落实到位；同时也缺乏将这些政策结合各地实际深入高校开展创业教育中思想政治教育的具体规划与办法，对于协助高校创建良好的环境以此支持创业教育中思想政治教育的发展作用很有限。

第二节 创新创业教育融入思想政治教育中的问题及原因分析

一、创新创业教育融入思想政治教育的主要问题

（一）高校创新创业教育与思想政治教育课程设置相互分离

当前高校创新创业教育课程主要有创业基本理论知识、创业专业知识、经营管理知识、金融财会知识等相关的客观课程，而没有针对创业过程中，对大学生精神、道德、理想、价值目标、人格、品质等的培养，忽略了大学生作为实践主体的主观因素。只注重大学生理论课程的学习是不够的，大学生在实践中不仅需要经营管理能力、对商机的把握能力、综合处理各种信息的能力，还需要具有艰苦奋斗的创业精神、崇高的创业理想、高尚的创业品格和良好的创业道德素质。在创业过程中需要创业者具有良好的应变处理能力和审时度势抓住机会的能力，每一个创业过程都是不能复制的，每一个创业过程都具有其独创性，大学生仅靠创业理论知识是不能解决所有实际问题，因此不仅要提高大学生的理论知识水平，还要加强大学生实践操作能为和应变能力。

目前大学生的创新创业教育中只有相关的理论知识教育和实践技能教育，缺乏对大学生思想、精神、心理的正确引导。同时思想政治教育课程中包含创业方面的内容很少，只注重理论学习，不注重培养学生的实践能力。由于当前的课程设置没有将创新创业教育融入思想政治教育，高校没有融入的理念和建立融入的教育体系，教师对创新创业教育中加强对学生思想政治教育的意识薄弱，大学生也没有意识到创新创业教育和思想政治教育的联系的重要性，认为创新创业教育和思想政治教育是相互独立的，认为在创新创业教育的学习中，不需要重视大学生意志品质的训练。虽然越来越多的大学生开始接受创业，并把其作为就业的重要途径，但是真正成功的学生却很少，一方面是大学生空有一腔热血理论储备却有限，另一方面是大学生缺乏创业需要具备的艰苦奋斗、百折不饶的精神，缺乏把握时机和充分利用机遇的能力，缺乏对突发事件的应变能力和处理问题的能力。因此当前大学生的创新创业教育中急需加入对学生思想的、精神的、品质的、道德的课程教育，这些内容恰恰是思想政治教育的优势，也是其对大学生的基本要求。在思想政治教育的教学中培养学生的创业素质、创新思维、创业精神、创业目标等方面的素质，是对思想政治教育内容的丰富和发展。将创新创业教育融入思想政治教育，是对思想政治教育学理论的丰富发展，有利于加强理论课程的实践环节，有利于思想政治教育实现新的突破和创新。

在思想政治教育教学课程中应加强大学生在创业中思想、精神、道德方面的培养，思想政治教育充分发挥其优势，培养学生树立信心、审时度势能力、自强不息的企业家精神，改变大学生不成熟、莽撞、急于求成的行为；在思想政治教育教学中加大实践操作内容，加入团队建设、法律的模块教学，教授学生组建和管理创业团队的基本知识，熟悉团队协作沟通的技巧，指导学生组建和管理创业团队，同时让学生了解创业相关法律法规知识，不做违法犯法谋取私利的事情，同时充分利用法律武器维护自身正当权利。

（二）日常思想政治工作中缺乏创新创业教育引导

日常思想政治工作也是大学生思想政治教育的重要组成部分，对大学生的发展起着重要作用。日常思想政治工作相比思想政治教育课具有更好的灵活性和针对性，但在现实中高校教师和大学生容易忽视日常思想政治工作的作用。日常思想政治工作可为大学生营造良好的创业氛围，积极引导大学生多途径就业，培养大学生的创业意识和提高创业信心。反观在当前高校的日常思想政治工作中，缺乏对大学生切身想法、利益的关注，缺乏实效性和实用性。

高校的学生工作处和共青团工作委员会是日常思想政治工作的主要部门，面对当前严峻的就业形势，对大学生复杂的心理进行调节、疏导，积极引导大学生转变职业价值观，支持有创业意愿的大学生大胆实践创新创业。但从当前的工作现状来看，这两大部门没有将引导大学生创业作为工作重点，虽然有些高校成立了由学生处或团委牵头的创业科技园，但只是为有较强创业意愿、主动要求创业并拥有好的创业想法的大学生提供创业平台，使少数大学生了解当前学校对大学生创业的相关政策和优惠政策，没有将思想政治工作深入到大学生内部，让大部分学生了解到学校为支持创业提供的良好平台。许多大学生并不是没有创新理念和创业能力，只是对创业存在过多的担忧和恐惧，对自己缺乏信心，害怕失败和畏惧困难，只要通过学生处或团委在日常的思想政治工作中，认真为大学生讲解国家和学校提供的优惠政策和良好平台，对大学生进行正确的引导和鼓励，可帮助大学生顺利走上创业之路。同时在大学生创业实践过程中，学生处、团委等相关部门对大学生的心理发展变化动态关注不够，很多老师认为引导大学生走上创业路就可以了，剩下

的只能由大学生自己来做，送种想法是不正确的。大学生在创业过程中，会遇到许多突发状况及各种压力，使得大学生的心理会发生许多变化，这个时候需要相关部门对大学生的心理进行正确的疏导，缓解各方面压力，帮助学生解决问题。高校学生处、团委及相关部门作为高校创业工作的主要承办部门，应积极发挥自身优势，引导创新创业教育工作顺利开展。

辅导员作为日常思想政治教育的实施者，对大学生的成长发展起着重要的引导作用。辅导员是与大学生联系最为密切的，引导大学生树立正确的价值观，培养大学生良好的道德品质，指导大学生正确择业、就业。当前高校辅导员对自身责任认识不清，没有将自身的工作职责落到实处。面临当前严峻的就业形势，大学生在面对就业时难免会出现心理压力、心理抵触等情绪，辅导员没有充分发挥积极作用，及时了解大学生的问题，对其进行正确的教育和心理辅导，引导大学生积极转变职业价值观，甚至对大学生不管不顾，没有把解决大学生的困难作为日常工作的重点。大学生在学习生活和创业实践中遇到各种困难和压为时，由于辅导员职责的缺失，大学生的心理问题在内心无法排解，导致当前大学生心理疾病的发生越来越频繁，甚至有些学生产生轻生的念头。当代大学生从小生活环境优越，缺乏艰苦奋斗的意志品质，抗压能力、受挫能力较差，需要辅导员在日常思想政治工作中提高大学生创业心理素质。

当前日常思想政治工作中缺乏将大学生创新创业教育理念融入其中的意识，只有教育者具备了融入的意识，才能在提高大学生创业实践能力的同时提高思想道德意识。同时日常思想政治工作中没有真正了解大学生的需要，为大学生营造良好的创业氛围。举办创业讲座、创建创业交流平台和创业社团等都可为大学生普及创业知识、增强大学生的信心、培养大学生的意识，但在当前高校教育中没有充分发挥日常思想政治工作的主阵地作用，在日常教育管理中只是灌输理论教育，没有结合大学生现实需要和实践需要，为大学生解决就业问题及创业过程中的实践问题。

（三）高校、教育者、大学生对“融入”的功能认识片面

随着国家对创新创业教育的大力倡导和各项优惠政策的实行，大学生在面临严峻地就业形势时，主动地把创业作为就业的重要途径，大学生对创业知识和能力的需求大幅增多，使得高校开始大力发展以满足学生需求。而目前高校开展的关注点还是放在创新创业项目有没有深入研究，创业人才挖掘的多不多，创业实践活动有没有广泛进行等方面，通过硬性指标衡量发展情况及成果。高校忽视了思想政治教育在学生创业过程中的重要作用，认为思想政治教育不能有效地促进创业实践的开展。部分高校虽然开设了一些与创

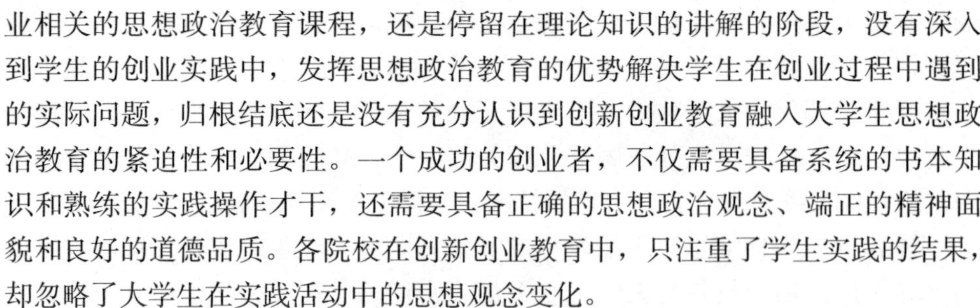

业相关的思想政治教育课程，还是停留在理论知识的讲解的阶段，没有深入到学生的创业实践中，发挥思想政治教育的优势解决学生在创业过程中遇到的实际问题，归根结底还是没有充分认识到创新创业教育融入大学生思想政治教育的紧迫性和必要性。一个成功的创业者，不仅需要具备系统的书本知识和熟练的实践操作才干，还需要具备正确的思想政治观念、端正的精神面貌和良好的道德品质。各院校在创新创业教育中，只注重了学生实践的结果，却忽略了大学生在实践活动中的思想观念变化。

当前有些高校创新创业教育者认为创新创业教育作为一口新兴的教育，具有最先进的教育理念、最新的教育模式、最实用的操作平台，不需要与其他教育相互借鉴、相互学习，即使有问题也需要创新创业教育自身的调节、发展。首先这种想法是狭隘的，不符合唯物辩证法规律，任何教育随着事物的不断发展变化都是不完善的，即使现在不需要借鉴学习其他教育的优点，不代表以后不需要借鉴；其次，学科间的交叉研究是当今时代发展的趋势，学科间的融合有利于实现创新发展；最后，任何学科的封闭必然导致学科的退步和衰落，不利于学科发展。同时高校思想政治教育者认为自身对创新创业教育认识较少，自身承担不起将创新创业教育融入思想政治教育的教授，认为心有余力不足。这种观点也是错误的，一方面，思想政治教育者可通过参加专业的培训，学习创业基本理论和基本规律；另一方面，思想政治教育的理论知识具有普遍适用性，对于创新创业教育也具有适用性。思想政治教育对于一般大学生的思想、道德、心理等方面的教育，同样适用于创业中的大学生，只是将思想政治教育的一般理论与具体的创业实践相结合，不仅促进大学生的创业实践，也提高了思想政治教育的实效性。

当前许多大学生在大学期间就开始寻找商机，摸索创业途径，甚至在毕业时将创业作为就业的重要途径，但最终真正成功创业的大学生却相对较少。造成大学生创业成功率较低，主要有以下几方面原因：首先，大学生尚未踏入社会，与社会中的企业家相比社会经验严重不足。社会中的企业家经过在社会中的摸爬滚打多年，政策的解读能力、对企业的发展预测、应变突发事件等方面的能力都有了一定的经验，而大学生虽然知识水平可能会比企业家们高，但是缺乏将理论与实践相联系的能力，不能有效地处理实际问题。其次，大学生只有满腔热情，没有系统的学习相关理论，凭借远大的理想目标开始了创业之路。很多大学生认为创业是很容易的事情，认为理论学习没用，任何问题都可在创业实践中解决。大学生没有对创新创业教育进行系统的学习，对创业存在轻视的态度，这样在创业实践中遇到问题时也不能有效的进行自我调节。最后，当代大学生缺乏吃苦耐劳、坚持不懈、不骄不躁的优良

精神品质。在整个实践过程中会遇到各种困难，当代大学生面对困难容易退缩，不能积极地面对问题、努力解决问题。大学生一直认为思想政治教育是务虚的，而创新创业教育是务实的，两者不能同一而论。大学生的这种想法是片面的，思想政治教育的最终目标还是指导受教育者更好地进行社会实践。因此，两者是不冲突的，将创新创业教育融入思想政治教育，充分发挥思想政治教育的优势，对大学生的创业过程进行思想的、精神的、道德的正确引导，实现大学生成功创业。

二、创新创业教育融入思想政治教育的主要问题的原因分析

（一）高校缺乏复合型师资队伍

将创新创业教育融入大学生思想政治教育实现的客观障碍，是目前高校缺乏既具有创业理论知识、创业实践能力，又具有思想政治工作经验丰富的复合型教师。目前创新创业教育中，教师只是注重大学生专业技术理论知识，对于大学生在实践过程中解决问题、抗压能力和心理、道德方面的素质却没有明确的引导。新形势下对教师提出更高的要求，而当前大学创新创业教育领域和思想政治教育领域的教师都只是对本领域有所研究，没有进行跨领域研究。而大学生的创业不仅仅包含创业方面的专业知识和技能，还包含大学生思想、精神、心理和道德等方面的引导和培养，因此大学生需要复合型师资队伍。大学生的思想政治教育中，可解决大学生的思想、精神、心理方面的问题，但对于创业内容的教育很少，因此没有对创业中的大学生产生影响。

强大的师资体系是大学生创新创业教育发展的关键。因为创业的实践性很强，对教师的创业经历及创业经验有较高的要求。但目前各高校中，师资水平参差不齐，且大部分的教师只有理论经验而没有一线经验。在带领学生的学习过程中，仅仅教授简单的理论框架、浅显的知识及与实际契合度不高的创业方法。学生仅仅能够纸上谈兵，对实战一窍不通。因此，各高校可依托近些年逐渐发展起来的创新创业教育培训学校，挑选优秀教师进入培训学校的学习班，接受系统的创业培训，不仅仅加强理论方面的专业知识，还可以加强实战经验，比如学习班会有各式各样的创业模拟实验，高真的模拟创业模式、在创业过程中遇到的各种问题等。高校还可加强与企业间的合作，让高校教师能够有机会真正地参与到企业的管理与运营中，积累与时俱进的创业实战经验。

对于高校教师的培训是重要的一方面，但该方法也有自身的缺点。首先培训时间通常都比较长，短则几个月，长达几年，不能在短期内获得成果。其次，无论是学习还是参加创业模拟，与真正的创业还是有一定的差距。因

此高校在教师培训的同时，也可聘请成功的创业人士、企业的前线工作者进入学生的课堂。这样的创新创业教育是最直接最有效的，成功的创业人士可带来最先进的创业经验和方法，企业的前线工作者是最能发现创业问题的群体，可为学生提供切实可取的解决问题的办法。高校在创新创业教育中，不仅仅需要专业的师资力量，还需要与时俱进的新鲜血液。教师发挥其专长，将创新创业教育的理论知识透彻的教授给学生，为学生未来的创业经历打下坚实的基础。聘请成功创业人士等新鲜血液弥补高校教师在实践方面的不足，将第一线的创业经验传授给学生，让学生不仅能熟练运用专业知识，同时也能熟练掌握专业技能。越来越多的高校认识到缺乏复合型师资队伍这个问题，纷纷积极解决问题。一边提高自身教师的水平，一边聘请校外的专业人士走近学生，互相学习互相补充，让学生得到的全面发展，为未来成功的创业打下基础。

（二）高校缺乏“融入”的教育理念

在当今社会的中国，创业必须坚持社会主义的发展方向，这是国家发展的需要，也是社会主义发展的需要。我国是社会主义国家，因此大学生的思想政治教育也必须要保证社会主义方向，坚持以马克思主义理论为指导的思想政治教育。许多人认为思想政治教育是理论层面的内容，内容甚至与现实社会不相符，因此在创新创业教育中起不到调节、激励的作用。事实上，社会主义发展离不开思想政治教育，思想政治教育对我国政治、经济、文化发展和国民全面发展具有巨大的推动力量。思想政治教育在创新创业教育中能够起到激发大学生对社会主义、对改革开放的创业激情和创业活力。思想政治教育不仅能够激发大学生建设社会主义现代化的热情，还能够培养大学生优秀的创业精神、养成良好的道德品德，还能够调节大学生在创业中的心理问题等，对大学生的创业产生深远的影响。

目前高校对思想政治教育的作用不重视，特别是思想政治教育的目标导向作用和精神动力作用重视不到位，导致学生在人生的关键时刻没有正确的思想引导、没有确定的人生目标和积极乐观的人生态度。当前高校虽然认识到一些专业或领域具有相通性，也为此做出一些调整，但是没有关注到创新创业教育融入大学生思想政治教育的教育理念。创新创业教育融入思想政治教育理念，是对两者的发展和创新，可解决当前创新创业教育出现的问题，同时也弥补当前大学生思想政治教育的不足。目前许多在高校工作的思想政治教育者们，多集中在就业指导中心、团委等学生工作部门，作为接触大学生最多的工作人员，他们最能深入了解大学生对于实践的认知，同时对于创业精神的培养、创业品德的塑造、在创业过程中遇到的心理问题等许多方面

都有着内在且深入的研究。而现阶段高校所推行的创新创业教育则没有关注到这一点，没能有效地利用思想政治教育教师团队的优势便利条件。

当今社会是一个经济快速发展、全球化日益加深、信息化日益加快、社会竞争越来越激烈的社会，各种思想文化潮流相互激荡，对当代大学生的思想观念产生了深远的影响。表现在大学生这个群体中就是诱发了个人主义、利己主义和金钱至上的思想的侵蚀。同时随着网络媒体的发展，越来越多的人出现迅速成名、瞬间富有的现象，使得大学生变得越来越浮躁，不再脚踏实地地进行创业奋斗，而是在寻找迅速成功、成名的捷径。高校目前的创新创业教育，还是制定统一的教学目标，编制统一的课程标准，使用统一的教材，这样的教学模式培养出的大学生会产生思维固化、缺乏创新意识的现象，这显然没有尊重大学生的个性发展。一方面，大学生对创新创业教育的目标设定越来越功利化，另一方面，高校没有因材施教，尊重学生的个性创新。因此，仅仅依靠创新创业教育不能实现大学生成功创业，高校应顺应时代发展趋势，充分发挥思想政治教育的优势，解决大学生在实践过程中遇到的各种困难。

（三）社会对思想政治教育的偏见限制了“融入”的发展

社会中对于思想政治教育存在很多偏见，甚至很多人对于思想政治教育是抵触的。首先，有些人认为思想政治教育理论是错误的，不能正确的指导实践。他们认为思想政治教育中有许多假、大、空的内容，只是对美好事物、美好生活的愿景。并且有些理论与实际不符，是对现实生活的美好，不能正确的指导人认识社会、改造社会。这种观点是错误的，虽然思想政治教育具有系统的理论体系，但随着社会的不断发展，有些理论已经不能正确指导社会实践。唯物辩证法认为真理和谬误在一定条件下是可相互转化的，没有绝对的真理，所以我们不能盲目地否认一个事物。同时思想政治教育也是随着社会的发展不断变化发展的，也是在“摸着石头过河”探索真理的。其次，有些人认为思想政治教育是统治阶级的工具，把人民培养成阶级社会发展需要的人。他们认为思想政治教育虽然是无产阶级的理论，但也不是完全为人民利益着想，也受利益的驱动，把人民当作社会的工具。送种观点是错误的，任何统治阶级都有其维护统治的思想武器，有些是思性的，有些是隐性的，不存在没有思想政治教育的国家。那些宣称自己国家是自由的、民主的，没有限制的错误，思想政治教育对于国家的发展和社会的稳定发挥了重要作用，任何国家为实现其发展、维护其稳定都必须有自己的意识形态，只是有些国家是明显的，有些国家是隐晦的。最后，有些人认为思想政治教育的灌输理论是扼杀个性的摇篮，每个人的认识水平、观点态度受成长环境、理解能力、他人影响等各方面因素存在千差万别，但是思想政治教育将统一的思想观念、政治观点、道德观念灌输给受教育者，忽视受教育者的个性发展。这种观点是错误，思想政治教育的灌输理论并不是强制性的，是对人们进行启发式教育，灌输理论不是灌输方法。

人们对思想政治教育的偏见，使得在发展创新创业教育时没有将两者融合起来。一方面，市场经济的终极目的是追逐利益的现实改变了人们的价值观，使人们变得拜金、自私、享乐。因此在创业过程中，人们更加注重的是大学生的创业技能、经营管理能力，用利润评判创业是否成功，忽视大学生是否具有高尚的道德素质、坚定的意志品质、远大的理想信念和良好的心理素质，使得大学生也不注重自身的思想道德素质，认为思想政治教育不能为创业实践获取利润。另一方面，社会中对于将创新创业教育融入思想政治教育的呼声很少，大多数人认为创新创业教育是完善的独立体系，不需要融入其他学科中实现自身的发展，更不能融入思想政治教育中，作为思想政治教育的附属部分，而且思想政治教育对于创新创业教育的发展作用较小。社会中对思想政治教育的偏见严重地影响了两者的融入，增加了两者融入的难度。

第三节 高校思想政治教育与创新创业教育协同育人存在的问题与原因分析

一、高校思想政治教育与创新创业教育协同育人存在的问题

（一）高校思想政治教育和创新创业教育的目标理念有所偏差

1. 我国思想政治教育的目标理念

1981 年教育部组织召开全国学校思想政治工作会议，正式提出“思想政治教育”是一门学科，全国所有学校应将思想政治教育放在首要地位。思想政治教育主要包含政治教育、思想教育、道德教育等几部分内容。在我国社会发展要求下，高校思想政治教育把大学生作为培养对象，将马克思列宁主义、毛泽东思想、邓小平理论等作为指导思想，具体内容包含：在社会发展和青年学生成长成才的背景要求下，高校通过思想政治教育，在青年学生的政治、思想、心理、审美、法纪等方面达到既定要求，提高理想信念等素养。从更深层次来讲，要唤起现代教育的人文关怀，解除现代教育的“信仰危机”，建设和谐校园，培养学生的人生观、价值观、世界观。把大学生塑造成为有理想、有道德、有文化、有纪律的社会主义接班人。

高校思想政治教育工作的目标会随着不同发展阶段有着不同的要求，但自始至终都把立德树人作为首要和根本任务。2005 年胡锦涛同志曾在全国《加强和改进大学生思想政治教育工作》工作会议上指出，大学生是国家和社会宝贵的人才资源，是民族未来的希望和力量。如何培养高质量的人才是我国社会主义教育事业发展中必须认真思考、高度重视的根本问题。

2017 年，中共中央、国务院印发了《关于加强和改进新形势下高校思想政治工作的意见》，《意见》中指出，高校肩负着科学研究、人才培养、文化传承创新等重要使命，加强和改进高校思想政治工作任重道远，要做到以下几点：高举中国特色社会主义伟大旗帜，全面贯彻落实党的十八大精神，以马克思列宁主义、毛泽东思想、邓小平理论、“三个代表”重要思想和科学发展观为指导，深入学习贯彻习近平主席系列重要讲话精神和治国理政新理念、新战略、新思想，贯彻落实党的教育方针，建设符合中国实际、具有中国特色的大学，以立德树人为根本，强化思想理论教育和价值引领，把理想信念教育放在首位，学习中国特色社会主义理论，坚定中国特色社会主义道路自信、理论自信、文化自信、制度自信。牢固树立政治意识、大局意识，为实现“两个一百年”奋斗目标、实现中华民族伟大复兴的中国梦，培养又红又专、德才兼备且全面发展的中国特色社会主义合格建设者和可靠接班人。

根据其内涵和要求，可以将现阶段我国高校思想政治教育的目标总结为：以马克思主义为指导思想，以“有理想信念、有核心价值、有中国精神、有能力素养”为主要内容，实现高校学生身心和谐发展，培养社会主义合格建设者和可靠接班人。

2. 我国创新创业教育的目标理念

在我国，创新创业教育根植于全日制教育，大力支持高校学生自主创业，它不仅包括综合文化素质提升、专业知识和技能学习、也包括青年大学生个人品质、个性、才能、创造性等，还包括市场知识、创业技能的学习与培训。大学生创业教育是就业教育的延伸，是素质教育、创新教育的实践，并且与专业教育相互结合、相互补充；是创新型国家建设和发展的战略性举措的重要内容，也是科学发展观的重要体现。

创新创业教育是当代素质教育所倡导的创新教育、创造教育的一体化，二者相互支撑、紧密结合。创新创业教育融合了以往的创新教育、创业教育、素质教育以及职业教育等多种教育理念，其主要理念包括：顺应时代潮流发展趋势、符合国家发展战略；培养创新创业型高素质人才；适应市场经济发展的客观要求；促进我国高等教育改革发展；实现大学生自身全面发展。

创新创业教育是现代教育十分重要的内容，是国家复合型人才培养的重

要途径和环节，其目标制定要结合当前社会发展以及国家建设的需要。现阶段，创新创业教育的目标是：在培养学生创新创业精神、创新创业能力和创新创业素质这一背景下，培养具有高尚品德、坚强意志、出众能力、创新意识、创新思维、创新性人格的创新创业型人才。

3. 我国思想政治教育与创新创业教育的目标理念对比分析

我国思想政治教育与创新创业教育的目标理念对比分析如表 6-1 所示。

表 6–1 我国思想政治教育与创新创业教育的目标理念对比分析表

类别	思想政治教育	创新创业教育
目标理念	坚持马克思主义指导思想，以“有理想信念、有核心价值、有中国精神、有能力素养”为主要内容，实现高校学生身心和谐发展，培养社会主义合格建设者和可靠接班。	顺应时代潮流、符合国家战略；培养创新型、创业型人才；适应市场经济发展的客观要求；促进我国高等教育改革发展；实现大学生自身全面发展。培养具有高尚品德、坚强意志、出众能力、创新意识、创新思维、创新性人格的创新创业型人才。

对比分析可见，思想政治教育和创新创业教育各自的理念和培养目标虽然有重合部分，但交叉较少。思想政治教育更加强调一种内在思想和觉悟，创新创业教育主要侧重于创新创业意识及能力的培养。

（二）高校思想政治教育和创新创业教育的主体及其职责分散

在高校，机构设置权责分明，每个部门具有特定的职责和功能。虽然国务院已经出台意见，鼓励高校大力推进创新创业教育工作以及完善思想政治教育工作，但目前大多数高校关于创新创业教育和思想政治教育主体存在着比较严重的分离情况，其机构设置一般如图 6-1 所示。

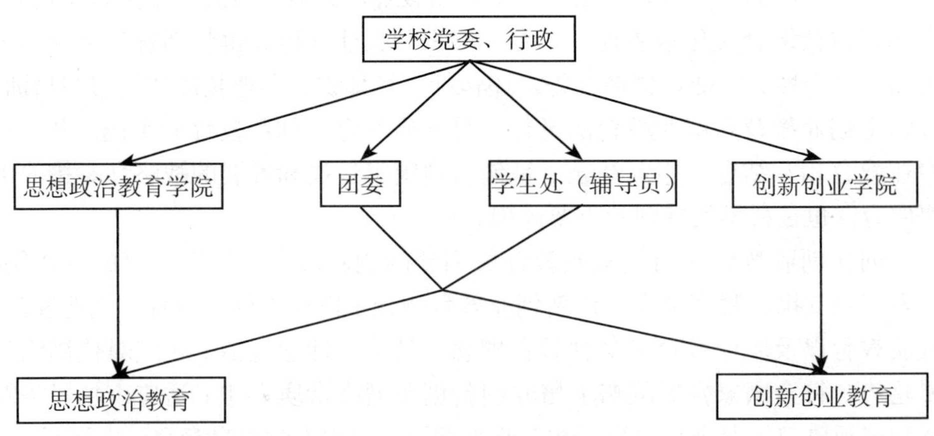

图 6–1 高校思想政治教育和创新创业教育主体机构设置

高校思想政治教育工作主要由思想政治理论课和哲学社会科学理论课任课教师、党政干部和共青团干部、思想政治辅导员和班导师三支队伍共同担任，分别从思想政治理论和实践两个方面，从课堂和生活等多个层面进行全面的思想政治教育。三支队伍在思想政治教育及其管理的实践中，相互补充配合、相互影响促进，共同推进思想政治教育的深入发展，完成对大学生思想政治、心理意识等方面的引导。

创新创业教育主体主要由创新创业学院承担创新创业理论教育教学的任务和工作，负责讲授创业指导，从理论层面进行教育。同时组织相关比赛，聘请企业家和知名学者或者校友走上大学讲台，结合实践对其进行指导。校团委主要通过组织“挑战杯”等创新创业比赛，进行创新创业竞赛方面综合指导。作为学生事务的主要管理者，辅导员通过日常接触以及专项工作在学生创业、就业工作中提供信息资料以及经验指导。

通过对比分析可知，目前高校思想政治教育主要由思想政治教育学院负责理论课程的讲授，校团委通过组织社团活动引领思想，辅导员作为学生思想政治教育的主要人员，在日常管理中潜移默化实施。而创新创业教育主要由创业学院理论结合实践进行教育，校团委通过比赛，辅导员在日常进行就业创业指导。在四类主体中，校团委、辅导员兼顾两类教育，而作为高校思想政治教育和创新创业教育的专业主体，思想政治教育学院和创新创业教育学院在学生这两方面教育中几乎不存在交叉。

（三）高校思想政治教育和创新创业教育在内容上结合度较低

1. 高校思想政治教育的主要内容

作为一个“灵魂工程”的学科，思想政治教育包含了结合我国发展现状等较为广泛的内容。它不仅包括认知、情感、意志、信念等思想意识层面，同时包括伦理学、教育学、心理学等规范性内容，也包括爱国主义、集体主义、民族团结、社会主义等政治教育。这些内容相互联系，相互贯通，通过对学生世界观、人生观、价值观的引导及教育，培养学生关注社会现实并进行理性思考，积极探索人生价值和生命的真正意义。

其中，思想意识层面的内容主要有对世界的认知、问题对立矛盾辨析等马克思主义理论教育，公德教育，职业道德教育，恋爱婚姻家庭道德教育和个人品德教育；规范性内容包括心理学、教育学等适应教育，提高学生的社会适应能力及生存能力、抗压抗挫能力等。政治教育中爱国主义教育主要包括我国优秀传统文化、民族历史教育，我国国情、党情教育以及我国发展路线等相关教育；集体主义教育包括在尊重他人的基础上，以集体利益为重，团结协作共同为集体志愿服务等集体意识、集体荣誉感教育；社会主义民主和法制教育；社会主义教育包括社会主义现代化建设经济常识、中国特色社会主义道路、邓小平理论等；民族团结教育主要包括民族平等、信仰自由、团结统一等理念和政策。

2. 高校创新创业教育的主要内容

作为一种实用教育，创新创业教育的内容更加侧重于应用和实践。它主要是培养具有创业基本素质和开创性的复合人才，因此创新创业对大学生能力要求反过来也决定了创新创业教育包含学科体系建设、教学方法和教学资源开发等在内的教学目标和内容。具体而言，创新创业教育主要包括创新创业意识、创新创业精神、创新创业能力、创新创业知识、创新创业实践等几个方面内容。创新创业意识教育主要通过启发学生对于创新创业基本的认识以及敏锐性，使其了解创新创业教育的基本内容和内涵、主要特征、影响因素以及创新型复合人才的要求和标准，并能够被激发其在这方面的动力；创新创业能力教育主要包含提升创新创业能力教育，主要包括提高其基本知识、技巧、技能，增强创业素质，培养学生的思考能力、观察能力、批判性思维、组织能力、协调能力、决策能力等；创新创业知识泛指通过在熟练掌握创新创业基本知识的前提下，创业实践经验的积累到一定程度，通过系统的处理能够产生新的理解以及知识和方法。

创新创业实践主要通过撰写创业计划书、开展创业比赛以及其他创业模拟实践活动，让学生亲身了解企业创办流程、创业市场调查、创业投资融资、风险管理、财务管理、风险控制等环节的内容，在这个过程中学生能够发现更多的问题。

3. 我国思想政治教育与创新创业教育的内容对比分析

表 6–2 我国思想政治教育与创新创业教育内容及课程设置对比分析表

类别	思想政治教育	创新创业教育
内容	政治理论、思想品德	创新创业意识、创新创业精神、创新创业知识、创新创业能力等
课程设置	毛泽东思想与中国特色社会主义理论体系、马克思主义哲学原理、思想道德修养与法律基础、形势与政策、中国近代史纲要	大学生创业就业指导、企业家精神、创业理、创新思维训练营、创新实践比赛等

由二者内容的对比中可以看出，思想政治教育重点在学生思想、信仰、理念、政治等方面进行提升，创新创业教育主要针对创新创业意识、创新创业知识、创新创业能力等方面进行培养。在思想政治教育中并无创新创业教育相关内容，在创新创业教育中也没有加入思想政治教育的理念，二者的相互结合程度非常低。

二、高校思想政治教育与创新创业教育协同育人存在的问题的原因

大学生创新创业教育与思想政治教育的融合并不是简单地将二者组合起来，这其中不仅包括了教育学、管理学、心理学、职业道德教育等许多方面，而且要通过思想政治教育更好地指导大学生的创新和创业。单一的创新创业教育中过于重视创新创业技巧方面的教育，容易造成大学生思想道德水平较低，使其在创新创业实践中出现困境之后不知道如何应对。单一的思想政治教育理论性特别强，如果不能与创新创业实践结合起来，这种纯粹的思想政治教育对于大学生来说就像是枯燥无味的说教，甚至存在很大一部分学生对这种说教模式非常反感。要想对当前高校中这种创新创业教育与思想政治教育分离的状况进行融合改进，首先需要根据其存在问题分析原因。

（一）对融合的重视程度不够

首先，学校领导层没有足够重视思想政治教育和创业教育的融合。高校领导层或决策层的重视程度是一项工作开展的重要保障。目前由于领导层没有充分意识到思想政治教育对创业精神、创业意识的重要指导作用，以及创新创业作为思想政治教育工作的良好载体。由此导致二者结合程度较低、没有达到相互影响、相互促进的作用。同时，高校领导把主要精力都放在业务工作上，忽视了对创业教育中思想政治教育，导致了二者融合中出现缺乏保障、教育内容单一、环境建设滞后等问题，产生了在物质及财政等方面不能满足创业教育发展的需求条件，出现在校大学生不能够充分理解创业文化、不能够充分掌握创业技能等后果。

其次，高校相关领导没有深刻意识到思想政治教育在创业教育中的导向作用的重要性。当代社会发展迅猛，缤纷多元，各种思潮涌现，相互冲击。而大学生心理和思想发展不够成熟，人生观、价值观、世界观也尚未完全成熟稳定，加之社会经验缺乏，在复杂的社会环境中容易受到多种意识形态带来的影响。因而，思想政治教育在创新创业教育的导向作用显得尤为重要。这种导向作用主要体现在两个方面：一是能够引导大学生树立正确三观；二是能够激励大学生树立社会责任意识和使命感，确立为国家富强、民族振兴、社会发展做出自身贡献的创业价值取向。然而我们当前的大学生创业教育大都只重视创业技能和知识的传授，没有足够重视思想政治教育的引导作用，容易使学生的创业动机和态度产生偏离。

再次，高校相关领导没有深刻意识到思想政治教育在创业教育中的心理激励作用。当前大学生缺乏社会经历和创业经验，心理心智尚未完全成熟，胆识以及艰苦奋斗、锲而不舍的决心也不够，因此很多学生不会轻易选择创业之路，而创新创业意识也因此逐渐减弱。再者，一部分大学生虽然迈出了创业第一步，但是对于自身定位及认识偏差较大，期望较高，在激烈的市场竞争环境中遇到阻力阻碍时容易焦虑、怀疑等。对于这种状况，需要发挥思想政治教育的激励、引导作用，加强他们的抗挫能力，使其面对困难仍能够坚持不懈。

（二）缺乏融合的理论指导

理论研究是实践的前提，科学的理论对实践起着积极的指导作用，任何一门学科若是没有一套完整的、系统的理论作为研究的基础，那么在后期该门学科的深入和发展就会受到阻碍，甚至偏离正确的方向，止步不前。目前，高校思想政治理论和创新创业理论研究大都区别开来，在各自学科内进行研究，关于二者融合的研究非常少，并且也不够深入。

首先，大学生对于思想政治教育相关理论的研究深度有限。在对学校创业教育的调查中得出这样的结果：只有 27% 的学生表示学校开设过创业教育专业的课程，可见这一比例非常小。到目前为止，在高校中负责大学生创业教育中的思想政治理论研究的是思想政治专职教师、辅导员、创就业指导中心及一些相关部门的管理人员，但是，对于改善思想政治的教育方式、内容、环境、师资的状况，以及如何激发学生创业的积极性、完善创业的知识结构、提高创业能力与创业品质等方面的问题并没有进行更深层次研究。与此同时，我国大学生的创业教育与其他国家相比起步较晚，较多部分高校使用的教材是国外高校的译本，而适应我国国内大学生心理发展特点、满足学生实际需求的教材不多，应用范围并不十分广泛。

其次，高校创业教育中思想政治教育基础理论研究方法较为单一。系统、完整的研究方法与研究工具的结合应用，可以促进某一学科理论研究领域的深入发展，然而我国目前对创业教育中思想政治教育理论的研究大多是定性研究，缺少定量分析，也未曾有实证研究，这就使得创业教育中思想政治教育理论变得更加空洞并且缺乏说服力。实证研究是目前理论研究的重要和首要的方法，定量研究方法使用过少，将使得进一步推进创业教育中思想政治教育的发展以及给予创业教育中思想政治教育正确的定位变得更加艰难。

（三）缺乏融合的实践经验

理论是实践的指导，在思想政治教育和创新创业教育的融合上，虽然已经产生了一些理论研究成果，并在一定程度上为二者的融合提供了有利条件。但在目前理论研究中，还存在着研究深度不够、对于二者融合的实践研究较少、二者融合的方法单一等问题，从而导致对二者结合的实践有直接的影响。新事物的发展都要经过实践尝试、理论提升、实践完善的循环，而现阶段高

校思想政治教育和创新创业教育融合问题在理论研究上，本身就存在着不全面、不深入的问题，二者在实践方面更为缺乏指导，实践尝试的经验更少。

根据高校思想政治教育和创新创业教育实施主体结构（图 6-1）来看，只有高校团委和思想政治辅导员有着二者重合。但也主要是因工作内容和性质而产生的一种“被动实践”，这种实践只是因工作和事件的临时交叉，缺乏专业全面的理论指导，这种实践并不够系统。而作为思想政治教育和创新创业教育主要实施主体的思想政治学院和创新创业学院，二者更是没有融合和交叉，在理论不足的情况下也没有实践的尝试。由此直接导致两方面问题：第一，无法验证目前关于二者融合的理论研究的正确性，也就不能保证其延续性；第二，不能发现二者融合的理论研究中的问题，将无法对于融合问题进行修正和改进。

从深层次来看，高校创业教育中思想政治教育融合实践的实施过程中，既缺乏相应的理论研究指导，也缺乏相关实践经验，还缺乏相应组织管理上的支持，比如激励机制、约束机制以及广泛参与机制等。所以，缺乏实践尝试是导致思想政治教育和创新创业教育不能够融合的直观原因。

（四）缺乏融合的师资队伍

在高校教育中，无论是思想政治教育还是创新创业教育，教师一直居于主导地位，其重要性不言而喻。教师理论素养的高低与实践经验的丰富与否在很大程度上决定了大学生创新创业的理念与认知能力。在当前形势下，顺应时代发展、大力倡导“大众创业，万众创新”已成为各个领域工作重点。因此，培养一支拥有丰富经验与创新理念的教师团队，相当于为在校生的创新创业活动提供了有力的基础保障。大学生创业素养的提高要求指导教师拥有较高的理论基础与较完善的理论体系，不仅要熟练掌握创新创业相关理论知识，而且对其他领域尤其是思想政治教育方面有所涉猎。例如对大学生创业过程中所需要的社会学、伦理学知识，应具有较强的总结归纳与运用能力。

目前在高校大学生创新创业教育中，思想政治教育部分普遍是由学校就业指导中心或团委老师来负责；还有一些大学由主管教学或主管管理的老师来负责；也有一些学校直接由辅导员老师负责。在上述几种情况当中，无论采取什么方法，其共同点都是他们并没有创新创业思想政治教育的工作经验，缺乏理论知识与指导能力。这就是高校创新创业活动中思想政治教育存缺位的主要原因，进而影响到高校创新创业的整体教育教学水平。由此可见，打造一支训练有素、素质过硬的高校创新创业思想政治教育领域中的师资队伍十分必要。高校应加强专业培训，定期选派优秀教师参加国家的思想政治教育培训，借此把握国家的政策方针动态；甚至学校也可以组织与国外高校展

开交流合作，比如参与KAB、SYB等项目和活动。高校也可以在大学期间试行“双导师制度”，即高校可以聘请校外优秀企业家、知名校友、或政府机关中的经验人士作为大学生创业的导师，与高校内部辅导员或教师开展紧密合作，为学生的创新创业活动提供坚实有力的保障。

第七章 高校思想政治教育和创新创业教育协同育人路径研究

第一节 思想政治教育融入大学生创新创业教育的途径探析

通过对高校思想政治教育存在的问题及原因分析，有针对性地就如何开展高校创新创业教育中的思想政治教育进行研究并提出相关对策，包括在意识层面上提高对高校创新创业教育中思想政治教育的认识；强化师资队伍建设；以及在教育内容、教育方法、发展环境方面对高校创新创业教育中的思想政治教育进行创新和完善。

一、提高对高校创新创业教育中思想政治教育的认识

（一）充分认识思想政治教育在高校创新创业教育中的导向作用

将创业教育与思想政治教育二者相融合，应该要深刻理解思想政治教育在创业教育中的导向作用，充分发挥其重要性，培养出全面发展的创业型人才。

要深刻理解思想政治教育在创业教育中的导向作用，首先，要重视引导大学生形成正确的创业观，指导大学生在创业过程中把个人选择建立在服务国家、服务人民的基础之上，将实现自我价值与促进经济社会进步发展结合起来。第二，要重视培养大学生所必需的创业道德素养与法律素养。坚持诚信创业，遵纪守法，加强个人品德建设和职业道德建设，提高自身的社会责任意识，这对于大学生自身发展和顺利创业具有十分重要的意义。要把这一思想理念融合到创业教育之中，使大学生自觉形成良好的道德习惯与法律修养，为营造良好的社会风气做出自己的一份贡献，真正在创业过程中实现自己的人生价值。第三，要重视磨练大学生坚强的创业意志，良好的创业心理品质，培育出拥有健全人格、全面发展型的创业人才。创业的过程充满着艰辛，不会一帆风顺，可能随时会遭遇到各种挫折，这正是对大学生心理承受

能力、意志力的最大考验。很多学生创业是为了规避当前就业压力和以寻求工作自由为目的而选择创业，那么他们很有可能刚开始对创业抱有强烈的积极性，当遭受到不顺利的境遇时，就开始茫然、不知所措，甚至放弃创业。因此，充分发挥思想政治教育的独特功能优势，通过思想教育、精神激励、心理疏导的手段，逐渐培养其磨练出艰苦创业的信心与决心，他们才能够时刻保持积极乐观的心态和不畏艰险的顽强意志，通过持之以恒的努力展开创业。

（二）明确高校创新创业教育中思想政治教育的目标

开展创业教育中的思想政治教育是高校创新创业教育顺利发展的保证。通过开展高校创业教育中的思想政治教育，培养具备健全创业品格、创业综合素质过硬、全面发展的综合型创业人才，以期更好地为高校创新创业教育而服务，促进其全面发展。

开展创业教育中的思想政治教育，具体而言，就是要引导大学生在良好的价值取向的基础之上树立正确的创业观；培养大学生端正理想信念，树立高尚的创业品格；磨砺大学生艰苦奋斗的创业精神与坚忍不拔的创业意志；全面提升大学生的创业综合素质与创业能力；为大学生顺利创业营造良好的环境支持；最终塑造出大学生健全的创业品质，独特的创业个性，能够更好地适应竞争激烈的市场环境，更好地将适合自身情况的创业规划付诸行动，促进创业的顺利进行。同时，思想政治教育者可以采用模拟实际情境或者利用创业实践基地等方式，让大学生亲身体会、深切感受创业教育中思想政治教育的重要意义。

我国现阶段正处于全面深化改革开放的关键时期，需要更多的作为“先进生产力、先进文化”代表的高校大学生具有勇于突破、敢于创业的干劲儿，投身于促进我国经济社会发展的洪流中。在此基础上，创业教育中思想政治教育目标的确立更应立足于时代发展的新要求，培养符合祖国现阶段需要的创业型人才。

（三）树立正确的高校创新创业教育中思想政治教育理念

由于我国高校创新创业教育开展的比较晚，全社会对创业教育的认可和支持力度尚不高，对于创业教育中的思想政治教育更是认知不到位，重视程度不够。只有很少的学生认为学校开设的创业教育是和思想政治教育联系紧密的，并且大部分学生对思想政治教育融入创业教育是持无所谓态度甚至认为“完全没有要”。这说明高校对创业教育中的思想政治教育重视程度远远不够，学生对创业教育中思想政治教育的认识还不足，对其重要意义更是不能全面领会。创业教育工作者需要加强对高校创新创业教育中思想政治教育的重视程度，树立正确的高校创新创业教育中思想政治教育理念刻不容缓。

创业教育作为以全面提升大学生创业综合素质、健全大学生创业人格为根本价值取向的一种素质、实践教育活动，整个教育过程要始终贯穿于高校教学课堂与创业教育实践平台中，通过改革创业教育中思想政治教育的教育体系、教学内容、教育方式，改善其发展环境，在理论和实践的双重平台上完善大学生的创业知识结构，激发大学生的创业意识、创业精神，磨砺大学生的创业心理品质，提高大学生的创业能力，不断完善大学生的创业综合素质，引导大学生在创业过程中促进自身全面发展，能够更好地适应竞争激烈的市场环境，更好地将适合自身情况的创业规划付诸行动，促进创业的顺利进行。以此为宗旨，我们才是真正做到了树立正确的高校创新创业教育中思想政治教育理念。

这种将二者有机融合的教育理念，能够激发大学生的创造性思维和创业斗志，在勇敢追求梦想、实现自我价值的创业道路上，能够承受可能遇到的挫折和不顺利的境遇；大部分想要创业的大学生是希望通过创业实现个人价值；而在不愿意创业的同学中，多半同学都是因为承受不了创业压力和创业艰辛从而放弃创业的想法。针对当前大学生这一畏难、缺乏吃苦精神的心理特点，需要教育工作者树立正确的高校创新创业教育中思想政治教育理念，在创业教育中结合思想政治教育这一教育灵魂，为创业教育的发展指明方向，确保培养出具有优良创业素质的全面综合型创业人才。

二、创新高校创新创业教育中思想政治教育的内容

（一）坚持共性指导与个性培养相结合的原则确定教育内容

不少大学生缺乏创业意愿和创业意识，在求职中抱着求稳的心态。当前许多大学生面对严峻的就业形势，“先就业，后择业”的观念十分突出，对于自身的职业生涯规划并不明确。还有一些同学是十分想创业，但苦于对创业的认知不足，自身应当具备的创业综合素质“未达标”，在创业的过程中容易碰壁，且产生挫败感。那么，针对这一实际情况，高校创业教育中的思想政治教育首先需要面向整体，面向大部分学生，开展创业基本通识教育，引导大学生树立正确的创业动机，坚定大学生的创业态度，激发大学生的创业精神，培育大学生的创业品质，提升大学生的创业综合素质，使创业教育中思想政治教育的影响面和受益面扩大。

然而不同年级，不同性格特征、家庭背景的学生在面对创业问题上的态度、意见可能都有所不同，因此在高校创新创业教育中的思想政治教育里，教育工作者在进行普遍性指导的同时，还要注重从不同阶段学生的心理发展角度出发对其进行个性化培养，培育出大学生独特的创业个性。针对大一和

大二的学生，主要是为了培养学生的创业意识和创业精神，针对他们的特点来安排教学内容，要使他们逐渐了解创业的环境，对创业产生兴趣，树立良好的创业态度。对于大三的学生，就要更加注重丰富他们的创业知识，树立正确的创业观，养成良好健全的创业品质。熟悉创业者所必须具备的各项素质和能力，通过实践教育活动增强他们的团队合作能力，促使他们善于沟通，敢于竞争，能够承担良性竞争的后果，可以用积极的生活态度看待各种压力与挫折。大四的毕业生，面临毕业论文和今后就业去向的双重心理压力，这一群体应该成为创业教育中思想政治教育工作内容的重中之重。前三年的相关学习使学生们已经比较清楚自身是否具备创业基本素质，这会在一定程度上决定他们是否下决心成为一名创业者。学校在此时更应该给予更多相关指导，包括引导学生树立正确的创业观，完善大学生的创业知识结构，磨砺学生的创业心理品质，形成良好的创业实践能力，熟练掌握各项创业实际操作流程和政策法规，确保学生能够自主制定适合自身实际发展的创业规划，同时帮助他们顺利完成由创业规划到具体实行的过程转变。正如学者王英杰曾说过的，“创业教育就是激发青少年开发自己的最大潜能，善于发现和把握一生中通往成功的无数的潜在机遇，以开发和增强青少年的创业基础素质，培养具有开创型个性人才为目的的教育”。

（二）坚持理论与实践相结合的原则确定教育内容

在高校创新创业教育中思想政治教育的理论教育内容方面，首先要摒弃以往那些严重落后于时代发展、与大学生当前需求不匹配、流于形式的教学内容，增加体现市场环境新要求，激发学生创新思想与开拓学生创造性能力的内容；在教材的选用上，要充分利用国外发展较为成熟的创业教材体系，同时紧密结合我国大学生当前的创业心理发展特点，以发挥大学生的主观能动性和自主创新能力为基点，以培养全面发展的综合型创业人才为目标，强化思想政治教育对于创业教育的导向性作用，形成具有我国大学特色的多样化、个性化教材体系。

目前，只有少数学校针对创业教育开设有专业课程。因此在课程体系上，首先我们必须要扩大公共必修课程的覆盖面。一方面就可以借助思想政治教育公共基础课程的平台，在讲述马克思主义理论基础内容时应该结合大学生创业实际环境、大学生创业需求、大学生创业心理发展特点系统带入创业教育内容。例如在毛泽东思想和中国特色社会主义理论体系概论课上，培育学生保持良好的爱国主义和民族精神，同时也需要告诉学生树立积极向上的创业观，自身创业动机要以促进国家经济社会良好发展为前提等等。在思想道德修养与法律基础课上，培育学生要在结合个人价值与社会价值的基础之上，

树立良好的创业观，引导自身提升创业道德品质；同时，还可以理解国家“法治”的思想，了解各项法律法规，坚持依法创业、诚信创业；在形势与政策课上，帮助大学生拓展视野与思路，分析世界政治经济动态走向与发展规律、当前市场的大环境，从而引导大学生以清醒的头脑、积极的态度把握好自主创业方向。

另一方面，高校的创业教育应该借助专业教育的平台，在不影响原有教学计划的同时，摄入创业教育中思想政治教育的相关内容。例如在市场营销、经济管理等课程授课时，在授课过程中教师可以结合当前市场经济大环境，引导大学生确立符合市场需求的创业方向，通过创业典型性案例渗透创业意识、创业能力等内容，同时更有必要单独设立培养大学生创业精神、创业综合素质的相关课程。

创业教育中的思想政治教育对大学生的影响是潜移默化的，需要一个过程，正是可以通过这种渗透式的方法使得大学生的创业人格逐渐塑造起来。

除了必修课程外，高校还应该设置一定的选修课加以补充，使得创业教育中的思想政治教育理论教学内容更加充实全面。对于大一、大二的学生，选修课程的内容要侧重于提高学生对创业的认知、激发学生的创业意识、培育学生拥有创业精神；当升至大三，就要注重完善大学生的创业知识结构，引导大学生树立正确的创业观，磨砺大学生的创业心理品质，形成良好的创业实践能力；而对于大四的学生则需侧重于巩固其各项创业技能，使其能清楚掌握各项创业手续的办理，使创业意愿付诸行动，顺利开展创业。这些选修内容，学生可以根据自身的实际情况、兴趣爱好自由选择，以来使得自己的创业知识结构更加完备。

与此同时，高校还可以设置专门的心理辅导机构。进行心理疏导教育历来是思想政治教育工作者的重要任务之一。受金融危机的影响，市场经济不稳定因素较多，大学生创业也很有可能会遇到挫折。不少大学生是出于规避就业压力的考虑而选择创业，那么当他们在创业的路途中遇到逆境，是否会茫然，产生自我否定与怀疑，是否会坚持前行，这都需要思想政治教育工作者帮助创业大学生进行心理疏导，保持或重塑自信，他们才能够在面对这些问题时做出最优抉择。但是，对于进行创业心理品质培养这一问题，在当前并没有被高校、被大学生所重视。当前的创业教育活动并未使大学生明了磨砺自身创业心理品质的重要性。据此，专设创业心理辅导站十分迫切且必要，它可以随时帮助大学生创业者提供咨询服务、心理疏导，引导他们以健康积极的心态正确走好创业之路。

在高校创新创业教育中思想政治教育的实践教育内容方面。多数大学生认为当前所在学校的创业教育太过于注重理论知识的讲授，不能联系实际创业案例进行分析，因此对于目前的创业教育并不满意。高校应该加强创业中思想政治教育的实践性教学，就是要求教育者依据大学生当前阶段对知识的接受规律，充分引导大学生发挥主观能动性、创造性思维，为大学生提供创业实践平台或模拟实际情境，使得大学生可以通过实践教育活动获得亲身体验和感受。此类实践教育活动，主要是指作为“第一课堂”上理论教学的拓展和延伸，它就是要将思想政治教育的内容隐性渗透于实践活动之中，对学生产生潜移默化的影响，使得学生在做中体验，深受创业精神的感染。要丰富创业中的思想政治教育实践教育内容，具体而言，我们可以从以下几个方面来进行。

第一，以创业策划、设计大赛为代表，推行多层次丰富的创业实践教育类竞赛活动，学生可以通过模拟创业情境对自己的创业计划方案进行实际操作，教师在此过程中也要不断引导大学生吸收所学的创业基础知识、提高团队协作意识、坚定创业态度、秉承创业精神，引导大学生感受创业过程中可能遇到的压力，进而学会进行自我心理疏导。

第二，定期举办创业教育讲座、沙龙，邀请创业成功人士和正在努力创业的青年人与大学生进行面对面的交流。让他们丰富的创业经历、独特的个人魅力激发大学生的创业激情，开拓他们的创业思维，增强他们的创新意识。让这些创业示范性榜样促进大学生更加坚定创业的信心与决心，挖掘出自身的创业潜质。

第三，要充分发挥学生社团的组织优势，以此为平台，积极开展社会实践活动，在校外课堂中亲身体验企业运行模式。首先，要积极鼓励和倡导成立各种以创业教育为主题的学生社团，并成立专门机构、委派有经验的教师加强对此类社团的管理和指导，将其打造成为能使更多学生参与的创业综合素质培养平台。高校应该面向社会，尽可能地与一些企事业单位建立友好合作关系，让具备一定创业基础知识和创业基本素质的大学生代表利用课余时间在其中参加调查研究和实践锻炼。深入企业了解其运行模式，了解企业在最初创业时所遇到的问题；深入社会了解当前的创业市场环境；同时也对自己应当具备的创业综合素质和能力有一个更加清晰的认知，从而能够通过创业教育中的思想政治教育有针对性地完善自己的创业知识结构和创业综合素质。

第四，组织或参与创建大学生创业实践基地。学生们对于高校创建大学生创业实践基地十分渴望。据悉，由重庆高技术创业中心创办的重庆大学生创业孵化基地建设进行顺利，基地旨在以各种创业孵化优势资源为依托，以大学生创业项目为载体，以各种孵化服务和营造创业环境为手段，帮助和支

持创业小微型企业的快速发展与成长，促进大学生创新创业、全面成才。目前已经吸引了大批优质的团队入驻，举行了各种创业项目培训，同时也引导入驻项目争取国家创新基金支持，加大对项目的扶持力度。各地各高校应该尽可能的积极参与到这样的政府引导型大学生创业孵化基地中去，借助其平台和资源，在学校内选拔确实具备创业素质的人才，将其可行性较高的创业项目规划放置于孵化基地中，请专家给予评估和帮助，这也是争取到项目投资，提高创业成功率的有力途径。由此一来，既为大学生提供了创业实践指导，又充分发挥了大学生作为创业主体的能动性作用，让大学生通过真实的创业实践活动，体悟到需要具备的创业精神和创业心理品质，增强创业能力，提升创业综合素质。

（三）把握高校创新创业教育中思想政治教育的四个重点

第一，要培育大学生于创业过程中树立远大的理想、坚定的信念。通过思想政治教育的熏陶，促进大学生树立正确的世界观、人生观、价值观，从而引导其自身具有积极的创业观。我们要充分发挥思想政治教育的正面导向作用，通过高校创新创业教育中的思想政治教育，将自己的创业目标、创业理想建立在满足于社会价值之上，脱离单纯谋利的功利性层面，上升至以实现社会责任、时代责任来创业的价值高度，将实现个人价值与为社会主义现代化事业做出自身贡献结合起来。

第二，要培育大学生于创业过程中开阔视野、丰富知识。扎实的专业知识功底是大学生更好开展创业的保证。通过专业理论教育与实践教育的学习，使大学生更好的感知和理解创业基础知识、创业所具备的综合素质与能力；结合自身实际情况，不断有针对性的学习，完善自身创业教育知识结构。少数大学生创业想法是来源于学校创业教育的影响，而绝大多数大学生没有选择创业是由于缺乏创业知识和技能，说明当前的高校创新创业教育实效性并不明显，其教育内容还不够全面，应有的作用尚未完全发挥出，创业教育的覆盖面、受益面也还不够宽广，没能够普遍深入到大学生群体当中去。而希望“学校提供创业政策、创业基金、创业可行性分析等相关帮助与指导”、“建立创业实践基地给予大学生充分的实践机会”的大学生数量总数很多，说明大学生对更加完善的高校创新创业教育抱有很大的期望。只有通过不断的学习、吸取营养才能使自身更全面的发展，才能使自己的知识更丰富，视野更开阔，在创业过程中具备创造性思维，具有发展的眼光，敢于创新，真正成长为全面自由发展的创业型人才。

第三，要培育大学生于创业过程中保持高尚的品德、诚信守法。要在教育中不断提升学生的道德品质和法律素质。品德高尚、诚信守法的人会具有强烈的事业心、社会责任感、奉献精神和法律意识，这正是在当前竞争激烈的市场经济环境下，大学生创业者所必需的。“信则立，不信则废”，要培育大学生踏踏实实用自己诚实的劳动、合法的经营去创业，讲文明，讲道德，讲奉献。这才是大学生形象的代表，这才是我国社会发展所必需的。只有品德高尚的人才能有积极向上的动力，才能在创业过程中顽强拼搏，去实现自我的人生价值。而思想政治教育则是以品德教育为重要内容的，也会不断提升学生的法律意识。部分大学生认为“思想政治教育工作者应承担创业指导的责任”，而事实上在考查学生对“思想政治教育在创业教育中作用”的认识上我们可以看出，只有很少的学生意识到了创业教育中的思想政治教育可以“引导大学生形成创业道德规范”，这也说明了我们亟须更好地将思想政治教育有效融入创业教育之中，使其教育内容更加全面。

第四，要培育大学生于创业过程中开拓进取、艰苦创业。这是大学生创业所必须具备的创业精神和创业斗志，这也是根据当下大学生保守、一味求稳的实际心理状况所决定的。很多大学生不选择创业的原因是“惧怕创业过程中的艰辛”，同时也有过半的大学生不愿意创业是觉得创业压力太大，害怕自己承受不了可能遇到的挫折，这反映出学生面对创业没有信心，存在畏惧的心理特点，这也是阻碍大学生创业的心理因素之一。这进一步说明了高校急需重视对高校创新创业教育的研究，其中特别应该包括加强对大学生创业品质的培养，这也就非常需要创业教育中的思想政治教育发挥其完善心理品质的功能。创业需要胆识，需要长远规划，需要开拓进取，只有这样才能够跟得上时代发展的要求。创业过程中也难以一路顺风，更加需要大学生磨砺出积极的心态，艰苦奋斗、锲而不舍的精神，对于在创业中所遇到的挫折能够坚强面对，促使创业顺利进行下去。

三、探索高校创新创业教育中多样化的思想政治教育方法

（一）转变教育模式，着力强化大学生的主体意识

在我国，受传统应试教育的旧体制、社会传统思想等影响，大学生创业的现象并不普遍，尚属新事物，大部分大学生就业态度保守，一味求稳；普遍缺少自主创业意识和内在动力，缺乏常识性的创业知识，创业能力低下，于是毕业后就只好被动就业。同时，这部分学生自身也缺少创业精神与创业斗志，害怕吃苦，所占比例过半。这说明，我们急需强化大学生对于创业的主体意识，要激发他们的自主创业动力。因此，在高校创新创业教育中的思想政治教育过程中，要注重转变旧的教育理念、教育模式，要做好以下几点：

第一，引导大学生以“自我教育、自我管理、自我服务”为立足点，给

予自身正确的角色定位，强化自身主体意识，明确自身在教育过程中应该充分发挥主观能动性的作用。

第二，提高大学生对创业的理解和认知，充分调查他们对于创业的热情和积极性，激发大学生的创业意识，最大程度的挖掘大学生的创业潜能，要让创业理念深入大学生的心中，使他们能够积极主动地开始今后的创业生涯规划，并且勇于将适时可行的创业策划付诸实践行动。

第三，要让大学生清楚认识创业所必须具备的知识结构和综合素质，认识到自身不足之处，明确今后努力方向，不断充实和完善自我。教育活动的真正意义应该是价值引导与自主建构辩证统一的活动过程，是教师引导和学生充分发挥其主体作用的有机结合。因而，在高校创新创业教育中的思想政治教育里，我们要转变传统的被动灌输教育模式，教师要对学生进行启发式、引导式教育，更重要的是要调动大学生的主观能动性，充分发挥大学生的主体作用。

（二）拓展教育方法，着力提升教育实效

“坚持辩证唯物论的知行统一观”，这是马克思主义关于教育基本规律内在要求所规定的，对于高校创新创业教育中思想政治教育具有方法论的指导意义。因此，在创业教育中思想政治教育的过程中，我们必须通过丰富的教育方式方法，将理论性教育与实践操作锻炼结合起来，才能够真正提升教育实效性。

通过随机走访调查发现，当前许多大学生对创业是一知半解、不甚清晰，想要创业却不知从何下手，自身也缺乏创业所必须的专业知识、品质与能力。所以，高校首先应该重视通过课堂教学、专业讲座及沙龙、媒体宣传等形式引导大学生积累丰富的创业教育基础知识，拥有一定的理论功底；通过专门的思想政治教育工作培养大学生正确的创业价值取向，让大学生清楚认知自身所必须具备的创业精神、创业心理品质、创业实践能力等创业综合素质。促使大学生可以结合自身实际情况，制定可行性较高的创业策划方案，科学合理的规划未来的职业生涯。

另外，在把握好“第一课堂”的同时，高校应该尽可能地为学生提供多样化的创业实践锻炼平台，通过丰富多彩的实践教育活动，帮助大学生真正领会所学到的理论知识，锻炼大学生的创业能力，磨砺他们的创业意志，激发他们的创业精神，最终提高他们的创业综合素养。

具体而言，除了在前文中所具体讨论的丰富教学内容的方式以外，笔者认为在适应时代发展新要求的影响下，高校还可以通过以下两种教育方法来提升创业教育中思想政治教育的实效性。

第一，将思想政治教育融入至互联网教学中，创立大学生创业网络主题专栏，进一步拓展高校思想政治教育的空间和渠道。可以依托高校主页、贴吧、微博、微信公众平台建立创业教育板块，对大学生进行创业知识普及、创业精神感染，把思想政治教育内容也巧妙的融入其中，利用身边的优秀人物和感人事迹来影响学生，树立典型教育案例，特别是白手起家最终通过自身不懈努力取得创业成功的企业家经历，由此引导大学生们坚定创业态度和创业决心，树立自身的创业理想目标与价值定位。另外也要加大网站的宣传力度，加强对于互动环节的建设，积极鼓励更多师生参与其中进行沟通交流。这种基于网络平台的交流模式更容易让学生打消心中的顾虑，使教师获得学生内心的真实想法，在教学过程中也可以针对学生的心理状态调整教学规划，从而不断满足大学生对创业教育的实际需求。

第二，高校还应该积极鼓励学生尝试进行网上创业，这类创业方式投入资金相对较少，风险也较好把控。随着信息技术在校园内的广泛应用，高校校园电子商务获得了快速开展，进行网上创业已成为大学生追捧的一种新时尚。网络接入、网络购物已成为中国网民最大的开支项目，我们的创业教育应该结合这一现实经济情况，引导更多的学生把握住此中商机。许多大学生往往窘于囊中羞涩，缺乏创业启动资金，而网上经商则正好为他们提供了较低的门槛。因此，高校思想政治教育工作者应当科学分析、合理引导和鼓励大学生的网上创业行为，加强培训大学生学习网络买卖所涉及的电子商务知识、网络政策法规，这既是繁荣我国电子商务市场、有效扩大内需的一项重要途径，又可以促进大学生在实践操作过程中不断完善自身的创业能力和创业素质。

四、加强高校创新创业教育中思想政治教育的师资队伍建设

（一）强化专职教师培训，提高教学质量

胡锦涛同志曾经说过：“没有高水平的教师队伍，就没有高质量的教育。”高素质高水平的师资队伍将是提升创业教育中思想政治教育质量的重要力量，他们是培养全面发展创业型人才的主力军。他们应该具备深厚的理论知识功底和丰富的创业教育实践经验，最好是自身就拥有创业经历，那么他们的创业精神、生活阅历和独特的个人魅力将会深深感染大学生，激励大学生燃烧创业激情与创业斗志，直接影响大学生创业综合素养的提升。

当前，大多数大学生对当前学校所开展的创业教育效果是不满意的，尽管如此，但他们还是希望“思想政治教育工作者承担创业指导的责任”以此来提升创业教育的实效性，这说明他们依然对教师提供较高质量的创业教育怀抱希望。针对这一现实状况，高校必须利用校内外一切资源，整合创业教

育中思想政治教育师资队伍力量，加强对教师的专业培训，着力提升教育质量。

为此，高校需要形成明确的培训机制。

首先，通过一定的教学考核标准，分期分批积极组织符合考核标准的专职师，包括思想政治教育、创业教育课程授课教师，各部门单位团委、大学生创业就业指导中心管理人员，学生辅导员等主要师资力量外出参加更高水平、更高平台的创业教育专职培训，或是鼓励教师自主外出培训深造，提高自身的业务能力。

第二，每年定期选派在创业教育工作方面业绩突出的专职教师深入企事业单位交流学习、深入社会参加市场调研等，了解各单位从最初创业开始运行管理的“第一手”资料，在创业过程中积累下的实际经验和曾经遭受的不顺利境遇，亲身体验创业的整体过程，体悟创业者的人生经历和其创业精神的感染力。在此基础上，提炼整理出具有时效性、代表性的经典创业案例，运用实践案例教学法使得学生能够更直接的吸收和接受教学内容，提升教学质量和教学实效性。另外，学校要有组织地开展专业领域报告交流会，鼓励、安排参加培训或交流的教师共享学习心得，总结所吸收到的教学经验，在更大范围的教师队伍里加深对创业教育中思想政治教育的创新研究，更加科学合理、与时俱进的进行教学内容规划，提升教育质量。

第三，组织教育工作者进行语言沟通技巧、创业心理健康培训辅导等相关课程的学习，进一步提高自身教学综合素养与个人讲学魅力。善于运用创新性教学思维，言传身教，将思想政治教育内容渗透到创业教育之中，着力于提升教学的实效性。

（二）完善师资选拔制度，构建专兼职相结合的师资队伍

我们要选拔出更加优秀、综合素质过硬的师资队伍来进行创业教育中的思想政治教育，就必须要完善师资队伍选拔制度，构建专兼职相结合的多样化师资队伍。

首先，必须坚持公开、公正选拔，公平竞争的原则，既有利于使最优人选脱颖而出，又能够充分调动相关教育工作者的积极性和主动性。经过院系领导的推荐、自我申请、其他教育工作者的内部评估认证等渠道可以选拔出真正愿意并且有能力承担此项工作的教育者，其主要构成力量应该是作为教育活动决策者的行政管理层人员、作为中坚力量的思想政治教育、创业教育课程教师和作为广大师资队伍根本的辅导员。

其次，针对我国创业教育中思想政治教育师资队伍的现状，缺乏创业及企业管理的实际经验，一方面，高校应该开办创业教育讲坛，极力邀请创业成功人士和多年从事创业教育研究的资深专家到学校与校内教师面对面交流，

在沟通交流过程中汲取他人的创业实践经验或实践教学经验；或是通过培训机制鼓励教师“走出去”，深入企业、深入社会。另一方面，在高校创业教育管理部门的统一协调指导下，应该聘请一部分极具代表性的、拥有专业精神与创业实践经验的兼职教师来与校内专职教师共同组成创业教育的师资队伍。包括创业成功者和企事业单位管理人员，为他们提供讲学和宣传平台，同时他们较高的专业化水平、丰富的创业实践经历会进一步充实大学生的创业知识，他们的创业精神、过硬的创业综合素质也会进一步激发大学生的创业热情，坚定他们的创业决心，使大学生意识到自身还有哪些不足之处，有针对性的不断完善和提升自身创业综合素质和能力。

五、创造高校创新创业教育中思想政治教育的良好发展环境

（一）提升校园创业文化建设，营造良好的创业教育氛围

我们必须高度重视学校创业文化建设，加大力度落实、宣传创业教育活动。良好的校园文化氛围是一种重要的教育感染力量，它以某种特有的潜在作用影响着大学生的思想品德和心理素质，是高校开展思想政治教育工作的一条重要途径，将思想政治教育融入创业教育工作中，就必须创造有利于创业教育发展的舆论氛围和校园文化环境。

首先，高校可以通过课堂、交谈对话、媒体平台、讲座沙龙等各种渠道宣传、渗透创业教育中思想政治教育的思想，使其深入校园思想文化建设中、深入广大师生的心中；高校要抓好高校创新创业教育的网络教育平台建设，开展网络课堂平台传授理论知识，开发网络模拟培训平台使得学生从中加强对创业实践过程的认知，也加深对自己所具备的创业能力和基本素质的了解，促进今后学习的针对性，同时更有利于大学生做出适合自身实际情况的创业规划；高校要有组织地开展丰富多彩的校园创业实践活动，例如举办以团队为单位的创业专业竞赛、鼓励学生申请创业实验项目、通过文体活动有针对性的培训学生所必需具备的创业综合素质等等，大力开辟“第二课堂”教学平台、实践基地，鼓励更多的师生主动参与其中，在实践中体验，耳濡目染，接受创业教育的文化熏陶。在创业实践活动中融入良性竞争，进一步激励大学生的创业积极性，培养他们的心理承压能力；积累施行创业策划的经验，提高创业综合能力。

同时，在制度管理方面，高校要以学校的制度文化建设为载体，通过各项政策规定、教学培养方案等方式促使创业教育与思想政治教育的有机融合，集合校内外资源共同推进校园创业教育文化氛围的建设；在教学教风方面，要着力于创新创业教育教学思维，加深对创业教育中思想政治教育的重视和

研究，转变教学作风，不断带动学生想创业、敢创业，让这样的思想渗透到校园里的每一处，深入到学生的心坎中。

（二）整合力量，构建高校创新创业教育的全社会支持体系

首先，要加强政府的支持力度。我国政府虽然非常鼓励大学生自主创业，并且出台了一系列优惠、支持政策，但缺少鼓励开展高校创新创业教育中思想政治教育的规划、目标与具体参考细则，这些政策结合各地、各高校实际情况下的落实程度并不理想。国家和地方政府都应做出积极努力，成立相关政策促进部门进行指导和督管，确保政策可以落实到位。以政府为主导，联系高校、社会组织合力创建创业孵化基地，鼓励更多的学生、企业团体入驻基地。经过一定的考核评定，为可行度高的大学生创业策划项目搭建融资平台，吸引企业投资，解决大学生创业者缺乏启动资金的难题；同时在资源信息共享、小额贷款担保、简化创业审批手续等方面对大学生创业者给予一定的支持。另外，政府还可以出面委托相关单位设立大学生创业咨询、培训机构，邀请成功创业者、企业管理人员与大学生面对面交流，以他们的实际经验和专业精神对大学生创业者进行指导。

第二，要提升全社会的认可程度，强化社会力量的支持力度。当前社会受传统既定理念的影响较深，加之我国创业教育的研究起步较晚，整个社会范围内对创业教育尤其是创业教育中的思想政治教育认识不到位，认可程度、重视程度皆不够。需要社会、政府相关组织构筑良好的创业教育宣传平台，将创业教育中的思想政治教育渗透至网络、电视、广播、报纸、社区展板等多种媒介中去，渗透到群众的生活中去，使老百姓加强对创业的认知，逐渐提升他们对创业教育中思想政治教育的认同度，慢慢转变他们一味支持大学毕业生稳定就业，对创业敬而远之的态度，减少大学生创业的社会压力，在全社会形成积极鼓励支持大学生创业的氛围。另一方面，要鼓励社会各股力量的积极参与，为大学生提供创业机会。例如在重庆市专门成立了大学生创业服务网站，网站上详细说明了全国各地所举行的帮助青年创业就业的专项行动。在 2014 年 5 月份举行的重庆市首届大学生创业成果展洽交流会上，重庆 24 所高校的 81 个创业项目到现场寻找投资方。同时，展会现场还专设了市级创业孵化基地展示区、市级部门咨询区、金融机构和企业对接洽谈区，为创业大学生提供创业政策咨询服务和贷款、融资等方面政策指导，并为有关企业、机构与大学生创业项目搭建交流合作平台。据悉，其中有部分参展项目通过前期与企业接洽以及现场交流评审，与企业达成合作共识，现场签订帮扶或合作协议；创业孵化基地吸纳部分优秀参展项目入驻，并签订入驻协议。

第三，家庭是人生的第一成长环境，家庭教育具有学校教育、社会教育不可代替的地位和作用。如果大学生家长在他们的子女成长过程中，采取积极支持、关心的态度去面对他们创业，对创业实践本身抱有坚定的信念和顽强的斗志，就更能够激发出学生们的创业兴趣和激情，树立符合学生自身实际特点的创业理想目标，同时在无形中对大学生形成更加健全的创业人格起到正面带动作用。

第二节 创新创业教育融入思想政治教育中的路径选择

一、将创新创业教育贯穿于大学生思想政治教育课程教学中

（一）把创新创业教育与马克思主义理论教育结合起来

创业意识是创业者必须具备的创业前提，只有具备了创业意识创业者才能进行创业行动。创业者在当代社会应具备多方面的创业意识，主要包括：一是创业主体意识。创业者成为创业实体的主体，创业者不同于其他职业人，是为自己的企业或公司创造价值、创造财富，企业或公司的运营情况直接与创业者的前途命运息息相关。这种创业主体意识促使创业者在创业过程中产生巨大的动力，充分调动创业者各方面的才能，发挥创业者的主观能动性积极创业。二是资源整合意识。创业者充分利用现有的信息、资源，有机搭配、整合资源、弥补劣势，将创业资源、要素整合到最佳状态，为自主创业提供保障。三是创新意识。创业本身就是一种创新，因此要求创业者必须具备创新意识。创业者想要创业，就是要打破现在已有的格局，另辟新路才能创造更多的利润。每一个创业者的创业历程都是不一样的，创业者在遵循规律的基础上结合自身特点和时代背景进行创新，可为创业实体创造更大的价值和利润。四是风险意识。创业过程存在各种风险，创业者必须谨慎决策、合理经营，主动规避各种风险。同时具有承受风险的意识，正确面对和处理风险的意识。五是商机意识。创业过程中存在各种机遇，但是稍纵即逝。创业者要对商机具有预见性，准确判断、把握时机、主动出击，为自己的才能、技能发挥提供平台并为创业实体创造高额利润。

大学生的创业意识中包含了马克思主义的基本理论，因此在对大学生进行马克思主义理论教育过程中培养大学生的创业意识，也就是将创新创业教育与思想政治教育结合了起来。创业主体意识符合马克思主义的历史唯物主义观点，人民群众自己创造历史，人民群众是历史的创造者。无数个自主创业者就是人民群众，无数个创业者自主创业就创造了历史。资源整合意识符

合马克思主义的唯物辩证法，认为世界是普遍联系的，世界上的一切事物都不能孤立存在，整个世界是一个相互联系的统一整体，联系是事物本身固有的，它不以人的意志为转移。资源整合意识就是创业者将创业过程中的各种资源、要素有机地联系在一起，实现资源的优化配置，为创业提供准备。创新意识符合马克思主义的唯物辩证法，唯物辩证法认为辩证的否定是事物自身的否定，即自己否定自己，自己发展自己。创新意识是创业者在综合考察各方面因素的基础上，对当前存在创业实体的辩证否定，去除创业实体中的不利因素，发展原有创业实体不存在的有利因素，创建新的企业或公司，实现新的发展和突破。风险意识符合马克思主义的唯物辩证法，唯物辩证法的根本规律是对立统一规律，事物及事物之间都包含着矛盾。创业过程既可创造利润和财富，也会造成财产损失，所以创业者应该辩证的看待创业，充分利用创业的有利条件，避免不利条件。商机意识符合马克思主义的唯物辩证法，商机就是创业者在纷繁复杂的关系和事物中，抓住创业过程的主要矛盾，就抓住了商机并解决矛盾。

马克思主义理论教育对人的教育、引导和培养是全方位的，因此加强对大学生的马克思主义理论教育是非常有必要的。马克思主义理论教育包括马克思主义哲学教育、马克思主义政治经济学教育、科学社会主义教育。通过马克思主义哲学教育，学会使用唯物的、辩证的方法看待创业活动，使用联系和发展的观点进行创业实践，理解任何事物都是对立统一的，重视实践，在创业实践中不断创新，相信人民群众包括创业者在内的创业实践活动对社会的重要作用。通过马克思主义政治经济学教育，使大学生科学认识社会主义政治经济的一般规律，在创业实践中充分利用经济发展规律、顺应事物发展的一般趋势，实现成功创业。通过科学社会主义教育，使大学生对社会主义发展充满信心，充满热情地投入到创业实践中，为社会主义积累更多的财富，加速社会主义向共产主义过渡的步伐，为实现共产主义贡献自己的力量。

（二）激发大学生的创业热情，把创新创业教育与理想信念教育结合起来

大学生的创业热情是创业的前提，只有具备创业热情，才能把创业美好设想、大学生远大理想抱负付诸实践。创业热情不仅能够激励创业不断取得成功，而且还能够激励大学生不断创新，打破现有的格局，推陈出新。创业热情还能够帮助大学生克服当前的挫折和困难，保持积极乐观的心态，坚信前途是光明的。国家领导人多次强调创新是一个民族的灵魂，是一个国家兴旺发达的不竭动力。大学生是国家发展最新鲜的血液和动力源泉，激发大学生的创业热情，是国家实现产业升级、深化经济体制改革的重要途径，是国家实现创新发展的重要途径。充分调动大学生的创业热情，使大学生具有饱

满的热情投入到创业实践中，活跃的思维、积极的心态可激发大学生主动创新潜力，为实现国家的创新发展提供必要准备。充分发挥思想政治教育的优势，把提高大学生的创业热情和理想信念教育结合起来，培养大学生创业的远大理想和坚定信念有了远大的理想和奋斗目标就有了不断前进的动为和热情。

理想信念教育是大学生思想政治教育的重要环节，理想信念是一个人前进的动力和不断奋斗的目标，大学生作为国家的栋梁之才，更应该加强他们的理想信念教育，使他们不甘于平庸、不断拼搏的勇气和实现人生梦想的信念。当代大学生缺乏吃苦耐劳、艰苦奋斗的精神，通过理想信念教育坚定大学生创业成功的信心和意志，提高大学生抗压受挫能力，为实现创业的理想目标坚持不懈、持之以恒的奋斗。理想信念是大学生创业的重要保障，一个没有理想信念的创业者是不能成功的。通过理想信念教育提高大学生创业的信心，使大学生意识到虽然创业道路是艰辛的、曲折的，但是未来是光明的、美好的，不要因为眼前短暂的困难而阻挡了远方的成功。

《中共中央国务院关于进一步加强和改进大学生思想政治教育的意见》指出：当代大学生充满活力、思维活跃，科学文化素质、道德水平高，敢于冲破落后的、陈腐的观念的束缚，如果对其进行正确、积极的引导，将成为国家创新创业计划人才的重要后备军，成为社会主义事业和共产主义事业的建设者和接班人。在大学生思想政治教育中，把理想信念教育与培养大学生的创业热情结合起来，既要使大学生自觉地树立起中国特色社会主义和共产主义的理想信念，又要使他们联系自身发展情况，改变传统的职业价值观，充分发挥专业技能积极主动创新创业。不仅解决自身发展问题，还让他们意识到作为当代有志青年在现代化建设中的历史使命，充分发挥主人翁意识，在实现个人价值的同时实现社会价值。大学生思想政治教育引导大学生将所学的科学文化素质转化为现实生产力，主动参与创新创业实践活动，通过创业为国家发展注入强大动力，增强国家的综合实力、提高国际地位，在国际竞争中立于不败之地。

（三）规范大学生的创业行为，把创新创业教育与道德法制教育结合起来

创业行为是创新创业教育的重点，是引导大学生正确创业、成功创业的关键。但是创业过程中的创业行为纷繁复杂，每个行业的创业行为又不尽相同，而且大学生创业实践经验较少，在创业过程中容易出现不规范的行为，因此单纯依靠创新创业教育规范大学生的创业行为不是最佳有效的方法和途径。有些创业者为了追逐利益，不择手段的积累财富，生产对消费者有害的产品，面对利益的诱惑，仅仅依靠创新创业教育不能使创业者悔过自新。有些创业者在创业初期表现良好，但企业发展到一定阶段，受各种因素影响，

出现投机取巧的心态和行为，导致创业行为也会发生巨大变化，早期的创新创业教育对创业者的影响已经很小或者已经没有了。大学生的创业行为是创业的关键，甚至对大学生的人生发展产生深远影响，同时大学生的创业行为培养是一个长期的过程，需要经过长时间的正确引导和训练才能够形成，单纯依靠创新创业教育不能及时解决大学生创业行为中存在的问题，通过思想政治教育对大学生进行道德的、法制的教育，逐步规范大学生的行为。

创新创业教育是通过对大学生创业动机和创业目的的引导，使其学习创业基本理论知识和实践技能，并使其积极主动的创新创业，在获得物质满足的同时，实现个人的自我价值和社会价值。创业行为是创新创业教育的表现，而创新创业教育对创业者的约束力是有限的，因此，创新创业教育必须与职业道德和法制教育结合起来，运用职业道德和法制教育规范创业行为。职业道德和法制教育是思想政治教育的组成部分，通过思想政治教育可弥补创新创业教育的不足。在中国传统观念中，特别注重个人道德品质的修养，一个成功人士不仅要有良好的办事能力，还应具备良好的道德品质，因此职业道德是每一个创业者必备的职业素质。职业道德，是指从事一定职业的人在职业生活中应当遵循的具有职业特征的道德要求和行为准则。我国对人们在职业生活中的基本要求是爱岗敬业、诚实守信、办事公道、服务群众、奉献社会、素质修养，因此在大学生思想政治教育中，也应以此标准引导、规范大学生的职业道德行为，充分发挥道德模范的带头作用，大力宣传成功人士的英雄事迹，号召大学生积极向道德模范、先进分子学习。

大学生思想政治教育在培养大学生良好的道德素质的同时，还要为学生普及社会主义市场经济的法律规范，使大学生在创业过程中知法、懂法、守法、用法，充分利用法律赋予的权利，同时遵守相关法律规范。当代大学生法律知识储备不足，法律观念淡薄，社会经验较少，对行业内的法律规范知之甚少。其中与创业相关的法律法规有《劳动法》《公司法》《企业登记管理条例》《安全生产法》等，学习相关法律法规是进入一个行业的必修课，如果没有相关职业法律法规知识，大学生在创业实践中可能会触犯相关法律法规，了解掌握法律法规可避免这种事情的发生。因此应发挥思想政治教育的优势，培养大学生的法律意识，引导大学生积极主动学习相关法律知识，保证创业活动合法有序地开展，减少不必要的权益纠纷，同时充分利用法律赋予的各项权利维护自身利益，保障企业正常运营。

（四）调节大学生的创业心态，把创新创业教育与心理健康教育结合起来

创业心态与创业技能、创业管理、创业机遇等因素不同，是由创业者的主观条件决定的，在其他因素都相同的两位创业者中，可能因为一位创业者

心态的变化，就会造成失之毫厘差之千里的现象，因此创业心态在实践活动过程中起重要的决定作用。心态在心理学中叫态度，是心理态度的简称，是人的意识、观念、动机、情感、兴趣、气质等心理状态的一种。创业者不仅要具有成功时不骄不躁的心态，也要具有失败时积极乐观的态度；不仅要具有脚踏实地、日积月累的心态，也要具有自信、不卑不亢的态度；不仅要具有不断学习的态度，也要具有不断创新的心态。创业者必须要有从零开始的态度，任何投机取巧、外在帮助都不如实干来的真切，创业者不能有一夜暴富的心态，创业必须要经历不断积累资金、积累经验、积累人脉的过程。创业者必须要有付出的心态，可能会出现投入与产出不成正比的现象或者别人不需要付出很多就可成功的现象，需要创业者调整心态，立足自身企业发展，深入分析出现问题的原因，可能是因为回报周期长或者自身企业存在问题。创业成功需要经过漫长的积蓄过程，创业者必须保持平常心，默默做好前期的积累，等待厚积薄发。良好的心态是创业者取得成功的关键。创业者必须要有虚心学习的心态，努力学习成功创业者的优秀品质、管理经验、先进理念等，学习别人的长处为自身企业发展所用，汲取别人失败的教训。

当代大学生从小生活环境优越，经历的苦难和磨练较少，导致大学生在创业过程中缺乏坚定的信念、积极的认识态度、良好的心理承受能力等，使得大学生在创业实践活动中存在各种心态问题。这些不合理的心态必须依靠思想政治教育对大学生进行积极有效的引导和教育，通过对大学生的心理健康教育调节大学生的创业心态，对大学生的心理进行有针对性的积极引导和疏导，培养大学生创业者敢于竞争的创业心态、勇于面对挫折的心态，最终达到思想政治教育培养人、造就人的目的。

二、将创新创业教育融入大学生日常思想政治工作中

（一）加强辅导员引导作用，创造良好的融入基础

在大学生的成长过程中，高校辅导员起着重要的作用。辅导员指导大学生提高自身的道德素质，帮助学生解决生活中遇到的困难，疏导大学生的心理问题和情感问题等。大学生在创业过程中难免会遇到困难，高校辅导员可以充分利用自身优势，深入到大学生内部，了解大学生的真实现状和心理想法，结合不同学生的情况帮助学生克服困难、经受住考验、积极面对挫折，及时解决突发状况。

加强辅导员对创业大学生的心理辅导。面对当前严峻的就业形势，虽然许多大学生已经转变了职业价值观，把自主创业作为解决就业的重要途径。但还一部分大学生在选择创业时没有良好的心理准备，或者害怕创业失败的

心理顾虑。辅导员是大学生日常生活的主要管理者，他们可深入到大学生生活的各个方面，了解大学生和大学生谈心。同时大学生对辅导员也没有距离感和抵触感，使得辅导员和大学生的交流是平等的，也利于大学生更真实、更信任的表达自己的想法和心理矛盾。创业初期大学生的心理状态是最不稳定的，面对突如其来的状况和各方面的压力，认为创业与自己想象的完全不同，此时应该加强辅导员对大学生的心理辅导，及时解决心理顾虑，树立创业的信心，坚定创业信念。心理状态对大学生创业产生深远的影响，良好的心态使大学生充满信心，帮助大学生收获意想不到的结果；而不好的心态使大学生日渐消沉、自暴自弃，即使能够成功的结果也会失败。因此加强辅导员对大学生的心理辅导，消除大学生的心理顾虑，增强大学生承受挫折和自我调节的能力。

加强辅导员对创业大学生的职业生涯规划教育。职业生涯规划是对决定一个人职业生涯的主客观因素进行测定、分析和总结。职业生涯规划是大学生创业的必要准备，只有在明确了职业生涯规划的基础上，才能有明确的创业目标。职业生涯规划不仅使学生结合自身因素、社会因素、环境因素等多方面找到适合自己喜欢的工作，而且帮助学生真正了解自身能力在社会发展中的地位，了解自身需求，为学生做出行之有效的短期、中期、长期发展规划。辅导员可为创业大学生制定生涯规划，结合每一位大学生的特点，制定个人专属的创业生涯规划。帮助不同学生分析其在创业中的优势和劣势，充分发挥优势能力，尽量弥补劣势能力，规避劣势带来的创业风险，优化整合创业资源。

（二）借助校园文化，营造良好的融入氛围

校园文化是大学生思想政治教育宣传的主阵地，对大学生的思维方式、价值取向、行为方式的形成和发展起着深远持久的影响。大学生在学校中每天都会直接或者间接的接触到校园文化，校园文化作为一种软文化，可延伸到大学生学习生活的各个方面，对大学生的行为产生潜移默化的影响。借助校园文化宣传的载体，营造良好的融入氛围，使大学生重视思想政治教育在创业中的指导作用，培养大学生在思想政治教育中提高创业实践能力的意识，增强创业意识和创业动力，形成良好的创业品质和创业精神。校园文化为大学生营造一个朝气蓬勃、创业氛围浓郁的校园环境，使大学生在无意识中接受熏陶，不断向着校园文化中所倡导的方向发展。

充分利用校园海报、校园广播、校园网络、校报校刊等宣传渠道，设立创新创业教育融入思想政治教育专题，大力宣传思想政治教育指导大学生成功创业实践的案例，使大学生重视自身的道德素质、心理素质和精神品质的培养。首先通过对国家有关创业最新政策和法规的宣传教育，使大学生了解当前国家对大学生创业的优惠政策，如为大学生创业提供无息贷款、减免税款、提供办公场所等，大学生可充分利用这些优惠政策减轻创业前期的资金压力。宣传报道本校学生成功创业事迹，通过介绍大学生身边的人物事迹，改变大学生传统职业价值观，激发大学生创业热情，使大学生树立创新创业观念。同时使大学生意识到单纯学习创业知识和提高实践能力不能够取得最终的成功，优秀的创业者还需要具有良好的品质和顽强的心理抗压能力，这些都需要在思想政治教育中提高。大学生应树立融入的观念，积极接受思想政治教育理论课和日常思想政治教育，为创业实践打下坚实的基础。

充分发挥学生社团组织的带头作用，学生社团是大学生自发组织的，将相同兴趣爱好特长的学生集结在一起，分享信息、充分利用资源、相互借鉴学习，而且更容易得到大学生的认同和接受。鼓励学生社团举办以创业为主题的各类实践活动，使越来越多的学生参与到其中，将大学生头脑中的创业设想付诸实践，体会社会实践的真实感觉，寻找设想与实践之间的差距。在创业实践活动中，激发大学生的创业灵感，提高大学生的意识和动机，提高经营管理能力。支持建立专业的创业社团，免费为大学生提供创业帮助，教授创业流程和创业技能，提高创业的能力和信必，打造成为大学生创业者交流信息、资源、互相帮助的创业平台，还可整合大学生创业团队，组建优势互补的优秀创业团队。学生社团组织还可以对创业大学生进行理想信念教育、道德法制教育、心理健康疏导，使大学生不仅关注创业本身，还应关注自身思想的、道德的、心理的发展，这些可能对创业实践产生决定性影响。

（三）提升社会实践的深度广度，打造良好的融入途径

创新创业教育不仅仅是教授创业理论知识，而是让学生能够将创业的理论知识融会贯通，运用到社会实践中去，将理论与实践相结合，使大学生形成系统、完整的创业学习框架。目前高校在创业理论方面的教授能力普遍很高，而对于社会实践的广度和深度挖掘不够。社会实践对学生的创业经历是非常重要的方面，真正参与社会实践才能让学生真正认清自己的创业目的、目标，确立正确的创业方案，兼备能力与头脑解决创业过程中遇到的问题。通过社会实践认识到成功的企业家不仅具有卓越的经营管理能力，还具有感染人的优秀人格魅力；认识到思想政治教育对于创业的重要意义，开始关注自身在实践过程中的精神品质、道德素质和心理素质发展变化，并开始努力提高自身素质。使大学生开始认真学习思想政治教育的基本理论课程，利用思想政治教育自我反思，同时能够确立学习的目标，通过实践，学生能够认识到自己的不足，从而有针对性地确定需要学习哪些方面，向谁学习等等。

实践促进学习，学习能够更好地指导实践。

社会实践是一个能够促进学生全面发展的大舞台，这里有最真实的创业场景，能够让学生真正的经历创业的完整历程。从没有想法，到想法的确定，到目标的确立，到创业的所有准备工作，到真正的实施行动，最终目标的实现。这一系列的步骤在书本中只是寥寥几章节，学生从中并不能真正地领悟到创业实践的复杂性。而真正的社会实践，不仅能够让学生经历创业过程，从中获得无数的实战经验，更能给学生带来前所未有的成就感。这些经验与满足感能一直伴随着学生，为今后自己的创业事业带来鼓励与坚定的信念。

近几年，各高校纷纷组织形式各样的创业社会实践活动。定期参观学校所在城市的有名企业是很多高校实践的方式之一。带领学生走进创业公司，了解企业的发展历程，观摩企业运营的模式，与企业一线工作者交流经验。通过一线人员讲述经历，大学生认识到思想政治对创业实践的重要作用，努力学习思想政治理论知识，借助思想政治教育基本理论解决创业实践问题。有部分高校与企业建立了合作关系，利用假期，选派有创业意愿的学生进入企业实习，直接参与企业的运营工作，积累第一手创业经验。2015 年 12 月，天津市教委发起了天津离校创业社会实践活动，各学校建立自己的创业学习团队，深入到企业进行实践，全方位的学习企业从建立到营运管理到发展壮大的各个阶段需具备的能力，真正地实现大学生与企业零距离交流的目标。

三、构建保障系统，将创新创业教育融入大学生思想政治教育中

（一）师生共同努力，提高创新创业教育融入思想政治教育的质量

大学生在校期间不仅要努力学习提高自身知识储备，而且要注重思想政治教育提升自身素质水平。大学生作为创新创业教育和思想政治教育的主体，应该充分认识到两者的内在联系，认识到加强自身认识水平对创业实践的重要作用。部分大学生在校期间只是一味地学习科学文化知识，不重视思想政治教育，少数大学生甚至轻视思想政治教育，认为其毫无用武之地，这种做法是完全错误的。大学生应该从自身做起，改变对思想政治教育的轻视态度，认真学习基础理论知识，充分认识到两者对整个人生发展的重要导向作用。大学生应该端正对待创新创业教育的态度，要目光长远，不要太看重眼前利弊，即使不选择创业，也应该积极学习创业知识，对后职业发展具有重要的影响，甚至可应用到以后的创业实践中。大学生不仅要对创业相关的基础理论知识了熟于心，更该注重内在修养的同步提升，因此大学生更应该认真学习思想政治教育中对大学生创业相关的精神、品质、道德和心理等方面的教育，在实践中调节创业心态、塑造创业精神、培养创业道德，使自己得

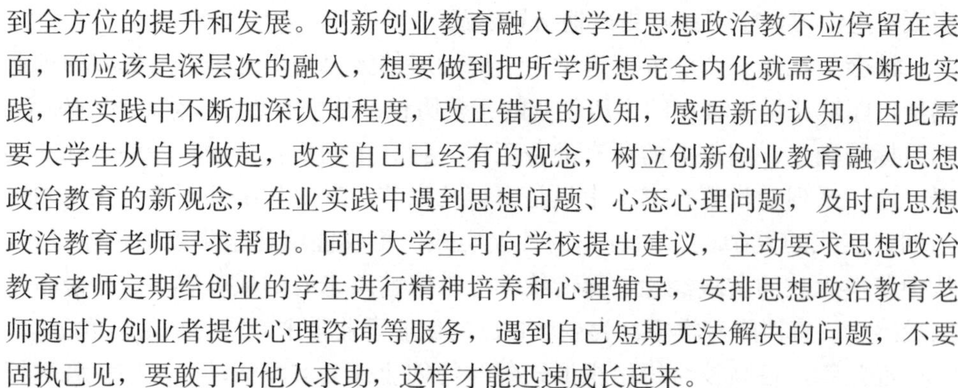

到全方位的提升和发展。创新创业教育融入大学生思想政治教不应停留在表面，而应该是深层次的融入，想要做到把所学所想完全内化就需要不断地实践，在实践中不断加深认知程度，改正错误的认知，感悟新的认知，因此需要大学生从自身做起，改变自己已经有的观念，树立创新创业教育融入思想政治教育的新观念，在业实践中遇到思想问题、心态心理问题，及时向思想政治教育老师寻求帮助。同时大学生可向学校提出建议，主动要求思想政治教育老师定期给创业的学生进行精神培养和心理辅导，安排思想政治教育老师随时为创业者提供心理咨询等服务，遇到自己短期无法解决的问题，不要固执己见，要敢于向他人求助，这样才能迅速成长起来。

作为大学生在校期间生活、学习等多方面的导师，大学教师对大学生的成长发展起着重要的导向作用，面对当前的形势，不仅大学生应该主动去改变自身的错误看法，教师也应该改变对大学生的教育方式，不仅要注重知识培养，同时也应该注重素质的提升，教师应该改变传统的人才培养方式，依据社会发展的新需求，确立新的人才培养目标。时代飞速发展，社会也在不断进步，当前社会不再需要应试能力强的大学生，而是需要具有实际操作能力的健全人格的大学生，因此高校教师在教学中，应注重加强实际操作能力。教师在积极鼓励大学生创业的同时，一方面应引导大学生理性创业，不是所有的大学生都适合创业，要多与学生交流，充分了解他们的性格特点、个人素质、人生理想，综合他们的个人意愿选择适合创业的大学生鼓励其创业，对于不适合创业的大学生，教师也要给予相应的重视，依据每个人的个人特点，帮助他们分析和规划职业生涯，引导其选择其他方式就业。另一方在鼓励大学生创业的同时，应注重大学生的全面发展，注重对大学生道德、品质、人格的完善。以身作则、身体力行地让大学生意识到在创业中学习思想政治教育的重要性，从大学生的意识形态方面改变大学生对思想政治教育的认识，促进两者的融合。

（二）高校采取有效措施，促进创新创业教育融入思想政治教育

只有学生和教师的努力还远远不够，创新创业教育融入思想政治教育不是一句空口号，而是要切实地去做，脚踏实地地去推进，这必然需要高校的参与。高校是实现融入的主舵手，高校应从办学理念、课程设置、师资队伍等方面着手。打造既具有理论知识和实践经验又具有思想政治教育能力的师资队伍是实现创新创业教育融入大学生思想政治教育的关键。打铁还需自身硬，目前我国高校从事思想政治教育教师对创业知识和创业实践了解较少，多数教师本身没有创业的经历，无法对创业知识有深层次的理解，没有脚踏实地创业的实践经验，更不能在实践中更好地指导学生。因此高校可以积极

鼓励教师带领学生参加各类创业大赛，通过参加实践活动不仅使学生深刻领会到创业实践的各个步骤和程序，而且也锻炼了教师的创业经验和指导能力。选派教师积极参加社会中各种实战培训，巩固教师的理论储备能力，使教师形成科学、合理的知识体系，同时提高教学实践的可操作性。积极鼓励教师带领学生到创业公司参观学习，真正领会企业怎样在风云多变的商场中乘风破浪，及如何巧妙地运用优惠政策和机遇为公司创造利润，通过学习总结各个创业公司的发展历程，总结创业的实战经验。并且高校要创造条件让教师下企业挂职锻炼，体验创业过程，了解企业运行管理的模式，通过认真研究创业案例，提高自己的创新创业教育能力。高校还可聘请成功创业者和从事创新创业教育研究的学者到学校为教师开设创新创业教育讲座，为大学教师解答创业方面理论研究问题，聘请创业成功人士或企业管理人员担任兼职教师，深入教学一线，走进高校课堂，弥补实践型教师的不足。高校方针、政策细微变化都对大学生和教师产生深刻的影响，因此高校不仅要积极的引导创新创业教育融入思想政治教育，还要制定相关方针、政策，为创新创业教育融入思想政治教育搭建平台，实现两者的良性互动发展，同时既为大学生培养了良好的精神品质、道德素质和心理素质，也为大学生的长远发展铺平了人生道路。

高校还应该改变传统的教育理念，认为创新创业教育和思想政治教育属于不同学科，采取分开教学的方式。当前学科间的交叉研究是实现学科发展融合的新趋势，知识都是相互承接紧密联系的，所以学科间的关系也是如此，如果把一门学科和其他学科割裂开来研究，则如盲人摸象，无法建立完整的知识体系。要实现发展创新，必须学习借鉴其他学科的优势。而且任何学科不是独立存在的，都与其他学科有着直接或间接的联系。当前思想政治教育要实现新的发展，也需要与其他学科相互融合，充分利用其他学科的优势资源，实现自身发展。同时也因思想政治教育的包容性和发展性，使得思想政治教育与任何学科都不会排斥，在中国任何学科的发展都需要思想政治教育，思想政治教育也会在不同程度上促进其他学科的发展，因此将创新创业教育融入思想政治教育，既是当前思想政治教育发展的需要，也是当代大学生成功创业的需要。当前高校应采取各种措施实现创新创业教育融入思想政治教育，例如与自然科学相结合，在学校举办科学知识的竞赛，此为平台宣传科学技术与创新创业，举办一些宣讲会、研讨会，让师生共同参与进来，探讨团队精神，吃苦耐劳、不畏挫折等创业品质。当前与创新创业教育的融合，既符合国家发展的大趋势，也符合学生发展的要求。高校应从教师到学生、从教学理念到教育方式等各个方面改变观念，实现真正的融合。

（三）政府制定相关政策，指导创新创业教育融入思想政治教育

将创新创业教育融入大学生思想政治教育除了高校教师的积极推动外，还需要社会和政府的全力配合。社会的经济、政治、文化的发展和政府的政策对大学生的创新创业教育影响是最广泛的。社会生产力的发展，能够推动社会经济水平的发展，经济水平的提升又能够促进人们价值观和思想意识的提升，有助于大学生创业意识的形成。目前关于创新创业教育融入思想政治教育政策还没有出台相关政策和文件，创新创业教育融入思想政治教育虽然已经是大势所趋，但是许多高校目前还没有做出相应的体制机制调整，大学生也没有树立起创新创业教育融入思想政治教育的思想观念，大学生在创业实践中遇到精神、道德、心理等方面的问题，不知怎样处理。所以政府应该顺应时代发展要求，出台创新创业教育融入思想政治教育的专门文件，在日常思想政治工作中注重培养大学生的创业意识和创业动机，在思想政治教育理论课中加大对创业精神、创业道德、创业心理的教育，在创新创业教育的理论和实践环节加入思想政治教育，解决大学生在创业各个阶段遇到的问题，思想政治教育利于创新创业教育更好地开展工作，利于高校的改革发展。通过政府制定相关政策，引导创新创业教育融入思想政治教育走向规范化、制度化和完善化。

2015 年 5 月国务院办公厅发布《关于深化高等学校创新创新创业教育改革的实施意见》，文件强调深化高等学校创新创业教育改革，是国家实施创新驱动发展战略、促进经济提质增效升级的迫切需要，是推进高等教育综合改革、促进高校毕业生更高质量创业就业的重要举措。其中在主要任务和措施中指出必须健全创新创业教育课程体系，各高校根据人才培养定位和创新创业教育目标要求，促进专业教育与创新创业教育有机融合，调整专业课程设置，挖掘和充实各类专业课程的创新创业教育资源，在传授专业知识过程中加强创新创业教育通过政府制定相关政策，不仅在思想政治教育理论教学中教授创业内容，而且使理论教学真正地进入到大学生实践的各个环节，针对大学生实践的不同环节、不同情况对大学生的心态、精神、心理等进行有效的疏导和引导。当前创业教育教师和大学生对创新创业教育和思想政治教育的认识存在误区，普遍认为创新创业教育属于管理学范畴，与思想政治教育无关，思想政治教育不能解决创新创业教育存在的问题。通过政府制定相关政策，表明官方承认两者的内在关联性，为两者的融入提供制度保障，改变高校当前的教育制度，打破当前教师和大学生已有的观念，使教师树立融入的观念，在理论课程教学和日常指导中培养大学生的融入观念，大学生也要注重培养自身的融入观念，努力学习思想政治教育理论课程，同时积极地运

用到创业实践中。

第三节 高校思想政治教育与创新创业教育协同育人路径分析

创新创业教育是我国创新型人才培养的重要举措和途径，作为一种综合培养，高校创新创业教育既是一种创新创业技能教育，更是一种生存发展的素质教育，在大学生的求职生涯以及创业之路中有着十分重要的作用。但是面临复杂的社会，仅仅掌握外在的技能以及相关的能力也仅仅是达到了外在的“硬件”，心理、思想等等“软件”出了问题将会是致命性打击。因此，创新创业中思想政治教育的作用绝对不可以忽视。高校思想政治教育和创新创业教育，需要将理论与实践相结合来更好地促进二者的协同育人，达到综合全面培养创新型人才的作用。除培养大学生创业意识、创业能力之外，更要培养大学生树立正确的价值取向及创业观，坚定理想信念、优良的品质、高尚的品格，以及艰苦奋斗的创业精神等内在品质。内外结合，合理搭建大学生的知识结构，全面提升大学生的综合素质与创新创业能力，从而使其更好地适应日益激烈的市场竞争环境，促进创新创业的顺利进行。本章结合上一章的问题调研、原因分析等，就高校思想政治教育和创新创业教育二者协同育人给出一些思路和对策。

一、实现教育理念的协同育人

随着我国社会经济的发展，对人才需求的发生改变并且相应提高，进而推进教育改革的逐渐深入，使得高校不得不进行教育理念的更新。创新创业教育和思想政治教育作为高校教育、人才培养的重要内容，面对新的形势，需要在理念上进行协同育人。实现二者的协同育人，就是要在思想政治教育中有机穿插创新创业教育的内容，在创新创业指导中强化思想政治教育的作用。二者相互结合，克服传统思想政治教育泛而空的理论弊端，同时补充创新创业教育中思想引导和促进作用。

实现思想政治教育与创新创业教育理念的有效协同育人，具体而言要从两个方面进行。第一，创新创业教育要坚持正确的导向来促进思想政治教育作用和功能的实现。创新创业教育侧重实践，可以作为思想政治教育的有效载体，使思想政治教育更具多样性、趣味性。而思想政治教育起到导向作用，其基本原则就是正确的导向。二者相互结合、相互影响、共同作用。在我国，就高等教育而言，将“立德树人、德育为先”作为基本原则，这与创新创业教育的“德育为本、创业为用”的教育理念的出发点有着共同的地方，就是从实现人的全面发展这一视角出发，并作为检验一切教育活动是否有效的最终标准。因此，在思想政治教育和创新创业教育的理念协同育人中，要将促进人的全面发展这一理念贯穿始终。

第二，加强思想政治教育的引导作用，促进创新创业教育功能的实现和提升。自李克强总理在2015年提出“大众创业、万众创新”之后，全国高校大力开展了创新创业理论教育和实践活动，如火如荼、热火朝天。但是仔细研究就会发现，大多数高校仅仅是将其视为一种响应政策的“运动”，只是将其作为了一种校园文化活动或者是工作的一部分，疏忽了其更为内在的教育作用和含义，而缺乏对于创新创业教育真正深刻的意义。同样的其理论研究也比较薄弱。基于此，高校必须要透过表象深入实质，从人才培养的国家战略角度来审视创新创业教育的地位和作用，将思想政治教育融入，强化学生内在思想素质，培养符合社会发展的综合素质较高的创新型人才，提升创新创业教育的内含价值。

二、实现教育内容的协同育人

思想政治教育的内容原本比较广泛，容纳性很强，可以将很多学科的内容纳入进来。由于思想政治教育的理论性很强，容易空而泛引起学生排斥，因而近些年思想政治教育也通过“两课类社会实践”等加入了实践等形式。因此不管是从内容上，还是形式上来讲，都可以将不同层次的创新创业教育的内容与思想政治教育的内容融合起来。比如，在思想政治教育中通过案例分析、课堂讨论的形式加入创新创业的内容，拓展理论课堂的内容；或者在“两课类社会实践”、课后作业中设置创新创业教育的环节，比如采取团队项目调研等方式。一方面使得思想政治教育教学增加课堂效果，提高吸引力，使其更具现实感；另一方面运用交叉学科的教学方法，扩充课堂资源和内容，增加学生的创新创业意识和知识。

另外，在思想政治教育实践教学方面的内容中，可以结合创新创业教育安排相关的专题讨论、讲座等内容，一方面能够增加思想政治教育的多样性和吸引性，使学生的创新创业知识更加丰富；另一方面能够从思想政治教育的层面分析创新创业活动行为，能够提炼创新创业精神，来升华其高度。

在创新创业实践中融入思想政治教育。创新创业是一项需要多方面综合能力和素质的工作，尤其创业行为还充满着较高的风险性。它不仅需要一定的专业方面的知识储备以及创新创业技能作为基础，更需要创业者具备较高的责任意识、主体意识、较强的抗压能力、受挫能力，以及独立决策能力等。

因此，在创新创业实践中融入思想政治教育也是现代社会人才培养的需求。

在创新创业实践活动中，更多的是侧重于学生创新创业意识、创新创业技能、创新创业知识等方面的加强和提升，这其中会忽略学生的创新创业精神、与国家发展相一致的高度社会责任感、艰苦奋斗的精神、坚忍不拔的毅力、面对阻力和困难的决胜心等思想层面的教育和培养。这样导致的后果是学生可能没有树立正确的创业价值观，不具有较强受挫能力，不能够客观认识自我以及周围环境，设立不切实际的目标等。这样一旦在学生创新创业过程中出现问题直接会导致失败的结果，并且很有可能引起恶性循环。在创新创业实践教学中加入思想政治教育，能够在丰富创新创业的内容同时提升其理论内涵，加强“软件”建设，提升创新创业教育的有效价值。

三、实践活动的协同育人

目前高校的创新创业实践活动主要以创业模拟、创业计划大赛、沙盘推演等形式的活动为载体，依托创业沙龙，创业者组织协会、俱乐部等多种组织，搭建包括大学生科技园、创业园、众创空间和孵化器等创新创业实践平台，培育高校大学生创新创业精神和意识、提升其创新创业能力。思想政治教育和创新创业教育的协同育人，就是要在实践平台中以教育和生产劳动相结合，从而实现高校思想政治教育和创业教育中理论与实践的协同育人。

实现思想政治教育以及创新创业教育中理论与实践的协同育人，主要从思想政治和创新创业教育理论课、校内实训和校外实践三个方面入手，形成多种形式组合而成的育人模式。这种组合下的教育模式，能够最大限度的方便学校理顺理论教学和课外实践的关系，明确各个教育主体的职责分工，从而进行有效的规划和管理，使学生更顺畅地将所学与实际相结合并进行检验。其实施也分为三个方面：两大理论课程的教学工作以及校内实训的指导教师由一线工作的专职学生辅导员和理论课专业教师担任，便于将理论知识结合日常工作的育人理念、管理要求等渗透到教学中，同时将实训和实践环节的考核要求纳入理论课程，更好做到思想政治与创新创业理论上的协同以及课堂教学与各类课外实践活动的有机结合。

校外实践中，高校要整合校外资源，同企业进行合作。校外实践的指导老师由校内承担两大理论课和实训的部分老师协同校外知名企业家、成功创业者、政府的人力资源管理者和社会投资家等担任。通过与校外企业的结合，让学生切实参与体验企业的运作或科研创造等环节。

通过思想政治教育和创新创业教育理论课、校内实训、校外实践三个环节的有机结合，相互配合，使学生的两大理论课与校内外实践紧密结合，进一步促进其创业价值观、创新创业意识、创新创业能力与思想政治觉悟、社会责任感、社会及自我认知、心理承受能力的融合，培育出符合社会发展需要的创新型人才。

四、实现组织管理的协同育人

高校作为结构设置完备的组织形态，它符合组织管理的所有特征，其运行也是通过一系列的管理活动来完成。实现思想政治教育和创新创业的协同育人，必须要依托高校特定的管理机构进行组织实施，在组织管理层面进行协同育人。具体而言可以从培养协同育人的师资队伍、促进管理部门的实践活动、建设校园创业文化环境几个方面入手。

（一）培养创新创业教育与思想政治教育相结合的师资队伍

高校思想政治教育和创新创业教育都需要高素质、高水平的师资队伍。为更好达到教育教学效果，思想政治教育要求教师除了掌握扎实而丰富的理论功底之外，还要有丰富的扩展能力、调动能力来扩展理论课堂的内容，增加教学的可视感和趣味性。创新创业教育要求教师自主性、创造性地整合调动学习资源，引导、激发学生的创新创业意识、自主创造意识、创新创业精神，使学生掌握创新创业知识、创新创业技能，并引导学生树立正确的三观，以及坚定的理想信念。这不仅要求教师具有扎实深厚的理论功底和基础专业知识，更要具备较高的思想政治觉悟以及丰富的实践管理经验。培养创新创业教育和思想政治教育协同育人的教师队伍，可以从校内培养和校外引进两方面进行。

校内培养可以从三方面入手。首先，高校可以在原有的思想政治教育教师队伍中，通过外派学习、挂职锻炼等方式，培养具备创新创业指导能力和资格的教师。学校应该定期加强对思想政治教育教师的创新创业方面的专业培训，一方面是选派教师参加国家及其创新创业相关部门组织的培训，及时掌握创新创业的最新政策以及国家整体的创新创业教育趋势。另一方面，学校可以组织思想政治教育老师参加创新创业能力、技能等方面的培训，比如KAB、SYB等项目和活动，或者创业咨询师等，来增强其创新创业实践指导教学技能。由此到达思想政治教育教师能够在思想政治教育过程中合理有效地穿插引入创新创业教育。

其次，高校可以在原有创新创业指导教师队伍中，通过组织学习提升其思想政治理论水平，培养指导教师在创业教育、创业指导中的思想政治教育意识和素质。具体来说，可以通过组织创新创业指导教师参加国家、学会组织的会议、论坛等，扎实了解并掌握最新教育动态。也可以通过提供到党校

参加学习班等，全面系统性地提升思想政治理论水平。或者组织开展讲座等系列课堂进行普及，多方面提升创新创业教师的思想政治教育水平和意识。

再次，高校可以组织创新创业教师与思想政治教师共同进行协同育人的相关研究。双方可以共同申报完成思想政治教育项目课题、创新创业教育项目课题，或者交叉组织交流研讨会等，促进两类教师之间的相互交流、相互学习。

校外引进主要是要通过多种渠道，诚聘社会企业家、知名校友、成功创业者、政府创新创业相关部门工作人员、有过成功发明创造经历的人士等作为大学生的创新创业实践导师，同校内班导师或辅导员相结合，共同保证创新创业实践教育的质量和及时性。同时，也要吸纳、聘任在这两方面教学及科研中比较突出的专家，提升学校思想政治教育、创新创业教育的整体教学实力和水平。

（二）促进思想政治教育与创新创业教育协同育人的组织管理建设

高校可以为大学生创新创业素质培养提供有力的机制保障。高校要根据新的发展形势和要求，调整、完善学校创新创业相关管理制度和组织机构。首先学校要认清“大众创业、万众创新”形势下创新创业教育的新的发展要求以及促进思想政治教育与创新创业教育协同育人的重要性和必要性，将大学生创新创业全方面素质培养纳入重要议程，成立由主要领导直接负责的创新创业工作领导小组，建立创新创业指导中心，统筹进行学校创新创业教育相关工作。明确校团委、教务处、思想政治教育学院、班导师和辅导员等各自职责，并协调推进各方面工作，使其各司其职的同时相互配合，全方面提高大学生创新创业素质培养的质量。

大学生创新创业中心更要明确自身职责，在做好相关工作部署的同时，完成自身的任务使命。要及时宣传、解读国家创新创业相关政策，加大其普及程度和宣传力度，及时为大学生在创新创业过程中遇到的问题提供解决办法，发挥其在创新创业教育中的突出作用。设立奖励机制，积极鼓励创新创业活动和创新创业教育活动，对表现出的学生和优秀的指导教师进行资助和物质奖励，充分激发教师和学生的创新创业积极性。

（三）创建校园创新创业文化环境

高校应在结合思想政治教育的基础上积极创建创新创业物质文化环境建设和创新创业精神文化环境建设。

第一，促进校园创业物质文化环境建设。校园物质文化环境主要包括校园整体设计、周边环境、景观，建筑风格设计，教学设施等，它是校园文化建设的基础和可视载体，在一定程度上蕴含并反映了学校的办学理念和培养目标。创建创新创业物质文化建设可以依托校园物质文化环境，通过增设创新创业含义的景观、雕塑，命名创新创业相关的道路、教学楼，树立创新创业宣传标语，设立相关政策制度解读墙或宣传栏，增加创新创业故事栏等，来促进创新创业文化氛围。

第二，促进校园创业精神文化环境建设。新形势下，新媒体作为校园思想主流导向，对于校园文化环境有着主导性的影响。促进校园精神文化环境建设，必须要结合校园网络媒体。不仅在思想政治教育上要牢牢占据网络媒体的教育阵地，大学生创新创业教育文化环境建设也要通过新媒体进行完善。创新创业文化环境建设，要积极利用校内有效舆论工具，官方微博、微信、BBS等，以及传统传播工具如报纸、校刊、校园广播，宣传、鼓励创新创业。建设专门的网站，宣传创新创业政策，向学生提供相关信息的帮助，宣传大学生创新创业典型，注意实用性的同时增加趣味性。

五、健全完善协同育人的制度

高校思想政治教育和创新创业教育是一项综合复杂的工程，几乎涵盖高校的整个育人模式和内容。全面做好大学生的思想政治教育和创新创业教育是高校和所有教师的根本性责任，建立全方位、多角度育人的大学生思想政治教育与创新创业教育协同育人的教育制度是培养现阶段国家和社会所需创新型人才的核心保障。

高校思想政治教育和创新创业教育要在校党委、行政的统一领导下，组织、协同各方资源，积极探索多种新形式的教育协同育人模式，采取学生喜欢的方式进一步深入培养，切实让大学生感受到创新创业教育的趣味实用和思想政治教育内涵魅力。同时，高校要创新形势教育、理想信念教育、典型教育等内容，依托互联网潮流下新媒体这一平台，丰富思想政治教育和创新创业教育的方式和内容，大力促进校园思想政治教育和创新创业教育文化建设。要不断加强班级支部、班级班委、班级积极分子以及其他学生组织的建设，激发大学生基层组织的潜在活力，激发大学生创新创业的意识和精神，激励大学生积极主动参与高校思政教育以及创新创业教育。

高校思想政治教育和创新创业教育的有效开展需要一批具有能力强、素质高的师资队伍。不仅需要高校各级管理部门领导、管理人员、思想政治任课教师、创新创业任课教师，更要充实完善班主任与辅导员队伍、校外导师队伍、学生骨干队伍。另外，高校思想政治教育和创新创业教育要根据形式发展和需要，建立高校大学生创新创业保障机制和思想政治教育预警制度，及时为可能出现的问题提供防范和有力保障。要逐步加大两类教育及其协同

育人的经费支持，加大思想政治教育环境建设、创新创业实践平台建设，努力为大学生更好地成长成才提供强有力地全方位的基础保障和平台。

总之，健全高校思想政治教育与大学生创新创业教育的协同育人制度，是促进协同育人的制度保障，也是高校思想政治教育和创新创业教育的长期不断更新完善的核心内容。制度是工作开展的指导和方向，也是平台和框架的基础。只有通过建立协同育人的制度，才能在战略发展、顶层设计等更高层次搭建好协同育人的平台。

参考文献

[1] 费翔．新工科建设背景下高校工程人才培养刍论 [J]．教育评论，2017(12)：17-22．

[2] 高锡文．基于协同育人的高校课程思政工作模式研究——以上海高校改革实践为例 [J]．学校党建与思想教育，2017(24)：16-18．

[3] 刘文文．专业伦理视域下高校思想政治教育创新研究 [J]．学校党建与思想教育，2017(24)：90-92．

[4] 黄忠．基于茶旅体验构建高校酒管专业的协同育人平台新模式 [J]．福建茶叶，2017，39(12)：400．

[5] 王婧．茶思想在高校学生思想政治教育中的创新应用 [J]．福建茶叶，2017，39(12)：418．

[6] 吴爱华，侯永峰，郝杰．完善高层次创新型人才培养机制 [J]．中国高教研究，2017(12)：44-48．

[7] 符长喜，陈喜月．理论自觉和理论自信视阈下的高校思想政治理论教育创新探析 [J]．贵州师范大学学报(社会科学版)，2017(06)：10-17．

[8] 秦永和，朱飞．人本理念下高校思想政治教育创新实践 [J]．学校党建与思想教育，2017(23)：70-72．

[9] 李忠艳．论高校思想政治教育创新发展的心理学支撑 [J]．黑龙江高教研究，2017(12)：142-146．

[10] 赵钦．思政教育视域下创新创业教育新发展 [J]．改革与开放，2017(22)：132-133．

[11] 钟强，刘月秀．思想政治教育与创新创业教育关系论 [J]．学校党建与思想教育，2017(22)：80-82．

[12] 杨杨．以创业教育为载体推动高校思想政治理论课创新发展 [J]．思想理论教育导刊，2017(11)：101-103．

[13] 徐岩，杨晓玲．大数据时代下高校思想政治教育创新探析 [J]．重庆邮电大学学报(社会科学版)，2017，29(06)：89-94．

[14] 朱斌."微时代"高校思想政治教育叙事话语创新——基于消费主义视角的分析 [J]. 重庆邮电大学学报(社会科学版),2017,29(06):83-88.

[15] 杨春,陈晓旭."微时代"高校隐性思想政治教育的创新研究 [J]. 思想政治教育研究,2017,33(05):102-105.

[16] 裴佳兴. 当下大众流行文化与高校思想政治教育的延伸和创新 [J]. 思想理论教育导刊,2017(10):132-134.

[17] 彭丽. 茶文化视域下高校学生思想政治教育方法创新 [J]. 福建茶叶,2017,39(09):213-214.

[18] 方芳. 党的十八大以来高校思想政治教育理论创新与实践路径 [J]. 毛泽东思想研究,2017,34(05):150-154.

[19] 冯淑萍."互联网 +"时代高校思想政治教育模式创新 [J]. 思想教育研究,2017(08):111-115.

[20] 王翔. 以创新研究助力高校党建与思想政治教育——兼评《高校党建与思想政治教育新论》[J]. 中国高教研究,2017(08):113-114.

[21] 侯勇,孙然. 论高校思想政治教育系统化建设的创新实践 [J]. 思想政治教育研究,2017,33(04):91-95.

[22] 王海稳,汪佳佳. 大数据时代高校网络思想政治教育创新研究 [J]. 思想政治教育研究,2017,33(04):143-146.

[23] 吴小龙,张丽丽. 大数据视角下高校思想政治理论教育创新 [J]. 江西理工大学学报,2017,38(04):20-23.

[24] 吴华. 高校校园文化建设与大学生思政素质培养方法解析——评《高校思想政治教育与校园文化建设创新研究》[J]. 高教探索,2017(08):132.

[25] 黄一玲. 网络时代的高校思想政治教育方法——浅谈《MOOC 与高校思想政治理论课教育教学创新》[J]. 教育发展研究,2017,37(Z1):127.

[26] 石书臣. 同向同行:高校思想政治教育协同创新的课程着力点 [J]. 思想理论教育,2017(07):15-20.

[27] 张尚兵,余达淮. 新形势下创新高校思想政治教育工作的若干维度 [J]. 江苏高教,2017(07):82-84.

[28] 宋妍,王占仁. 论思想政治教育与创新创业教育的双向建构 [J]. 思想教育研究,2017(06):38-41.

[29] 宋妍,王占仁. 试论思想政治教育对创新创业教育的价值引领 [J]. 思想政治教育研究,2017,33(03):141-144.

[30] 朴晶. 高校校园文化建设与大学生思政素质培养——评《高校思想政治教育与校园文化建设创新研究》[J]. 教育发展研究,2017,37(11):2.

[31] 刘妍．全国高校思想政治教育基础理论创新高端论坛综述 [J]．思想教育研究，2017(05)：122-124．

[32] 陈叶梅，贾志永，王彦．大学生创新创业基础 [M]．成都：西南交通大学出版社，2016．

[33] 杜永红．大学生网络创新创业教育 [M]．北京：北京理工大学出版社，2016．

[34] 刘海滨，孙洁珺．创新创业教育实证研究 [M]．长春：吉林人民出版社，2016．

[35] 张燕．创新创业经营决策模拟实训教程 [M]．南京：东南大学出版社，2016．

[36] 薛艺，乔宝刚．创行大学生创新创业实务 [M]．青岛：中国海洋大学出版社，2016．

[37] 黄昕，王江生，姚茂华．民族地区大学生创新创业教育实务 [M]．成都：西南交通大学出版社，2016．

[38] 马雅红．大学生创新创业教育基础与能力训练 [M]．北京：北京理工大学出版社，2016．

[39] 傅安洲．大学生创新创业教育的理论与实践 [M]．武汉：中国地质大学出版社，2015．

[40] 蒋建军．创新创业创青春浙江万里学院学子风采录 [M]．杭州：浙江大学出版社，2015．

[41] 刘彤．新建本科院校应用型转型与创新创业培养体系研究 [M]．成都：西南交通大学出版社，2015．

[42] 崔毅编．创新创业创投 [M]．广州：华南理工大学出版社，2012．

[43] 陈敬良．创新与创业教育理论与实践探索 [M]．上海：复旦大学出版社，2012．

[44] 段建玲．创新与创业实践 [M]．兰州：甘肃文化出版社，2010．

[45] 石国亮．大学生创新创业教育 [M]．北京：研究出版社，2010．

[46] 秦瑞莲．高等学校创新创业教育模式研究 [M]．沈阳：辽宁大学出版社，2010．

[47] 朱克江．智涌江苏高层次人才创新创业实践探索 [M]．北京：经济管理出版社，2011．

[48] 李时椿，常坤．创新与创业管理 [M]．南京：南京大学出版社，2006．

[49] 毛文璐．高校思想政治教育与当代大学生政治社会化研究 [M]．长春：吉林人民出版社，2016．

[50] 邢存拴. 山西高校思想政治教育实践与探索 [M]. 北京：红旗出版社，2009.
[51] 顾海良. 高校思想政治教育导论 [M]. 武汉：武汉大学出版社，2006.
[52] 石国亮. 高校思想政治教育创新指引 [M]. 北京：中国言实出版社，2007.
[53] 王静. 高校思想政治教育的载体构建探究 [M]. 上海：上海人民出版社，2007.
[54] 赵铸. 民族高校思想政治教育的创新 [M]. 石家庄：河北人民出版社，2007.
[55] 傅进军. 高校思想政治教育的创新与发展 [M]. 杭州：浙江科学技术出版社，2006.
[56] 韩明涛. 高校思想政治教育创新论 [M]. 济南：山东大学出版社，2005.
[57] 罗湘明. 互联网视野下高校思想政治教育新论 [M]. 长春：吉林大学出版社，2008.
[58] 傅忠贤. 科学发展观视域下高校思想政治教育创新研究 [M]. 成都：四川大学出版社，2010.
[59] 崔文志，王报换，高扬文. 新时期高校思想政治教育创新研究 [M]. 北京：首都师范大学出版社，2007.
[60] 彭立春. 社会主义核心价值体系融入大学生职业生涯教育研究 [D]. 长沙：中南大学，2012.
[61] 张晓玲. 基于创业素质教育的高校思想政治教育研究 [D]. 大庆：东北石油大学，2012.
[62] 黄文霞. 在高校思想政治教育中引入创业教育的研究 [D]. 合肥：安徽农业大学，2012.
[63] 纪梅玲. 拔尖创新人才培养模式下高校思想政治教育创新研究 [D]. 成都：西南石油大学，2012.
[64] 张冠群. 网络文化与高校思想政治教育实践创新 [D]. 西安：陕西师范大学，2012.
[65] 任拓. 论核心价值观指导下的大学生创业教育 [D]. 长沙：中南大学，2012.
[66] 郝乐颜. 高校思想政治教育视域下大学生创新精神培养研究 [D]. 合肥：安徽大学，2012.
[67] 姜玮瑶. 黑龙江省高校创业教育中思想政治教育探究 [D]. 哈尔滨：东北林业大学，2012.

[68] 王琴．高校辅导员与学生信任关系研究 [D]．成都：西南财经大学，2012．
[69] 张静．网络环境下高校思想政治教育创新研究 [D]．成都：成都理工大学，2011．
[70] 张劲．高校学生园区思想政治教育研究 [D]．重庆：西南大学，2011．
[71] 陈世君．创业教育视角下的思想政治教育创新研究 [D]．南昌：南昌大学，2010．
[72] 李上献．以创业教育为载体创新高校思想政治教育 [D]．温州：温州大学，2010．
[73] 王刚．基于高校思想政治教育视野下的创业教育研究 [D]．重庆：重庆工商大学，2010．
[74] 吕晓析．思想政治教育在大学生创业人格培养中的作用和方法研究 [D]．重庆：重庆工商大学，2010．
[75] 王伟．拓展训练对大学生创业精神培育作用的实证研究 [D]．石家庄：河北师范大学，2009．
[76] 李晓琴．论新疆高校少数民族毕业生就业指导中的思想政治教育 [D]．上海：华东师范大学，2009．
[77] 刘洁．科学发展观视域下的高校思想政治教育创新 [D]．西安：长安大学，2009．
[78] 欧阳玲．高校思想政治教育方法创新研究 [D]．兰州：西北师范大学，2009．
[79] 汪姁．高校思想政治教育视域中的创新型人才培养 [D]．合肥：合肥工业大学，2009．
[80] 罗杰．依托高校思想政治教育开展创业教育的路径研究 [D]．成都：西南财经大学，2009．
[81] 黄红旭．论网络背景下高校思想政治教育的方法创新 [D]．无锡：江南大学，2008．
[82] 任宇翔．论科学发展观视野下的高校思想政治教育机制创新 [D]．长春：东北师范大学，2008．
[83] 迟涛．全程化就业指导中的思想政治教育研究 [D]．济南：山东大学，2007．
[84] 王焕成．构建和谐社会背景下高校思想政治教育创新研究 [D]．兰州：西北师范大学，2007．
[85] 黄海．大众传播视角的高校思想政治教育模式创新研究 [D]．西安：长安

大学，2006.
[86] 叶丹红．高校思想政治教育创新研究 [D]．宜昌：三峡大学，2005.
[87] 左云飞．人文精神培育与高校思想政治教育创新 [D]．南京：南京航空航天大学，2005.
[88] 周平远．论加强高校毕业生就业指导中的思想政治教育 [D]．重庆：西南师范大学，2004.